乡土中国

整本书阅读教与学

周亚骥 高鹭 主编

上海远东出版社

图书在版编目(CIP)数据

《乡土中国》整本书阅读教与学 / 周亚骥,高鹭主编. —上海：上海远东出版社,2024
ISBN 978-7-5476-2000-7

Ⅰ.①乡… Ⅱ.①周…②高… Ⅲ.①阅读课-高中-教学参考资料 Ⅳ.①G634.333

中国国家版本馆 CIP 数据核字(2024)第 067761 号

责任编辑 李 敏

封面设计 董千雨

《乡土中国》整本书阅读教与学

周亚骥 高 鹭 主编

出　　版 上海远东出版社
　　　　　(201101 上海市闵行区号景路 159 弄 C 座)
发　　行 上海人民出版社发行中心
印　　刷 上海锦佳印刷有限公司
开　　本 787×1092 1/16
印　　张 20
字　　数 327,000
版　　次 2024 年 6 月第 1 版
印　　次 2024 年 6 月第 1 次印刷
ISBN 978-7-5476-2000-7/G·1203
定　　价 68.00 元

前　言

　　《乡土中国》是费孝通著述的一部研究中国农村的作品。在书中,先生用通俗、简洁的语言对中国基层社会的主要特征进行了概述和分析,全面展现了中国基层社会的面貌。全书主要探讨了差序格局、男女有别、家族、血缘和地缘等概念,是学界共认的中国乡土社会传统文化和社会结构理论研究的重要代表作之一。

　　费孝通先生在《乡土中国》的重刊序言中说道:"这里讲的乡土中国,并不是具体的中国社会的素描,而是包含在具体的中国基层传统社会里的一种特具的体系,支配着社会生活的各个方面。它并不排斥其他体系同样影响着中国的社会,那些影响同样可以在中国的基层社会里发生作用。"这本书中记录着中国"乡土"的本色,让人能够确切体会到乡土气息,同时,也能在现代社会中处理个人与社会的关系上获得借鉴。

　　温儒敏先生曾经指出,高中语文统编教材把费孝通的《乡土中国》列为"整本书阅读"单元,要求通读,估计有些同学拿起这本书,翻几页,会觉得难,读不下去。以前课文是一篇一篇地教,现在要读整本书,又是很少接触过的学术专著,感到难,属于"正常反应"。

　　《乡土中国》的确有点难。这是社会学的经典论著,学术性强,即使这方面的专家,读起来也要费一番心思的,何况我们中学生?书中所写的"乡土中国",对于当今许多城市里长大的孩子来说,是那样遥远,农村的学生也未见得就不感到陌生,这也会造成阅读障碍。经典阅读总会有困难,却又是充满乐趣的。读书不能就易避难,不要总是读自己喜欢的、浅易的、流行的读物,在低水平圈子里打转。年轻时有意识让自己读一些"深"一点的书,读一些可能超过自己能力的经典,是一种挑战。应当激发自信,追求卓越,知难而上。

　　2017年版普通高中语文课程标准对阅读学术著作的具体要求是:"通读全书,勾画圈点,争取读懂;梳理全书大纲小目及其关联,做出全书内容提要;把握

书中的重要观点和作品的价值取向。阅读与本书相关的资料,了解本书的学术思想及学术价值。通过反复阅读和思考,探究本书的语言特点和论述逻辑。"

基于课程标准和考试实际需要,本书编写组确定了全书的编写框架和具体体例。参照《乡土中国》写作特点,决定整体上按照原书章节的顺序展开解读分析。将原书的《重刊序言》和《后记》并为一章,其余章节名称不变,故本书共有十五章,具体每章体例由两部分组成,第一部分为章节解读,具体分为段落大意、思维导图、概念解释、内容导读,第二部分为专项训练,具体分为基础篇、进阶篇、提升篇。

段落大意概括是每章节段落的主要内容提炼,有助于师生快速准确了解章节主要内容。

思维导图展示是每章节主要内容的逻辑呈现,有助于师生更好地厘清本章节的逻辑线。

核心概念解释是每章节内容的重要观点深挖,有助于师生在具体概念中理解书本观点。

内容导读分析是每章节主要内容的延展解读,有助于师生根据相关知识拓展阅读视野。

专项训练部分以不同难度的多样化题型作为载体,帮助学生更好掌握和巩固阅读成果。

本书的编写团队由具有丰富经验的一线教师组成,周亚骥、高鹭老师作为本书主编,负责本书体例的策划、统稿和校对。杨帆老师负责《〈重刊序言〉与〈后记〉》《文字下乡》《再论文字下乡》三章内容的编写,高鹭老师负责《乡土本色》《差序格局》《维系着私人的道德》三章的编写,周亚骥老师负责《家族》《男女有别》《礼治秩序》三章的编写,张硕老师负责《无讼》《无为政治》《长老统治》三章的编写,汤云珊老师负责《血缘和地缘》《名实的分离》《从欲望到需要》三章的编写。

目 录

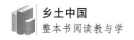
乡土中国
整本书阅读教与学

1 《重刊序言》与《后记》

章 节 解 读

段落大意

《重刊序言》

第 1 段　《乡土中国》是根据"乡村社会学"课堂内容所写的十四篇文章。

第 2 段　当时授课的理念：追究中国乡村社会的特点,探索未知领域。

第 3 段　本书未必成熟,只是尝试回答"作为中国基层社会的乡土社会究竟是个什么样的社会"这一问题。

第 4 段　重刊本书的意义：年轻人在知识领域闯攻是有价值的;书中提出的论点,也值得深入研究,有现实意义。

第 5 段　本书的特点：从具体社会里提炼出一些概念,帮助我们理解具体的中国社会。

第 6 段　研究方法阐释：从具体现象中提炼出认识现象的概念,并不断核实,减少误差。

第 7 段　重刊的感悟：年轻人的闯劲、一往无前的探索的劲道值得观摩。

《后　记》

第 1 段　集子成书的缘由：整理"乡村社会学"授课材料。

第 2 段　作者个人社会学研究的过程：第一期实地社区研究,第二期社会结构分析。

第 3 段　社会学名称探究。

第 **4** 段　社会学领域划分。

第 **5** 段　社会学被称为"剩余社会学"的原因。

第 **6** 段　介绍各种专门性质的社会学。

第 **7** 段　社会学与其他科学相交互,被称为"边缘科学"。

第 **8** 段　"边缘科学"是"片面"的。

第 **9** 段　社会学被边际化。

第 **10** 段　社会学可以走综合路线。

第 **11** 段　社会学要成为综合性科学,有两层工作,其一是研究全盘社会结构。

第 **12** 段　研究社会结构,要从具体社区研究入手,即做社区分析。

第 **13** 段　社区分析的初步工作是描画一地人们赖以生活的社会结构。

第 **14** 段　社区分析的第二步是比较研究,发现不同社会机构的各种因素。

第 **15** 段　社区分析与人类学研究方法相通。

第 **16** 段　社会学成为综合性科学的另一条路线:从社会现象的共相着手。

第 **17** 段　"纯粹社会学"研究社会行为,会进入社会心理学的领域。

第 **18** 段　现代社会学研究领域不明,有两条路线,指向不同方向,分成两门学问。

第 **19** 段　作者的两期研究成果,对应两种研究路线。

第 **20** 段　再次陈述成书缘由:整理授课材料发表,虽不成熟,尝试记录。

思维导图

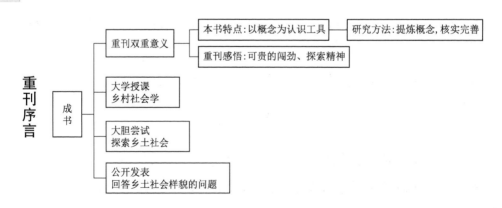

后

记

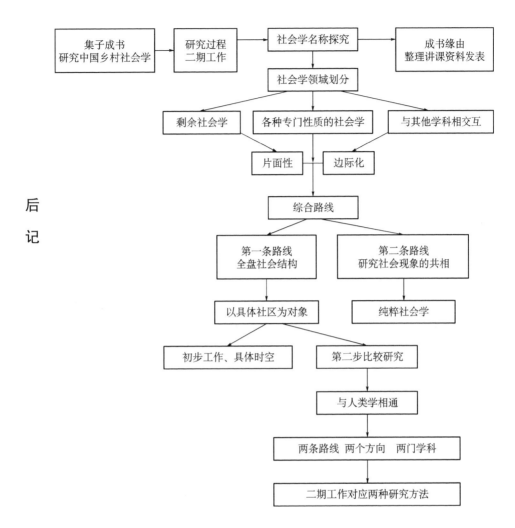

概念解释

概念：通过人们的认识过程而形成的存在于具体事物中的普遍性质。

社会学：研究社会现象的总论。

格式：社会学研究中配合某种原则所表现出的社会结构形式。

内容导读

《重刊序言》导读

序，意为"开头的，在正式内容之前的"，而"序言"则为写在著作正文之前的

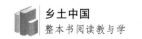

文章,又称"前言"或"引言",内容多为介绍该书的写作背景、缘起、过程、结构、特色及所在领域的地位、分量、意义等。序言就像钥匙,可以帮读者打开一本书的大门,让你在还没走进去之前,就能了解到门里会有什么,为什么会有那些等等。

序言有作者自己写的,通常用来说明创作意图和写作经过;也有他人代写的,多用来介绍和评论本书内容。

"重刊序言"是作者费孝通先生在 1984 年 10 月 11 日为自己早年出版的《乡土中国》重刊所写的序言。其中既回顾了这本书当年写作出版的基本情况,也有多年后重刊此书的一些感触。

《乡土中国》的成书,缘于20世纪40年代费孝通先生在大学任教时讲授"乡村社会学"的授课内容,旨在尝试回答"作为中国基层社会的乡土社会究竟是个什么样的社会"这个问题。这是全书的纲,读者带着这个问题,在阅读的过程中,时刻探寻其答案,所谓提纲挈领,就能够把握本书的核心内容。

作者还指出了《乡土中国》一书的研究方法,不是调查报告式的。调查报告是根据调查材料对具体社会单位进行描述和分析,是微观社会学。而《乡土中国》是根据对中国乡村社会的整体观察与研究,对中国乡村社会生活进行宏观概括;是从具体社会里提炼出一些概念,这些概念支配着中国社会生活的各个方面。搞清楚了乡土社会的这些概念,就可以帮助我们理解具体的中国社会。所以读者在阅读正文章节时,"抓概念"很重要。在学术研究中把某些现象或事物所体现出的本质特点抽象出来,加以概括,形成一种说法(往往通过词语符号表达)就是"概念"。抓住了概念,才能纲举目张,把握全书的学术见解,理解其研究价值。

此外,"重刊序言"中作者一再强调的是学术研究的精神——猛闯猛攻如初生之犊的闯劲,敢于向未知领域进军的一往无前的劲道,哪怕想法不成熟,也应勇敢尝试。这种精神,在今天依然是稀缺而可贵的。

当然,我们也不能把作者的"不成熟"的谦辞全部信以为真。费孝通先生的探索是有基础的。从学术背景来看,他 1935 年毕业于清华大学研究院,师从吴文藻、史禄国等社会学名师;1938 年毕业于英国伦敦经济学院并获博士学位,师从著名人类学家马林诺夫斯基,打下了深厚的知识基础。从《乡土中国》一书中,还可以看出他对中国传统儒家经典非常熟习。从实践背景来看,本书成书前,他在广西、云南进行了大量的田野调查工作,对中国乡村社会有着丰富的生活经验和实践体会,完成了《江村经济》《禄村农田》等著作。

《后记》导读

后记是指写在书籍或文章之后的文字,多用以说明写作经过,或评价内容等,又称跋或书后。有时作者故意用后记的形式对某个问题提出引人深思的看法,让读者能够进行更深层次的思考。

费孝通先生在 1948 年 2 月 14 日于清华胜因院为自己即将出版的小册子《乡土中国》写了这篇后记。可分为两部分内容:一是自己社会学研究的经历与成果;二是社会学的发展历史以及现代社会学的发展趋势。

后记的头和尾,交代了该书的成书过程,是应邀为《世纪评论》撰稿,遂根据"乡村社会学"授课内容,整理出来十四篇,后汇编在一起,修订发表。

其中对自己社会学的研究工作也进行了总结:第一期是实地的社区研究,成果有《花蓝瑶社会组织》《禄村农田》等;第二期是对社会结构的分析,偏于通论性质,在理论上进行总结并开展实地研究,成果有《生育制度》《乡土中国》等。前者是调查报告,后者则是宏观概括。《乡土中国》里的概念体系,就是英美人类学研究中所言的"格式",作者在《美国人的性格》后记中所讨论的"文化格式"。

中间很大篇幅介绍了社会学的发展历史和趋势,对中学生而言有些晦涩难懂,可以将其简化处理。

其一是社会学的研究,一方面领域不断边缘化,另一方面,又有其他学科不断进入。社会学的研究对象,最初是所有的社会现象,但其中包括的政治学、经济学、宗教学、法律学等已成独立学科,不再留在"社会学"领域,只剩下一些不太受人关注的"次要制度"。此外,受社会学启发,一些"边缘科学"产生了,它们展开的是"社会现象和其他现象交互关系的研究",又使很多其他学科的学者进入社会学领域。

对此,作者认为应走"综合的路线"。一条路是从各种制度的关系上去探讨全盘的社会结构的格式,即进行社区研究。而社区研究又可以分为两步:分析具体社区结构和比较不同社区的社会结构。另一条路是从社会现象的共相上着手,更为纯粹地研究社会活动背后相同的人与人之间的行为。这两条线路,指向两个方向,分成两门学问。

作者之所以不厌其烦地介绍对社会学趋势的认识,还是为了讲清楚自己进行社会研究的道路,也就回到了前面的重点问题:《乡土中国》是属于社区分析第

二步比较研究的范围。

此处对阅读《乡土中国》一书最有帮助的是作者总结的研究方法——比较。先确定若干可以比较的类型,然后从某一特定的角度分别比较,最后综合成对社会某一类型的整体分析。

比较法在社会科学、人文科学等领域中应用广泛。通过比较,可以发现事物或现象的相似性和差异性,有助于我们深入了解对象的本质。比较法还可以扩展研究领域,使研究者可以更全面地了解被研究对象的相关情况。

这一方法在《乡土中国》的正文章节中的运用比比皆是。如《文字下乡》中"乡下人"与"城里人"的比较,西洋社会"团体格局"与中国乡土社会"差序格局"的比较,"人治""法治""礼治"的比较,等等。

专 项 训 练

一、基础篇

1.《乡土中国》尝试回答的中心问题是什么?

2. 费孝通先生的社会学研究分几个阶段?各有什么特点?

3. 精读《重刊序言》和《后记》,分析《乡土中国》的写作背景和成书目的。

4. 社会学要成为综合性的科学,做"综合的工作"有两条路径,请查阅《后记》相关内容,完成下表。

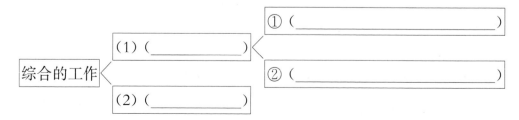

5. 有人曾提出疑问:《乡土中国》的出版时间是 1947 年,如今中国社会大部分已经从"乡土"走向"现代",学习《乡土中国》会不会过时了呢? 请把你的回答写成一段话,不少于 100 字。

6. 在阅读《重刊序言》《后记》的基础上,浏览目录,尝试以"乡土社会"为核心,以"差序格局"为外在结构,以"礼治秩序"为内在规则,建立逻辑框架,用思维导图展示全书 14 个篇章之间的关系。

二、进阶篇

1. 阅读《重刊序言》和《后记》,抄录能体现作者治学特点的语句,阅读名家的评价,概述费孝通先生的治学精神,完成下表。

语句摘抄	治学精神
《重刊序言》:那时年轻,有点儿初生牛犊不怕虎的闯劲儿,无所顾忌地想打开一些还没有人闯过的知识领域。	① _____ _____
《重刊序言》:② _____ _____	③ _____
《后记》:④ _____ _____	勇于开拓新领域,专注,深入探究。
梁漱溟(国学大师):费孝通这个人样样通,近年来深入农村、工矿,使他更通了。……费孝通是走江南谈江南,走江北谈江北,希望现在的青年人也能如此。	⑤ _____ _____

（续表）

语句摘抄	治学精神
钱伟长（科学家、教育家）：孝通兄提出过许多有益于国家和地区社会、经济发展的良策，尤其苏南乡镇企业模式之研究为世人敬仰。	⑥ _____
马林诺斯基（人类学家）：费博士是中国的一个年轻爱国者，他不仅充分感觉到中国目前的悲剧，而且还注意到更大的问题：他的伟大祖国，进退维谷，是西方化还是灭亡？……他毕竟懂得，再适应的过程是何等的困难。他懂得，这一过程必须逐步地、缓慢地、机智地建立在旧的基础之上。他深切地关注到，这一切改变应是有计划的，而计划又须是以坚实的事实和知识为基础的。	⑦ _____

2. 费孝通先生的学术研究成果，前期有《禄村农田》《江村经济》等著述，中期有《乡土中国》《生育制度》等，后又出版了《乡土重建》作为后期研究的成果。请从著作的命名，推测其前中后三期的研究方法有何不同。

3. 在《后记》中，作者运用比喻讲述社会学的发展趋势，请阅读原文，观察图片，完成题目。

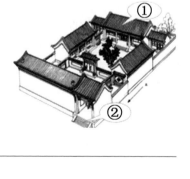

（1）"堂奥既被各个特殊社会科学占领了去，社会学也只能退到门限上。"

"各个特殊社会科学"应指_____处，理由是：

_____

"社会学"应指____处，理由是：_____

_____

（2）"这两种其实并不隶属于一个层次，而是两片夹着社会现象的面包。"

图中①处喻指：_____

图中②处喻指：_____

这样上下排列的理由是：_____

4. 阅读下文，完成练习。

我这种尝试，在具体现象中提炼出认识现象的概念，在英文中可以用 Ideal Type 这个名词来指称。Ideal Type 的适当翻译可以说是观念中的类型，属于理性知识的范畴。它并不是虚构，也不是理想，而是存在于具体事物中的普遍性质，是通过人们的认识过程而形成的概念。这个概念的形成既然是从具体事物里提炼出来的，那就得不断地在具体事物里去核实，逐步减少误差。我称这是一项探索，又一再说是初步的尝试，得到的还是不成熟的观点，那就是说如果承认这样去做确可加深我们对中国社会的认识，那就还得深入下去，还需要花一番工夫。

（1）文中加点的"概念"一词，含义是：_____

（2）任何一个概念都包含有"内涵"和"外延"两个方面，请查阅资料，解释词语。

① 内涵：_____

② 外延：_____

（3）《乡土中国》目录中有 14 个章节标题，请任选一个，就标题中的概念，谈谈你的理解。

5. 小明同学读书，总是直接进入正文，从不去阅读"序言"和"后记"，他觉得这部分内容无关紧要，甚至会"剧透"或干扰自己的理解。对此，该如何说服他改变做法？请结合你的阅读经验，写一段话，不少于 100 字。

三、提升篇

阅读下面的材料,完成题目。

(一)

材料一

这本书收集的是我在四十年代后期,根据我在西南联大和云南大学所讲"乡村社会学"一课的内容,应当时《世纪评论》之约,而写成分期连载的十四篇文章。

我当时在大学里讲课,不喜欢用现存的课本,而企图利用和青年学生们的接触机会,探索一些我自己觉得有意义的课题,无所顾忌地想打开一些还没有人闯过的知识领域。我借"乡村社会学"这讲台来追究中国乡村社会的特点。我是一面探索一面讲的,所讲的观点完全是讨论性的。我认为教师的主要任务并不是传授已有的知识,而是引导学生敢于向未知的领域进军。

这本小册子和我所写的《江村经济》《禄村农田》等调查报告性质不同。它不是一个具体社会的描写,而是从具体社会里提炼出的一些概念。搞清楚我所谓"乡土社会"这个概念,就可以帮助我们去理解具体的中国社会。概念在这个意义上,是我们认识事物的工具。但这个概念的形成既然是从具体事物里提炼出来的,那就得不断地在具体事物里去核实,逐步减少误差。

(改编自《乡土中国·重刊序言》)

材料二

1939年,29岁的费孝通出版了英文版的《江村经济》一书,日后它被奉为中国人类学的奠基之作,费孝通还是世界上第一个指出乡村也能发展工业经济的经济学家。他在江村找到了观察中国乡村工业的最佳试验点。这种观察超出了同时代的所有人,不独在中国,即便在全球学界也是独步一时,它是一种来自于中国的经济思想灵光。事实上,开始于1978年的中国经济大改革,由乡镇企业为"预料之外"的突破口,正是从这里发芽的。

1957年,费孝通重返江村作调查,他大胆用数据说明乡村工业的倒退,"总的看来,副业方面现有的水平是没有二十一年前高了。作一个大约的估计,1936年,副业占农副业总收入的40%多,而1956年,却不到20%"。

1981年,费孝通第三次访问江村,他看到家庭工业开始复苏,乡镇工业遍地开花,在《小城镇再探索》一文中,第一次提出了"苏南模式"的概念。他写道:"与西方工业革命的历史相对照,苏南乡镇的草根工业无疑是中国农民的一个了不起的创举。"

(改编自吴晓波《今天,为什么我们要怀念费孝通?》)

材料三

1997 年,87 岁高龄的费孝通亲自到黑龙江省哈尔滨、佳木斯等地考察,看望赫哲族同胞,联系到中国社会的文化失衡以及经济全球化背景下的"文化冲突",他深刻体会到文化转型的重要性,正式提出了"文化自觉"的概念。

他在《关于"文化自觉"的一些自白》中写道:"文化自觉是指生活在一定文化中的人对其文化的'自知之明',明白它的来历、形成过程、在生活各方面所起的作用,即对于自己的乡土文化要有认识。但认识不是为了保守它,重要的是为了改造它,正所谓推陈出新,取得决定适应新环境、新时代文化选择的自主地位。我提出'文化自觉',是对少数民族的实地研究中首先接触到了这个问题。"

(改编自徐平《费孝通:从实求和 志在富民》)

1. 下列对材料二相关内容的分析和理解,不正确一项是( )

    A. 费孝通是中国人类学的奠基人,还是有着思想灵光的经济学家。他对社会的调研不局限于学术领域,而是志在富民,为中国探索发展之路。

    B. 江村的乡村工业经历了发展、倒退、兴盛的过程,从费孝通对这个过程的追踪可看出他认为发展乡村工业是改变中国乡村贫穷落后面貌的重要途径。

    C. 开始于 1978 年的中国经济大改革中,江村率先发展乡镇企业,形成了费孝通高度赞扬的充满中国智慧的"苏南模式"。

    D. 20 世纪 50 年代费孝通重返江村进行调研,大胆地用数据说明乡村工业的真实状况,充分体现了他求真务实的精神品质。

2. 下列对材料相关内容的分析和评价,不正确的一项是( )

    A. 费孝通认为自己在《乡土中国》中所讲的观点新颖但不一定成熟,他敢于教给学生是因为在他的教学理念中,教学的主要任务是激发学生探索未知世界的勇气。

B.《江村经济》的成书是基于对某地生产状况的观察,而《乡土中国》的成书是基于对概念的阐释。费孝通认为搞清"乡土社会"这个概念,有助于理解具体的中国社会。

C. 费孝通认为,西方工业革命的历史经验中是没有乡镇工业这种经济形式的,而从中国农村的发展历史看去,乡镇工业的形成和兴盛是既合国情又有创意的。

D. 费孝通所谓的"文化自觉"是一个艰巨的过程:先要对自己的本土文化有清楚的认识,然后根据其对新环境的适应力决定取舍,取其精华,去其糟粕,实现文化转型。

3. 从三则材料中可看出费孝通的学术研究在不同阶段有哪些共同特点?请结合材料简要概括。

(二)

材料一

20世纪40年代,费孝通先生在田野调查和儒学经典的基础上铸就了《乡土中国》这部传世之作。该书中的"熟人社会""差序格局"等概念迄今仍然被学界不断征引、诠释或拓展,彰显出强大的学术生命力。

在传统的乡土中国,农民流动性缺乏。村庄成为一个亲密社群,是为熟人社会。所谓熟悉,不仅是信息对称,而且村民共享一套礼俗。费孝通先生曾说,乡土社会的信用是发生于对一种行为的规矩熟悉到不假思索时的可靠性。

熟人社会中的礼俗规则,指导人们处理公与私的问题。所谓公与私,在费孝通先生那里,是群己、人我的界线怎样划分的问题。每个人都有一个以自己为中心的圈子,在圈子之内的人,就是自己人,之外就是外人。农民在对待自己人和外人时遵循着不同的规则。只要是自己人,一切都可以商量。如果是外人,那可能公事公办,按程序和制度来。

半个多世纪过去了,历经革命、政权建设、市场化等现代化冲击的当代中国农村,早已不是费孝通先生笔下的"乡土中国"。农民不再被束缚在土地上,村民之间难以知根知底了,"皇权"下县了,农民开始"迎法下乡"了。这一切,都意味着当代中国农村正在迈向一个"新乡土中国"。

在新世纪初,贺雪峰教授写下《新乡土中国》这一影响甚巨的作品。该书通过对村民选举、农民合作、村级债务、农民上访等问题的深度观察,十分详尽、鲜活地呈现了自20世纪90年代至本世纪初中国农村社会的变化。该书提出的"半熟人社会""村庄社会关联"等概念同样被学界广泛援引和讨论。

当代中国农民的行动逻辑已经发生巨变。这种巨变不仅体现为农民行为、交往规则方式之变,而且体现为社会结构之变、农民价值之变。贺雪峰教授认为,农民价值之变是当前中国农村社会的根本性变化。不理解农民价值的变化,就无法理解农村巨变的实质。农民价值发生变化,意味着农民有了新的人生意义和归属。在许多地区的农村,受市场经济和人口流动等因素的影响,农民对村庄的归属感正在减弱。农民的"主体性"正在丧失。农民不仅"身体不在村",而且"人心不在村"。村庄还缺乏一套能为村民所共享和遵循的公共规则。村庄社会关联日渐松散,人际关系日益理性化,村庄公共性日趋消弭。

此时,村庄已经不再是农民知根知底、互帮互助的"熟人社会",而是转变为"半熟人社会"。人们的行为正越来越少地遵循乡土逻辑,而越来越多地拥抱市场逻辑。

进入21世纪以来,农村人口流动进一步加剧,市场经济渗透进一步加深,城镇化步伐进一步加快。如果说《新乡土中国》主要关注了20世纪90年代的中国农村,那么进入21世纪的中国农村又发生了哪些新的变化?杨华的这本随笔集为这个问题做出了一些解答。

在书中,杨华讨论了纠纷调解、人情往来、村庄选举、农民自杀、婚姻爱情、农民分化等多个主题。这些议题虽然分散,但贯穿其中的主线是以熟人社会为参照系,阐释当前中国农村的"去熟人社会"特征和逻辑,并以此来解释作者所观察到的各类村庄政治社会现象。

本书不仅在研究的时空上和观察的对象上不同于《乡土中国》和《新乡土中国》,而且在提炼的学术命题上和讨论问题的视角上也与二者存在诸多差异。特别是作者对农民生命价值变化和农村社会分化问题的理解,都是相当独到且精辟的。在这个意义上,本书延续了《乡土中国》和《新乡土中国》的一些传统议题,同时又开拓了一些新的领域。

(改编自田先红《陌生的熟人:理解21世纪乡土中国·序言》)

材料二

当村庄社会结构进一步松动,"自己人"的认同圈子就越发萎缩,"自己人"不断地"外化",成为外人。不仅血缘很远的家族成员逐渐地被新地方性共识确认为"外人",而且血缘较近的人也会慢慢被视为"外人"。

与自己人"外化"同步发生的另一村庄社会现象是熟人社会的"陌生化",它既表现为村民从相互知根知底到相互生疏,更意味着陌生人社会的交往规则被带入了熟人社会中。

自己人"外化"与熟人"陌生化"是两个相伴而生的社会变迁过程,二者作用的结果是村庄的交往规则最终摆脱"血亲情谊"和"人情面子"的束缚,走向以利益算计为旨归的共识规则体系,这意味着村庄共同体性质的变化。我们调查的许多农村地区共同体被新的规则体系逐步肢解,人们因为无须顾及"自己人""熟人"的情面,无须在意自己、家庭在村庄中的面子和声誉,就很容易肆无忌惮地倾轧他人,占他人的便宜,对弱者进行奴役和驱使,对强者则阿谀奉承、讨好巴结,结成功利性关联。

从村庄纠纷性质的转变可看出人们所受"外化"和"陌生化"的影响。村庄"接触性纠纷"因为人们接触的机会变少和空间变小而逐渐减少,日常性的"口角""骂街""埋怨""数落""指摘"等需要密切交往接触才能发生的争执在村庄中日趋衰微,村庄中已经很少再见到这样"热闹"的场面。接触性纠纷的减少是人们"外化""陌生化"的直接、表面的结果,隐藏在自己人"外化"、熟人社会"陌生化"背后的是村庄延续数百上千年的生活、生产和交往规则的更迭,而这一更迭直接导致了村民的人身、名誉、财产等"侵害性纠纷"的增加。

(改编自杨华《陌生的熟人:理解21世纪乡土中国》)

1. 下列对材料相关内容的理解和分析,不正确的一项是(　　　)

    A. 在传统的乡土中国,村民之间不是信息对称,而是共享一套礼俗,礼俗规则规范着村民的行为,指导人们处理公与私的问题。

    B. 当代中国农民的行动逻辑发生巨变,体现为农民行为、交往规则方式、社会结构、农民价值之变等,已与传统农村不同。

    C. 杨华笔下的21世纪中国农村,村庄的人情味越来越淡,自己人不断"外化"和熟人社会"陌生化"两种现象相伴而生。

    D. "外化""陌生化"的社会变迁直接导致了村庄纠纷性质的转变,"接触性纠纷"逐渐减少,"侵害性纠纷"日益增加。

2. 根据材料一和材料二,下列说法不正确的一项是( )

    A. 费孝通先生的《乡土中国》是以田野调查和儒家经典为基础的学术著作,其"熟人社会""差序格局"等概念对学界影响很大。

    B. 贺雪峰教授的《新乡土中国》呈现了 20 世纪 90 年代至 21 世纪初中国农村社会的变化,涉及村民选举、农民合作、村级债务等问题。

    C. 杨华的《陌生的熟人:理解 21 世纪乡土中国》探讨了诸多不同于《乡土中国》和《新乡土中国》的议题,具有一定的开拓意义。

    D. 费孝通、贺雪峰、杨华关于乡土中国的三部著作,展现了中国农村延续数百上千年的生活、生产和交往规则的更迭和进步。

3. 下列各项中,符合材料一中传统乡土社会特点的一项是( )

    A. 乡村四月闲人少,才了蚕桑又插田。

    B. 问今是何世,乃不知有汉,无论魏晋。

    C. 令则行,禁则止。

    D. 拔一毛而利天下,不为也。

4. 请结合材料内容,将下表中的空缺部分补充完整。

作者	书名	研究对象	社会结构特征
费孝通	《乡土中国》	① _____	熟人社会
贺雪峰	《新乡土中国》	20 世纪 90 年代至 21 世纪初的当代农村	③ _____
杨华	《陌生的熟人:理解 21 世纪乡土中国》	② _____	④ _____

    5. 当代中国农村的人际交往规则随着时代的不同发生变化,导致这些变化的客观原因是什么？请结合材料内容简要概括。

（三）

材料一

埃德蒙在《社会人类学》一书里评论包括我在内的中国几个人类学者的著作时，提出了两个问题：一是像中国人类学者那样，以自己的社会为研究对象是否可取？二是在中国这样广大的国家，个别社区的微型研究能否概括中国国情？埃德蒙对这两个问题都抱否定的态度。

先以第一个问题说，我们的分歧归根到底是各自的文化传统带来了"偏见"，或更正确些应说是"成见"。这些"成见"有其文化根源，也就是说产生于埃德蒙所说的公众的经验。他所谓公众经验，在我的理解中，就是指民族的历史传统和当前处境。

我的选择是出于一种价值判断，个人的价值判断离不开他所属的文化和所属的时代。

我是出生于二十世纪初期的中国人，正逢社会剧变、国家危急之际。我学人类学，是想学习到一些认识中国社会的观点和方法，用我所得到的知识去推动中国社会的进步，所以是有所为而为的。如果真如埃德蒙所说中国人研究中国社会是不足取的，就是说，学了人类学也不能使我了解中国的话，我就不会投入人类学这门学科了。

埃德蒙第二个问题的矛头则直指我的要害。如果我学人类学的志愿是了解中国，最终目的是改造中国，那么我们采取在个别小社区里进行深入的微型观察和调查的方法，果真能达到这个目的么？个别入手果真能获得概括性的了解么？我确是没想把江村作为整个中国所有千千万万的农村的典型；也没有表示过，研究了这个农村就能全面了解中国国情。

我也同意，解剖一个农村本身是有意义的。但我的旨趣并不仅限于了解这个农村。我确有了解中国全部农民生活，甚至整个中国人民生活的雄心。调查江村这个小村子只是我整个旅程的开端。

我这样想：把一个农村看作是全国农村的典型，用它来代表所有的中国农村，那是错误的。但是把一个农村看成是一切都与众不同，自成一格的独秀，也是不对的。

我对客观事物存有类型的概念。一切事物都在一定条件下存在的，如果条件相同就会发生相同的事物。相同条件形成的相同事物就是一个类型。同一个类型里的个别事物并不是完全一样的,类型不是个别的众多重复,因为条件不可能完全一致的。我所说的类型只是指主要条件相同所形成基本相同的各种个体。

以江村来说,它是一个具有一定条件的中国农村。中国各地的农村在地理和人文各方面的条件是不同的,所以江村不能作为中国农村的典型,也就是说,不能用江村看到的社会体系等情况硬套到其他中国的农村去。但同时应当承认:它是个农村而不是牧业社区,它是中国农村,而不是别国的农村。我们这样说时,其实已经出现了类型的概念了。所以我在这里和埃德蒙辩论的焦点并不是江村能不能代表中国所有农村,而是江村能不能在某些方面代表一些中国的农村。那就是说形成江村的条件是否还形成了其他一些农村,这些农村能不能构成一个类型?

如果承认中国存在着江村这种农村类型,接着可问,还有其他哪些类型? 如果我们用比较方法把中国农村的各种类型一个一个地描述出来,那就不需要把千千万万个农村一一地加以观察而接近于了解中国所有的农村了。通过类型比较法是有可能从个别逐步接近整体的。

我认真地想一想,我这种在埃德蒙看来也许是过于天真庸俗的性格并不是偶然产生的,也不是我个人的特点,其中不可能不存在中国知识分子的传统烙印。我随手可举出两条:一是"天下兴亡,匹夫有责",二是"学以致用"。这两条很可以总结我自己为学的根本态度。

(改编自费孝通《人的研究在中国》)

材料二

英国社会人类学界的埃德蒙对四位中国人类学家的英文著述加以评判。他认为林耀华运用的不是人类学的描述手法;杨懋春对山东村落的研究则采用落后的早期民族学方法;许烺光的研究,类似于社区调查,但因声称"代表整个中国",因此是失败的例子。在这四部作品中,最成功的是费孝通的《江村经济》,因为它与别的描述方法形成明显的对照,避免了早期民族学的方法论缺陷,而且不声称是中国社会的"典型"。埃德蒙说:与社会人类学者的所有优秀作品一样,费著的核心内容是关于关系网络如何在一个单一的小型社区运作的细致研究。这种研究没有,或者不应自称代表任何意义上的典型。它们也不是为了阐明某

种一般的论点和预设的。它们的意义在于它们本身。虽然这种作品以小范围的人类活动为焦点,但是它们所能告诉我们的是有关人类社会行为的一般特点,其内容远比称为"文化人类学导论"的普通教材丰富博大。埃德蒙的批评,强调的是中国人类学缺乏异文化眼光的问题。他认为,社会人类学的目标在于通过异文化的民族志考察来体现人的通性,因而他虽主张人类学描述不应有任何"一般预设",但是在本质上却主张在差异中洞见"普同性",主张人类学社区调查的意义与"中国社会"的特征无关,而仅仅是有关人类社会行为的一般特点的通论。这一看法,与费孝通的本意显然是背道而驰的。

(改编自李培林等著《20世纪的中国:学术与社会》)

1. 下列对材料相关内容的理解和分析,不正确的一项是(　　)

　　A. 费孝通回应埃德蒙的第二个问题,也承认中国个别社区的微型研究确实不能概括中国国情。

　　B. 费孝通认为江村并不是与众不同、自成一格的独秀,解剖江村能够了解各种类型的中国农村。

　　C. 埃德蒙认为,《江村经济》的价值在于通过小范围研究,反映有关人类社会行为的一般特点。

　　D. 埃德蒙批评中国人类学者缺乏异文化眼光,他认为应该通过研究其他民族来了解人的共性。

2. 根据材料内容,下列说法不正确的一项是(　　)

　　A. 费孝通在面对西方学者的质疑时,进行了深刻反思,并借此阐明了自己的研究主张。

　　B. 费孝通试图运用类型比较法,描述中国农村的各种类型,进而了解中国农村的整体。

　　C. 埃德蒙用三位中国学者和费孝通进行对比,肯定了《江村经济》的研究方法和意义。

　　D. 材料二中,作者先概述埃德蒙的观点,继而系统阐述了其对社会人类学研究的主张。

3. 下列关于《乡土中国》的表述,不能印证材料一观点的一项是(　　)

　　A.《乡土中国》的作者通过观察和调查,形成了对中国农村的概括性了解,指出中国社会的基层是"乡土性"的。

B.《乡土中国》运用人类学方法分析乡村的时空特点,提出"文字下乡"的前提条件,体现学以致用的学术态度。

C.《乡土中国》通过中西方对比,揭示出"差序格局"这一中国乡土社会特点,表明作者具有跨文化视域的优势。

D.《乡土中国》中,作者虽以自己的籍贯为例说明地缘与血缘的关系,但他的研究旨趣并没有局限于这种个案研究。

4. 费孝通认为他与埃德蒙在学术上产生分歧的主要原因是什么?请简要说明。

5. 海派文化课题组组织同学开展上海文化调查研究活动,现在要制定活动方案。请根据材料一,借鉴费孝通先生的研究方法,完成以下表格。

步骤	主要做法
第一步:制定方案	① _____
第二步:开展调查	深入实地,开展观察和调查
第三步:整理分析	描述所选研究对象的特征
第四步:交流比较	② _____
第五步:展示成果	以调查报告等形式展现海派文化风貌

一、基础篇

1. 作为中国基层社会的乡土社会究竟是个什么样的社会。

2. 分两个阶段。第一阶段:实地的社区研究,主要是个案研究。第二阶段:社会结构的分析,偏于通论性质,在理论上总结并开展实地研究,使用比较研究。

3. 本书是费孝通先生任西南联大教授时主讲的"乡村社会学"的一部分授课内容。当时费先生在大学中讲课,并不喜欢用现有的美国教材,而是利用和青年学生们的接触机会,探索中国的社会结构,不是教

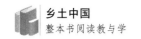

授已有的知识,而是引导学生向未知的领域进军。1947年应当时《世纪评论》之约,"随讲随写,随写随寄,随寄随发",而写成分期连载的十四篇文章。

4.(1)社区分析 ①研究一定时空内一个地方人民所赖以生活的社会结构 ②比较不同社区的社会结构 (2)从社会现象的共相上着手

5.(示例)当前,我国正处于社会转型的关键时期,传统与现代的交织与转换,乡村与城市的碰撞与融合,使社会发生着巨大变化。《乡土中国》中关于乡土社会的论述仍然值得我们思考。在这样一个飞奔的城市化进程中,乡村可能代表着我们的历史、我们的过去、我们的历史的河流。只有现在的民族是最浅薄的民族、是最没有希望的民族。

6.

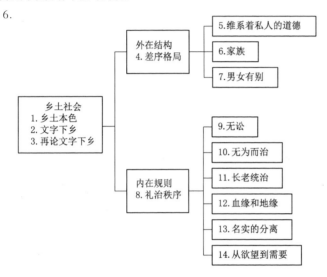

二、进阶篇

1.①有闯劲儿,敢于创新,勇于开拓。 ②我敢于在讲台上把自己知道不成熟的想法,和盘托出在青年人的面前,那是因为我认为这是一个比较好的教育方法。我并不认为教师的任务是在传授已有的知识,这些学生们自己可以从书本上去学习,而主要是在引导学生敢于向未知的领域进军。 ③勇于探索、尝试,不断完善。 ④那时我正注意中国乡村经济一方面的问题,学生们虽觉得有兴趣,但是在乡村社会学中讲经济问题未免太偏,而且同时学校有土地经济学和比较经济制度等课程,未免重复太多。过去一年我决定另起炉灶,甚至暂时撇开经济问题,专从社会结构本身来发挥。 ⑤知识全面,深入实践。 ⑥立足富民强国,关注现实。 ⑦为国为民,立足传统,实事求是,注重实干。

2.前期是实地的社会研究(个例)。中期是偏于通论性质,在理论上总结,进行社会结构的分析,并开展实地研究(整体,理论)。后期是"重建",侧重于解决乡村问题的方法。作者自述要发现乡土社会的"种种问题的结症,提出一些积极性的主张来,希望有助于当前各种问题的解决",是为"重建"。

3.(1)①处;理由是:堂奥指厅堂和内室,以政治学、经济学为代表的特殊的社会科学早已独立,占有了"社会学"的主要领域——就如同房子的正堂,是重要的地方。 ②处;理由是:门限指门槛,由于特殊社会科学占据了正房,社会学只能退居次要的地方,被排挤到了门槛边上。

(2)①处喻指:社会心理学 ②处喻指:生理心理学

理由是:心理学有二元——生理心理学和社会心理学(即比喻中的"两片面包"),后者在社会现象之上,而纯粹社会学是以社会心理学为研究对象的,因此上面一片面包应指"社会心理学"。

4.(1)观念中的类型,存在于具体事物中的普遍性质。

（2）①一个概念所反映的事物的本质属性的总和,即概念的内容。　②一个概念所确指的对象的范围。

（3）（示例）"差序格局":在中国乡土社会中,个人以自我为中心,分出与己关系的亲疏厚薄,逐渐推出去,从而形成的特殊社会结构。其中群己关系能伸能缩,呈差序的推浪形式。这一概念比较陌生,是中国乡土社会的基本结构,作者以水波为喻,将人与人的关系阐述得非常清晰生动。

5. 学术著作中,作者往往会在序言(尤其是自序)和后记中介绍自己的治学态度、研究历程、方法成果等等,对于我们阅读正文有很大的帮助。就同《乡土中国》的重刊序言和后记,费孝通先生在里面交待了此书的写作过程,所提炼的概念、比较研究的方法,涉及社会学的发展沿革等,就像钥匙解锁,为我们了解《乡土中国》的内容提供了便利。

三、提升篇

（一）1. C("江村率先发展乡镇企业"于文无据,"正是从这里发芽"中的"这里"不是指的江村,而是指费孝通的思想。故选 C。)

2. B("《乡土中国》的成书是基于对概念的阐释"错误,原文"而是从具体社会里提炼出的一些概念"说明还是基于对具体社会的调查。故选 B。)

3. ①勇于探索,不断创新。②强调实地调查,从实求知。③善于从具体的调研中提出新概念,以概念作为认识事物的工具。

（二）1. A("村民之间不是信息对称,而是共享一套礼俗"曲解文意。材料一第二段原文是"不仅是信息对称,而且村民共享一套礼俗"。故选 A。)

2. D("展现了中国农村延续数百上千年的生活、生产和交往规则的更迭和进步"中的"进步"无中生有。材料二第四段原文只是说"隐藏在自己人'外化'、熟人社会'陌生化'背后的是村庄延续数百上千年的生活、生产和交往规则的更迭",没有体现"进步"的意思。故选 D。)

3. B(材料一中传统乡土社会的特点主要有农民缺乏流动性、用礼俗规则指导人们处理公与私的问题。A 项是说农村中农忙时的景象;B 项可以体现农民缺乏流动性,这符合乡土社会的特点;C 项强调法治思想;D 项是利己主义,不符合传统乡土社会的特点。故选 B。)

4. ①20 世纪 40 年代以前的传统农村　②21 世纪以来的中国新农村　③半熟人社会　④去熟人社会

5. ①革命、政权建设、市场经济等现代化冲击;②农村人口流动的加剧和城镇化步伐的加快。

（三）1. B("解剖江村能够了解某种类型的中国农村"错,材料一是说"我确是没想把江村作为整个中国所有千千万万的农村的典型;也没有表示过,研究了这个农村就能全面了解中国国情"。故选 B。)

2. D("继而系统阐述了其对社会人类学研究的主张"错,材料二主要是讲埃德蒙对四位中国人类学家的英文著述加以评判,在最后一段指出其社会人类学的目标及主张,并未"系统阐述"。故选 D。)

3. C(材料一是费孝通针对埃德蒙提出的两个问题进行回答,探讨"以自己的社会为研究对象是否可取""在中国这样广大的国家,个别社区的微型研究能否概括中国国情"。C 项"中西方对比""跨文化视域的优势"不是材料一的内容,不能印证作者的观点。故选 C。)

4. ①文化传统不同,费孝通有着中国传统知识分子的责任和担当;②当时处境不同,费孝通面临的是剧变中的中国社会;③研究目的不同,费孝通的目的是了解中国社会、用自己的知识推动中国社会进步。

5. ①选取海派文化的典型作为研究对象　②比较不同类型,概括海派文化的特征

2 《乡土本色》

章 节 解 读

 **段落大意**

第1段 中国社会从基层上看是乡土性的。土头土脑的"乡下人"是中国社会的基层。

第2段 土字的基本意义是泥土。我们的民族与泥土分不开,即从土里创造过光荣历史,也受到土地的束缚。

第3段 "土"在我们民族文化中占有重要地位。

第4段 农业直接取资于土地。土地不能流动,被土地限制的农民因而变得土气。

第5段 农民黏着于土地,世代定居、人口相对固定是乡土社会的特性之一。

第6段 因为饱和迁移出去的过剩人口,依然依靠土地生存繁衍。

第7段 从人和人在空间的排列关系上看,不同聚居社区间是孤立和隔膜的。

第8段 中国农民大多聚村而居的特点对中国乡土社会的性质有重要影响。

第9段 中国农民聚村而居的四点原因。

第10段 作为中国乡土社区单位的村落之间相对孤立、隔膜,乡土社会的生活富于地方性。

第11段 地方性的限制形成了生于斯、死于斯的乡土社会,村中人彼此熟悉,没有陌生人。

第12段 受土地束缚的乡民,彼此之间的关系是与生俱来、无须选择的。

第13段 在彼此熟悉的社会中,乡民得到从心所欲不逾规矩的自由。

第14段 乡土社会的信任源于对行为规矩的熟悉。

第15段 乡土社会中的人可以在漫长的时间中彼此熟悉。

第16段 乡土社会中生长的人们熟悉彼此及环境中的事物,并从中获得个别性的认识。

第17段 从乡土社会进入现代社会的过程中,在乡土社会中养成的生活方式处处产生了流弊。

思维导图

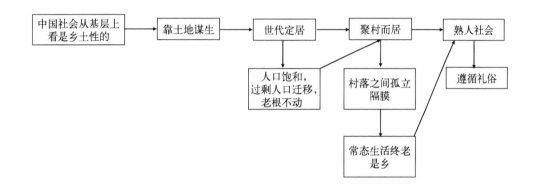

概念解释

礼俗社会:传统社会,规模小,分工与角色分化少;人的行为受习俗传统的约束。

法理社会:现代工业社会,规模大,有复杂的分工和角色分化;人的行为受规章法律的制约。

内容导读

《乡土中国》是社会学大师费孝通先生的代表作,从社会结构的角度来讲授"乡村社会学",较为全面地展现了中国基层社会的面貌,以"乡土"概括广大农民的生存和生活状态,以"礼治秩序"阐明中国乡土社会传统文化和社会治理结构,这些让中国人之所以成为"中国人"的"魂",时至今日仍在方方面面影响着现代

中国。

全书 14 章是由总到分的逻辑关系，《乡土本色》作为全书的第一章，如同百川之源、万山之祖，以总论的地位，提纲挈领，从土地属性、人空关系、社会形态三方面清晰阐明中国乡土社会的基本特征，这是乡土社会其他特质的根本，奠定了费孝通先生接下来其他论述的基础。书中后续篇章涉及的文字使用、社会结构、传统感情、宗法制度、社会变迁等均为对中国乡土社会根本特点的具体论述。如《文字下乡》和《再论文字下乡》中提出乡土社会不需要文字的观点，是在乡土社会稳定、熟悉、地方性特点上得出的。这样的乡土社会，往往直接依靠语言沟通而非文字表述来传承礼俗文化。再比如《礼俗秩序》《无讼》《长老统治》等几篇涉及的给人以敬畏感、仪式感的礼法秩序，也是基于乡土社会的基本特征得出的。万变不离其宗，读懂读透《乡土本色》，对于准确把握全书，意义非凡。

作为学术类论述文章，我们需要理清作者的行文思路是如何展开的，梳理文本内部逻辑关系。"本色"意为"本来面貌"，文章开篇便提出了总观点："从基层上看去，中国社会是乡土性的。"把中国传统基层社会的"乡土本色"概括为"乡土性"，可谓把握住了乡土中国的精髓，"土"衍生出依靠土地为生的"农业"这种生产方式，"乡土性"正是乡土中国基层社会方方面面的支配力量。

然后概述土地与人的关系，土地无法移动导致以土地为生的人也不流动，沾染了"土气"，农民黏着在土地上导致定居是常态，进而衍生出"社"这种传统节日来表达人们对土地的情感，衍生出安土重迁的思想传统和思维方式。

最后论述土地与人的关系决定了人与人之间的关系，乡土中国是以村落的形式实际存在的，聚村而居的人们在空间排列关系上是孤立和隔膜的，在时间上因为生于斯、长于斯甚至终老于斯，形成一个"熟悉"的社会，一个没有陌生人的社会。而人与人在时间和空间上缔结的生存状态，又直接构成中国基层社会独特习俗和生活方式的规定性。人从土里产生过光荣的历史，也反过来受到土地的束缚。故乡既是坐落于时空的具体存在，也是聚村而居的生存方式，更是漂泊在外的游子文化情感的具象依托。

作为一本课堂讲义，费孝通先生行文时非常注重说理的严谨性，为论证乡下人在泥土里讨生活，与泥土关系紧密，所选用的例证既有外国朋友近期到内蒙古旅行，看到中国人在适于放牧的草原上也依旧锄地播种的亲身经历，也有从熟悉的老师那里听来的中国人哪怕在西伯利亚也要尝试种地的故事,两处论据互为补充,使得说理更加完善。在论述泥土可贵时,首先阐明土是乡下人的命根。进而由神话到现实,由土地神象征可贵的泥土,说到自己初次出国时带走灶上的泥土,预防水土不服。再由中国到外国,由自己初次出国带一包灶上的泥土,写到波兰电影里同样存在相关风俗。最后得出结论:"土"在乡土社会中具有重要的文化内涵。可谓环环相扣,逻辑严密。阅读时多思考一下作者论据选择的精妙和说理过程的推进,对提升逻辑思维能力大有助益。

《乡土中国》一书虽为学术著作,但印发后转瞬售罄,之后平均每月发行2 000 册仍旧供不应求,费孝通先生俨然成为当时的畅销书作家,这与其说理的趣味性和生动性密不可分。比如《乡土本色》中以老树上的种子被风吹落为喻,形象生动地阐明乡村过剩的人口只得宣泄出外,负起锄头去另辟新地的情况。将美国乡下大多是一户人家自成一个单位与中国农民聚村而居对比,以突出中国乡土社会独特的聚居特点。论述语言通俗却不媚俗,生动却不花哨,严谨却不呆板,可以称得上雅俗共赏。比如"从土里长出过光荣的历史","长"字生动传神地写出了中国辉煌悠久的历史与土地密不可分的关系。再如"直接靠农业来谋生的人是黏着在土地上的","黏着"一词形象描摹出农人与土地关联紧密。阅读时可以多留心这类语句,不仅能增加阅读的趣味性,也有助于提升自身的文学鉴赏能力。

此外,《乡土中国》虽成书于 20 世纪 40 年代,今人阅读并不觉得枯燥乏味,过程中还会不由自主联想到自己生活或者阅读经历中类似的场景。如初次出国时,奶妈嘱咐作者水土不服想家时可以把红纸包裹的灶上泥土煮一点汤吃,令人瞬间便想到《西游记》中唐僧出发取经时,"只见太宗低头,将御指拾一撮尘土,弹入酒中",并叮嘱唐僧,"日久年深,山遥路远,御弟可进此酒:宁恋本乡一捻土,莫爱他乡万两金"。也会突然明白新闻中讲述的台湾老兵回乡祭祖临走时要带包家乡泥土蕴含的深意。作者对于乡土本色的理性审视与缜密反思,既是当下乡村振兴背景下的应有之义,又是国人寻找精神家园的必由之路,更促使我们进一步思考,时代变迁洪流之中,如何传承乡土社会留下来的基因记住乡愁,毕竟故乡,并不仅仅止于一块特定的土地,而是一种五味杂陈的心情,不受空间和时间的限制。

专 项 训 练

一、基础篇

1. 阅读下面一段文字,在横线处填入恰当词句,使整段文字表意准确、语言连贯、符合逻辑。

我说中国社会的基层是乡土性的。那些被我们看作①_____的乡下人,才是中国社会的基层。

我们说乡下人土气,虽则似乎带着几分藐视的意味,但是这个"土"字却用得很好。"土"字的基本意义是指泥土。乡下人离不了泥土,因为在乡下住,②_____是最普通的谋生办法。的确如此,在我们这片远东大陆上,以现在的情形来说,最大多数的人是要③_____地到田里去的。我们不妨④_____来看,三条大河的流域已经全是⑤_____;而且,据说凡从这里迁移到四围边地上去的子弟,也老是很忠实地守着这种直接⑥_____的传统。最近我遇着一位到内蒙旅行回来的美国朋友,他很奇怪地问我:你们中原去的人,到了这原本⑦_____的草原上,依旧锄地播种,一家家划着小小的一方地,种植起来;真像是向土里一钻,想不到⑧_____了。我记得我的老师史禄国先生也告诉过我,远在寒冷的西伯利亚,中国人住下了,不管那里的⑨_____,还是要下些种子,试试看能不能种地——这样说来,我们的民族确是和泥土分不开的了。从土里长出过光荣的历史,自然也会受到⑩_____,现在很有些飞不上天的样子。

2. 某同学在学习《乡土中国·乡土本色》时,在笔记上记录了书中三个事例的梗概,请你根据这三个事例,帮助他提炼出中国社会基层"乡土性"的三个特点。每点不超过12个字。

(1)史禄国先生曾告诉作者,远在西伯利亚,中国人住下了,不管天气如何,还是要下些种子,试试看能不能种地。

(2)一位研究语言的朋友说,张北那一带的村子里,几百年来老是这几个

姓。乡村里的人口似乎是附着在土地上的。

（3）在一个村子里，每个孩子都是在人家眼里长大的，在孩子眼里周围的人也是从小就看惯的。

3. 费孝通在《乡土本色》一章中说，"中国社会是乡土性的"，下列选项中的词句不能反映乡土文化的一项是（   ）

　　① 安土重迁　　　　　　　② 克己复礼
　　③ 一表三千里　　　　　　④ 路见不平，拔刀相助
　　⑤ 眉目传情　　　　　　　⑥ 日新月异
　　⑦ 人怕出名猪怕壮　　　　⑧ 鸡犬相闻，老死不相往来
　　A. ①⑦　　　　B. ②⑧　　　　C. ③⑤　　　　D. ④⑥

4. 根据《乡土本色》内容，下列理解和分析不正确的一项是（   ）

　　A. 乡民是中国社会的基层，他们以种地为基本生存方式，从土地中获取生活资源，因此与土地分不开，为土地所束缚。

　　B. 乡民之间的交往是基于彼此的熟悉和信任来进行的，法律不是调节乡土社会中人际交往和人际关系的基本依据。

　　C. 乡土社会实际上就是熟人社会、礼俗社会，而现代社会是陌生人组成的社会、法理社会，两者的人际交往原则有别。

　　D. 乡土社会的信用产生于对一种行为规矩熟悉到不假思索的可靠性，这种信用远胜于法理社会中的一纸契约。

5. 阅读下面的文字，完成下面小题。

我们很可以相信，以农为生的人，世代定居是常态，迁移是变态。大旱大水，连年兵乱，可以使一部分农民抛井离乡；即使像抗战这样大事件所引起基层人口的流动，我相信还是微乎其微的。

当然，我并不是说中国乡村人口是固定的。这是不可能的，因为人口在增加，一块地上只要几代的繁殖，人口就到了饱和点；过剩的人口自得宣泄出外，负起锄头去另辟新地。可是老根是不常动的。这些宣泄出外的人，像是从老树上

被风吹出去的种子，找到土地的生存了，又形成一个小小的家族殖民地，找不到土地的也就在各式各样的运命下被淘汰了，或是"发迹了"。我在广西靠近瑶山的区域里还看见过这类从老树上吹出来的种子，拼命在垦地。在云南，我看见过这类种子所长成的小村落，还不过是两三代的事；我在那里也看见过找不着地的那些"孤魂"，以及死了给狗吃的路毙尸体。

（改编自《乡土中国·乡土本色》）

（1）下列各句中的引号，和文中加点词"孤魂"的引号作用相同的一项是

（　　）

A．"满招损，谦受益"这句格言，流传到今天至少有两千年了。

B．从山脚向上望，只见火把排成许多"之"字形，一直连到天上。

C．这样的"聪明人"还是少一点好。

D．他们的做法彻底撕掉了自己"文明"的面具，真相赤裸裸地展现在大家面前。

（2）文中画横线的句子采用了什么修辞手法？有何作用？请简要分析。

（3）文中画波浪线的句子"这是不可能的"中的"这"指什么？这句话能删去吗？为什么？

二、进阶篇

1．"土"字的常用义项有：①土壤，泥土；②土地；③本地的，地方性的；④民间的，民间沿用；⑤俗气的，不合潮流的。下列语句中的"土"字，恰当的释义是什么？请加以辨析，填写标号。

A．种地的人却搬不动地，长在土里的庄稼行动不得。　　　　　（　　）

B．我们说乡下人土气，虽则似乎带着几分藐视的意味。　　　　（　　）

C．但是乡下，"土"是他们的命根。　　　　　　　　　　　　　（　　）

D．乡村里的人口似乎是附着在土上的，一代一代地下去，不太有变动。

（　　）

E. 司机拉住闸车,在玻璃窗里,探出半个头,向着那土老头儿,啐了一口:"笨蛋!" （　）

F. 我们还顺便到集市采购了一些土产。 （　）

G. 医护人员将一根根老冰棍扎在一起,再用胶带"绑"在后背上给自己降温。简单操作后,"土方法"立即发挥了作用。 （　）

H. 我的老家,就在这个屯。我是这个屯里土生土长的人。 （　）

2. 谈及"泥土"的可贵,作者说:"我在《一曲难忘》的电影里看到了东欧农业国家的波兰也有着类似的风俗,使我更领略了'土'在我们这种文化里所占和所应当占的地位了。"文中列举东欧国家波兰的风俗来阐述乡土中国的特色,是否合适？请谈谈你的看法。

3. 阅读下文,完成练习。

最近我遇着一位到内蒙旅行回来的美国朋友,他很奇怪地问我:你们中原去的人,到了这最适宜于放牧的草原上,依旧锄地播种,一家家划着小小的一方地,种植起来;真像是向土里一钻,看不到其他利用这片地的方法了。我记得我的老师史禄国先生也告诉过我,远在西伯利亚,中国人住下了,不管天气如何,还是要下些种子,试试看能不能种地。——这样说来,我们的民族确是和泥土分不开的了。从土里长出过光荣的历史,自然也会受到土的束缚,现在很有些飞不上天的样子。

上文中,作者为什么选用"美国朋友"和"史禄国先生"(俄罗斯人类学家)对中国人的印象描述？请谈谈你的理解。

4. 阅读下面的文字,完成各题。

文人常常借助月亮来表达思乡之情。"床前明月光,疑是地上霜。举头望明月,低头思故乡。"以月光写相思,以秋霜写乡愁,一片月光,一方秋霜,_____了异乡人最凄凉的心境。短短四句诗中,就出现了"月亮"知"月光"两个意象。这

首_____的《静夜思》,古往今来不知触动了多少_____在外的游子,勾起了那离乡别亲的愁绪和思乡念亲的乡泪。

为什么东方的"月亮"善于传达思念之情,西方的"月亮"常用于表达爱情呢?这背后有着深层次的文化原因。中国历来受儒家思想影响深远,诗歌作为中国古代主要的文化艺术形式之一,(　　)。中国的诗歌如果单纯追求文化艺术上的"真",仅仅用来抒发个人私密的情感和表达浪漫的情事,而忽略政治伦理教化作用,那这样的诗歌将得不到主流文化的_____。所以,我们今天见到的中国古代诗歌中,"月亮"多用于表达非私人化的情感。

(1) 下列依次填入文中横线处的词语,最恰当的一项是(　　)

　　A. 标志　家喻户晓　漂泊　许可

　　B. 象征　家喻户晓　漂泊　认可

　　C. 象征　妇孺皆知　流浪　许可

　　D. 标志　妇孺皆知　流浪　认可

(2) 下列填入括号内的语句,衔接最恰当的一项是(　　)

　　A. 功能有抒情咏志、传承文化,同时承载着"载道"的重任

　　B. 承载着"载道"的重任,同时功能还有抒情咏志、传承文化

　　C. 这个功能是抒情咏志,传承文化,还承载着"载道"的重任

　　D. 除了抒情咏志、传承文化这个功能之外,还承载着"载道"的重任

(3) 选文最后说:"我们今天见到的中国古代诗歌中,'月亮'多用于表达非私人化的情感。"请结合《乡土中国》中"乡土本色"的特点,从"稳定性""熟悉性""礼俗性"中任选两个角度对其进行合理解读。

　　5. 由本章《乡土本色》可知,中国人自古安土重迁,那为什么现在"北漂""沪漂"这么多?

灶
心
土

6. "我初次出国时,我的奶妈……说,假如水土不服,老是想家时,可以把红纸包裹的东西煮一点汤吃。"《本草纲目》中也记载"伏龙肝"是一味药,指灶里正对锅底的黄土,亦名灶心土。还有"东壁土",指古旧房屋东墙上的土。以土入药治疗水土不服,这一说法有一定的合理性,你能否从中医理论或生物学的角度加以阐释?

三、提升篇

阅读下面的文字,完成各题。

(一)

① 从基层上看去,中国社会是乡土性的。我说中国的基层是乡土性的,那是因为我考虑到从这基层上曾长出一层比较上和乡土基层不完全相同的社会,而且在近百年来更在东西方接触边缘上发生了一种很特殊的社会。那些被称为土头土脑的乡下人,他们才是中国社会的基层。

② 我们说乡下人土气,这个土字却用得很好。土字的基本意义是指泥土。乡下人离不了泥土,因为在乡下住,种地是最普通的谋生办法。在我们这片远东大陆上,可能在很古的时候住过些还不知道种地的原始人,那些人的生活怎样,对于我们至多只有一些好奇的兴趣罢了。以现在的情形来说,这片大陆上最大多数的人是拖泥带水下田讨生活的了。我们不妨缩小一些范围来看,三条大河的流域已经全是农业区。而且,据说凡是从这个农业老家里迁移到四围边地上去的子弟,也老是很忠实地守着这直接向土里去讨生活的传统。靠种地谋生的人才明白泥土的可贵。农业直接取资于土地,种地的人搬不动地,长在土里的庄稼行动不得,土气是因为不流动而发生的。

③ 直接靠农业来谋生的人是黏着在土地上的。我遇见过一位在张北一带研究语言的朋友。我问他说在这一带的语言中有没有受蒙古话的影响。他摇了摇头,不但语言上看不出什么影响,其他方面也很少。他接着说:"村子里几百年

来老是这几个姓,我从墓碑上去重构每家的家谱,清清楚楚的,一直到现在还是那些人。乡村里的人口似乎是附着在土上的,一代一代地下去,不太有变动。"——这结论自然应当加以条件的,但是大体上说,这是乡土社会的特性之一。我们很可以相信,以农为生的人,世代定居是常态,迁移是变态。大旱大水,连年兵乱,可以使一部分农民抛井离乡;即使像抗战这样大事件所引起基层人口的流动,我相信还是微乎其微的。

④ 不流动是从人和空间的关系上说的,从人和人在空间的排列关系上说就是孤立和隔膜。孤立和隔膜并不是以个人为单位的,而是以住在一处的集团为单位的。中国乡土社区的单位是村落,从三家村起可以到几千户的大村。孤立、隔膜是就村和村之间的关系而说的。孤立和隔膜并不是绝对的,但是人口的流动率小,社区间的往来也必然疏少。我想我们很可以说,乡土社会的生活是富于地方性的。地方性是指他们活动范围有地域上的限制,在区域间接触少,生活隔离,各自保持着孤立的社会圈子。

⑤ 乡土社会在地方性的限制下成了生于斯、死于斯的社会。常态的生活是终老是乡。假如在一个村子里的人都是这样的话,在人和人的关系上也就发生了一种特色,每个孩子都是在人家眼中看着长大的,在孩子眼里周围的人也是从小就看惯的。这是一个"熟悉"的社会,没有陌生人的社会。

⑥ 在社会学里,我们常分出两种不同性质的社会:一种并没有具体目的,只是因为在一起生长而发生的社会;一种是为了要完成一件任务而结合的社会。用一位外国学者的话说,前者是"有机的团结",后者是"机械的团结"。用我们自己的话说,前者是礼俗社会,后者是法理社会。生活上被土地所圈住的乡民,他们平素所接触的是生而与俱的人物,正像我们的父母兄弟一般,并不是由于我们选择得来的关系,而是无须选择,甚至先我而在的一个生活环境。

⑦ 熟悉是从时间里、多方面、经常的接触中所发生的亲密的感觉。这感觉是无数次的小磨擦里陶炼出来的结果。这过程是《论语》第一句里的"习"字。"学"是和陌生事物的最初接触,"习"是陶炼,"不亦说乎"是描写熟悉之后的亲密感觉。在一个熟悉的社会中,我们会得到从心所欲而不逾规矩的自由。这和法律所保障的自由不同。规矩是"习"出来的礼俗。从俗即是从心。

⑧ "我们大家是熟人,打个招呼就是了,还用得着多说么?"——这类的话已经成了我们现代社会的阻碍。现代社会是个陌生人组成的社会,各人不知道各

人的底细,所以得讲个明白;还要怕口说无凭,画个押,签个字。这样才发生法律。在乡土社会中法律是无从发生的。"这不是见外了么?"乡土社会里从熟悉得到信任。乡土社会的信用并不是对契约的重视,而是发生于对一种行为的规矩熟悉到不假思索时的可靠性。

⑨ 从熟悉里得来的认识是个别的,并不是抽象的普遍原则。在熟悉的环境里生长的人,不需要这种原则,他只要在接触所及的范围之中知道从手段到目的间的个别关联。在乡土社会中生长的人似乎不太追求这笼罩万有的真理。我读《论语》时,看到孔子在不同人面前说着不同的话来解释"孝"的意义时,我感觉到这乡土社会的特性了。孝是什么? 孔子并没有抽象地加以说明,而是列举具体的行为,因人而异地答复了他的学生。

⑩ 在我们社会的急速变迁中,从乡土社会进入现代社会的过程中,我们在乡土社会中所养成的生活方式处处产生了流弊。陌生人所组成的现代社会是无法用乡土社会的习俗来应付的。于是,"土气"成了骂人的词,"乡"也不再是衣锦荣归的去处了。

(改编自《乡土中国·乡土本色》)

1. 下列对原文相关内容的理解和分析,不正确的一项是(　　)

   A. 乡下人多以种地为生,从土地中获取生活资源,却又常为其所束缚,不易流动而产生"土气"。

   B. "孤立和隔膜"既可从人和人在空间的排列关系上说明,又能从村和村之间的关系上来体现。

   C. 中国乡土社会应属于一种无具体目的,因为在一起生长而发生的"有机的团结"的礼俗社会。

   D. 乡土社会的信用产生于一种对行为规矩熟悉到不假思索的可靠性,该信用优于法理社会中的一纸契约。

2. 根据原文内容,下列说法不正确的一项是(　　)

   A. 中国社会呈现乡土性的特点与由"那些被称为土头土脑的乡下人"所构成的社会基层有关。

   B. 从根据墓碑能清楚地重构每家家谱的事实,作者断定以农为生的人,世代定居是常态,迁移是变态。

   C. 文中引用《论语》中"学而时习之,不亦说乎"的名言和列举孔子因人

而异地解释"孝"的实例,论述内容同中有异。

    D. 文章开篇从乡土社会的"乡下人土气"谈起,至现代社会的"土气"成了骂人的词而收尾,结构严谨,逻辑严密。

3. 结合材料,下列选项不能反映"乡土本色"的一项是(   )

    A. 羁鸟恋旧林,池鱼思故渊。

    B. 谁言寸草心,报得三春晖。

    C. 田夫抛秧田妇接,小儿拔秧大儿插。

    D. 肯与邻翁相对饮,隔篱呼取尽余杯。

4. 本文语言很有特点,请以第②段为例进行分析。

5. 著名作家冯骥才感叹:"每座古村落都是一部厚重的书,不能没等我们去认真阅读,就让这些古村落在城镇化的大潮中消失不见。"请结合本文,分析"乡土性"逐渐消失的原因。

(二)

还 乡

路 遥

① 天还没有明时,高加林就赤手空拳悄然地离开了县委大院。

② 他匆匆走过没有人迹的街道,步履踉跄,神态麻木,高挑的个子不像平时那般笔直,背微微地有些驼了;失神的眼睛深陷在眼眶里,没有一点光气,头发也乱蓬蓬的像一团茅草。整个脸上像蒙了一层灰尘,额头上都似乎显出了几条细细的皱纹。

③ 早晨的太阳照耀在初秋的原野上,大地立刻展现出了一片斑斓的色彩,庄稼和青草的绿叶上,闪耀着亮晶晶的露珠。脚下的土路潮润润的,不起一点黄尘。高加林在路上摇摇晃晃地走着,走几步就站下,站一会再走……

④ 离村子还有一里路的地方,他听见河对面的山坡上,有一群孩子叽叽喳

喳地说话,其中一个男孩子大声喊:"高老师回来……"他知道这是他们村的砍柴娃娃,都是他过去的学生。

⑤ 突然,有一个孩子在对面山坡上唱起了信天游:

⑥ "哥哥你不成材,卖了良心才回来……"

⑦ 孩子们都哈哈大笑,叽叽喳喳地跑到沟里去了。

⑧ 这古老的歌谣,虽然从孩子的口里唱出来,但它那深沉的谴责力量,仍然使高加林感到惊心动魄。他知道,这些孩子是唱给他听的。唉! 孩子们都这样厌恶他,村里的大人们就更不用说了。

⑨ 他走不远,就看见了自己的村子。一片茂密的枣树林掩映着前半个村子;另外半个村伸在沟口里,他看不见……

⑩ 他忍不住停下了脚,忧伤地看了一眼他熟悉的家乡。一切都是原来的样子——但对他来说,一切又都不一样了……

⑪ 就在这时,许多刚下地的村里人,却都从这里那里的庄稼地里钻出来,纷纷向他跑来了。

⑫ 他不知道这是怎么一回事,村里的人们就先后围在了他身边,开始向他问长问短。所有人的话语、表情、眼神,都不含任何恶意和嘲笑,反而都透着真诚。大家还七嘴八舌地安慰他哩。"回来就回来吧,你也不要灰心!"

⑬ "天下农民一茬子人哩! 逛门外和当干部的总是少数!"

⑭ "咱农村苦是苦,也有咱农村的好处哩! 旁的不说,吃的都是新鲜东西!"

⑮ "慢慢看吧,将来有机会还能出去哩。"

⑯ 亲爱的父老乡亲们! 他们在一个人走运的时候,也许对你躲得很远;但当你跌了跤的时候,众人却都伸出自己粗壮的手来帮扶你。他们那伟大的同情心,永远都会给予不幸的人! 高加林忍不住热泪盈眶。他一句话也说不出来。

⑰ 人们问候和安慰了他一番,就都又下地去了。

⑱ 当高加林再迈步向村子走去的时候,感到身上像吹过了一阵风似的松动了一些。他抬头望着满川厚实的庄稼,望着浓绿笼罩的村庄,对这单纯而又丰富的故乡田地,心中涌起了一种深厚的情感,就像他离开它已经很长时间了,现在才回来……

⑲ 当他从公路上转下来,走到大马河湾的岔路口上时,腿猛一下子软得再也走不动了。他很快又想起,他和巧珍第一次相跟着从县城回来时,就是在这个地方

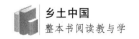

分手的——现在他们却永远地分手了。他也想起,当他离开村子去县城参加工作时,巧珍也正是在这个地方送他的。现在他回来了,她是再不会来接他了……他坐在一块石头上,身上像火烧着一般烫热。他用两只手蒙住眼睛,头无力地垂在胸前。他真不知道往后的日子怎么过呀?他嘴里喃喃地说:"亲爱的人!我要是不辜负你就好了……"泪水立刻像涌泉一般地从指缝里淌出来了……

1. 阅读这篇小说,梳理概括出高加林在还乡的过程中内心经历了哪些变化?

2. 小说描写下地的村里人对高加林的问候和安慰有何作用?

3. 请探究第①段"天还没有明时,高加林就赤手空拳悄然地离开了县委大院"的丰富意蕴。

4. 请结合费孝通的《乡土中国》第一章《乡土本色》,说一说高加林还乡这一情节体现出乡土社会怎样的特点。

(三)

材料一:

<h2 style="text-align:center">乡下人哪儿去了</h2>
王开岭

① 我以为,人间的味道有两种:一是草木味,一是荤腥味。年代也分两款:乡村品格和城市品格。乡村的年代,草木味浓郁;城市的年代,荤腥味呛鼻。心灵也一样,乡村是素馅的,城市是肉馅的。

② 沈从文叹息:乡下人太少了。是啊,他们哪儿去了呢?

③ 何谓乡下人？显然非地理之意。说说我儿时的乡下。

④ 70年代，随父母住在沂蒙山区一个公社，逢开春，山谷间就荡起"赊小鸡哎赊小鸡"的吆喝声，悠荡，拖长，像歌。所谓赊小鸡，就是用先欠后还的方式买刚孵的鸡崽，卖家是游贩，挑着担子翻山越岭，你赊多少鸡崽，他记在小本子上，来年开春他再来时，你用鸡蛋顶账。当时，我小脑瓜还琢磨，你说，要是赊鸡的人搬家了或死了，或那小本子丢了，咋办？那岂不冤大头？

⑤ 多年后我突然明白了，这就是"乡下人"。

⑥ 来春见。来春见。没有弯曲的逻辑，用最简单的约定，做最天真的生意。他们把能省的心思全给省了。

⑦ 如今，恐怕再没有赊小鸡了。

⑧ 原本只有乡下人。城市人——这个新品种不知从哪里冒了出来，他们擅长算术、崇尚精明，每次打交道，乡下人总吃亏。于是，羡慕和投奔城市的人越来越多。

⑨ <u>山烧成了水泥、劈成了石材，树削成了板块、熬成了纸浆……田野的腺，源源往城里走。城市一天天肥起来，乡村一天天瘪下去，瘦瘦的，像芝麻粒。</u>

⑩ 城门内的，未必是城市人。

⑪ 城市人，即高度"市"化、以复杂和谋略为能、以博弈和争夺见长的人。

⑫ 20世纪前，虽早早有了城墙，有了集市，但城里人还是乡下人，骨子里仍住着草木味儿。

⑬ 古代商铺，大清早就挂出两面幌子，一书"童叟无欺"，一撰"言不二价"。

⑭ 一热一冷。我尤喜第二幅的脾气，有点牛，但以货真价实自居。它严厉得让人信任，傲慢得给人以安全感。

⑮ 如今，大街上到处跌水促销、跳楼甩卖，到处喜笑颜开的优惠卡、打折券，反让人觉得笑里藏刀、不怀好意。

⑯ 前者是草木味，后者是荤腥味。

⑰ 老北京一酱肉铺子，名"月盛斋"，尤其"五香酱羊肉"，火了近两百年，它有俩规矩：羊须是内蒙草原的上等羊，为保质量，每天仅炖两锅。

⑱ 有一年，张中行去天津，路过杨村，闻一家糕点有名，兴冲冲赶去，答无卖，为什么？没收上来好大米。张先生纳闷，普通米不也成吗，总比歇业强啊？伙计很干脆，不成，祖上有规矩。

⑲ 我想,这祖上规矩,这死心眼的犟,就是"乡下人"的涵义。

⑳ 重温以上旧事,我闻到了一股浓烈的草木味。

㉑ 想想乡下人的绝迹,大概就这几十年间的事罢。盛夏之夜,我再也没遇见过萤火虫,也是近几十年的事。它们都哪儿去了呢,露珠一样蒸发了?

㉒ 北京国子监胡同,新开了一家怀旧物件店,叫"失物招领",名起得真好。

㉓ 我们远去的草木,失踪的夏夜和萤火,又到哪去招领呢?

㉔ 谁捡到了?

㉕ 我也幻想开个铺子,叫"寻人启事"。

㉖ 或许有一天,我正坐在铺子里昏昏欲睡,门帘一挑——一位乡下人挑着担子走进来。满筐的嘤嘤鸡崽。

材料二

乡土社会在地方性的限制下成了生于斯、死于斯的社会。常态的生活是终老是乡。假如在一个村子里的人都是这样的话,在人和人的关系上也就发生了一种特色,每个孩子都是在人家眼中看着长大的,在孩子眼里周围的人也是从小就看惯的。这是一个"熟悉"的社会,没有陌生人的社会。

"我们大家是熟人,打个招呼就是了,还用得着多说么?"——这类的话已经成了我们现代社会的阻碍。现代社会是个陌生人组成的社会,各人不知道各人的底细,所以得讲个明白;还要怕口说无凭,画个押,签个字。这样才发生法律。在乡土社会中法律是无从发生的。"这不是见外了么?"乡土社会里从熟悉得到信任。这信任并非没有根据的,其实最可靠也没有了,因为这是规矩。

(改编自《乡土中国·乡土本色》)

1. 材料一第⑨段画线句子富有表现力,请对此进行赏析。

2. 材料一第④段作者写到关于"乡下人赊小鸡……岂不是冤大头"的疑惑,后又说"多年后我突然明白了,这就是'乡下人'","如今,恐怕再没有赊小鸡了"。请你联系材料二的观点阐释作者突然"明白"的心理成因。

3. 文中写老北京"酱菜铺子"和天津杨村"一家糕点"两则"旧闻"有何作用?

4. 文章结尾含蓄隽永意味深长,请从形式和内容两个角度进行探究。

(四)

材料一

从基层上看去,中国社会是乡土性的。我们不妨先集中注意那些被称为土头土脑的乡下人,他们才是中国社会的基层。

我们说乡下人土气,虽则似乎带着几分藐视的意味,但这个土字却用得很好。土字的基本意义是指泥土,乡下人离不了泥土,因为在乡下住,种地是最普通的谋生办法。靠种地谋生的人才明白泥土的可贵。城里人可以用土气来藐视乡下人,但是乡下,"土"是他们的命根。农业和游牧或工业不同,它是直接取资于土地的。游牧的人可以逐水草而居,飘忽无定;做工业的人可以择地而居,迁移无碍;而种地的人却搬不动地,长在土里的庄稼行动不得,土气是因为不流动而发生的。直接靠农业来谋生的人是黏着在土地上的,这是乡土社会的特性之一。我们很可以相信,以农为生的人,世代定居是常态,迁移是变态。大旱大水,连年兵乱,可以使一部分农民抛井离乡;即使像抗战这样大事件所引起基层人口的流动,我相信还是微乎其微的。

不流动是从人和空间的关系上说的,从人和人在空间的排列关系上说就是孤立和隔膜。孤立和隔膜并不是以个人为单位的,而是以住在一处的集团为单位的。乡下最小的社区可以只有一户人家,但大多的农民是聚村而居,这一点对于我们乡土社会的性质很有影响。美国的乡下大多是一户人家自成一个单位,很少屋檐相接的邻舍。这是他们早年拓殖时代,人少地多的结果,同时也保持了他们个别负责,独来独往的精神。我们中国很少类似的情形,中国乡土社区的单位是村落,从三家村起可以到几千户的大村。我所说的孤立、隔膜是以村与村之间的关系而说的。社区间的往来疏少,在区域间接触少,生活隔离,各自保持着

孤立的社会圈子。

乡土社会在地方性的限制下成了生于斯、死于斯的社会,常态的生活是终老是乡。假如在一个村子里的人都是这样的话,在人和人的关系上也就发生了一种特色,每个孩子都是在人家眼中看着长大的,在孩子眼里周围的人也是从小就看惯的。这是一个"熟悉"的社会,没有陌生人的社会。熟悉是从时间里、多方面、经常的接触中所发生的亲密的感觉。这感觉是无数次的小摩擦里陶炼出来的结果。这过程是《论语》第一句里的"习"字,"学"是和陌生事物的最初接触,"习"是陶炼,"不亦悦乎"是描写熟悉之后的亲密感觉。在一个熟悉的社会中,我们会得到从心所欲而不逾规矩的自由。这和法律所保障的自由不同,规矩不是法律,规矩是"习"出来的礼俗。现代社会是个陌生人组成的社会,是法理社会。各人不知道各人的底细,所以得讲个明白;还要怕口说无凭,画个押,签个字,这样才发生法律。在乡土社会中法律是无从发生的。"这不是见外了么?"乡土社会里从熟悉得到信任,这信任其实最可靠也没有了,因为这是规矩。乡土社会的信用并不是对契约的重视,而是发生于对一种行为的规矩熟悉到不假思索时的可靠性。

在我们社会的激速变迁中,从乡土社会进入现代社会的过程中,我们在乡土社会中所养成的生活方式处处产生了流弊,陌生人所组成的现代社会是无法用乡土社会的习俗来应付的。

(改编自《乡土中国·乡土本色》)

材料二

中国是一个具有浓烈"乡土"味的国家。每一个个体,不需要纵向上溯得太远,也不需要横向扩展得太开,你就能够发现自己与乡村之间的息息关联。"乡村",作为中国现代化的蓄水池和稳定器,构成了整个社会的底色,也成为了绝大多数人安放心灵的精神家园。进入21世纪前后,中国乡村社会出现了巨变,可谓"千年未有之大变局"。概括来看,这种巨变表现在三个层面。

第一个层面是治理之变。2006年取消了延续千年的农业税,而且还大规模地向农村进行财政转移支付,目前国家财政每年向农村的转移支付规模超过万亿。取消农业税和国家向农村大规模输入资源,极大地改善了国家与农民的关系,之前基于税费收取所形成的乡村治理体制不再适应新形势的需要。

第二个层面是村庄基础结构之变。进入新世纪前后,越来越多的农民进城务工经商,之前相对封闭且稳定的村庄边界大开,村庄社会结构迅速改变。村庄社会结构的改变起于一百多年前的现代化,器物层面的现代化推动了经济、制度和观念等现代性巨变。在现代性的冲击下,传统乡村社会中的诸多基础性结构,如宗族等地缘与血缘共同体及村庄内生秩序机制和地方性规范随之解体。

　　第三个层面是价值之变。传统中国农民有着强烈的生儿育女、传宗接代的观念,"生儿子、娶媳妇、抱孙子"成为农民人生"三步曲"。到了 20 世纪末,全国绝大多数地区农民的生育观念都已改变,传宗接代的观念大为淡化。一旦"传宗接代"这个千年以来一直支撑农民人生意义的价值失落,农民安身立命的基础就会出现变化。

　　发生在世纪之交的以上三层巨变都可以看作是现代化建设的后果。现代化不只是工业化,而且是现代的组织方式与思维观念对传统的替代。乡村社会基本秩序由之前的内生为主变成国家基层政权建设的组成部分,外生秩序逐渐代替了内生秩序。

　　　　　　　　　　　　　　　　　(改编自贺雪峰《我们所看到的乡土中国》)

材料三

　　乡村振兴是一个系统、复杂的过程,要更好地推动乡村振兴战略的实施,就需要在农村、农业、农民上多下"绣花功夫",依靠"新"助推乡村振兴。

　　党的十九大报告明确指出乡村振兴就是要以农村经济为基础,努力实现产业兴旺、生态宜居、乡风文明、治理有效、生活富裕的美丽乡村。城市和农村在吸引人的力度上,显然城市更具有吸引力,其中一个重要原因就是城市环境好,要更好地实施乡村振兴战略,就需要让农村也美起来,这就需要完善乡村的"包装",去美化乡村,打造"新农村",才能够让乡村更具有魅力,更具有吸引力。

　　要推动乡村的发展,就需要牢牢抓住"农业"这个关键,而要让农业成为有吸引力的产业,就需要让农业的发展与市场接轨,才能够更好地实现农业的转型。发展新农业,通过不断做优做强做精特色优势产业,加大土地流转的力度,增强农业发展的科技化、机械化和智能化,提高土地产出率、资源利用率和劳动生产率,才能够提高农业的经济效益。

　　种植养殖大户、家庭农场主、农业企业骨干和由城里打工返乡创业的新型农业经营主体让农民看到只有不断地自我革新,不断地自我进步,才能够掌握时代

的主动权,成为乡村振兴发展的"主角",这就需要加强对农民的培育,通过政府主导、立足产业、多方参与、注重实效的原则,打造一支新型的职业农民队伍,为乡村振兴提供强劲的人才支撑。

乡村振兴的号角已经吹响,蓝图已经绘就,要更好地落实乡村振兴战略,就需要依靠"新"的思维,新的改变,去推动农民农业农村的发展,让农业成为有奔头的产业,让农民成为有吸引力的职业,让农村成为安居乐业的美丽家园。

(改编自陈红《乡村振兴要靠"新"》)

1. 下列对材料一相关内容的理解和分析,正确的一项是(　　)

　　A. 所谓乡下人的"土气",是因为城里人认为乡下人种地谋生离不开泥土,泥土是乡下人的命根。

　　B. 以农业为生的人世代定居在乡村,灾荒与战乱会使得基层人口流动,这也是乡土社会的常态。

　　C. 乡土社会中人和人之间的关系是"熟悉"的,因而乡土社会成了一个生于斯、死于斯的社会。

　　D. 在"熟悉"的社会中,人与人互相信任,信任成为规矩,规矩在乡土社会具有较高的可靠性。

2. 根据材料二和材料三,下列说法不正确的一项是(　　)

　　A. 中国的现代化绕不过去农村,因为农村几乎跟每一个人都有关联,农村也会为现代化提供滋养。

　　B. 随着现代化建设,乡村的社会秩序已经被纳入国家的基层政权建设,国家与农民的关系也得到改善。

　　C. 只要乡村环境美化起来,乡村就会更具魅力,就能吸引人们从城市向乡村流动,形成新型职业农民队伍。

　　D. 只有抓住农业这个关键点,才能推动乡村发展,农业转型需要政府引领、科技投入和人才支撑。

3. 材料一结尾说:现代社会是无法用乡土社会的习俗来应付的。这种观点在材料二和材料三中有哪些体现?请简要分析。

参 考 答 案

一、基础篇

1. ①土头土脑　②种地　③拖泥带水　④缩小(一些)范围　⑤农业区　⑥向土里去讨生活　⑦最适宜于放牧　⑧其他利用这片地的方法(或：利用这片地的其他方法)　⑨天气如何　⑩土的束缚

2. (1)乡土社会中的人离不开土地(或根植土地、依赖土地等)。　(2)定居是常态(或不流动是常态)。
(3)乡土社会是熟人社会。

3. D(④"路见不平，拔刀相助"，意为在路上遇见欺负人的事情，就挺身而出帮助受害的一方，是为人们所称道的一种侠义行为。与乡土文化无关。⑥"日新月异"指发展、进步极快，不断出现新事物、新气象。中国乡土社会的常态是终老是乡，生于斯、死于斯，不可能出现"日新月异"，所以不能反映乡土文化。)

4. D("这种信用远胜于法理社会中的一纸契约"错，原文表述为"这类的话已经成了我们现代社会的阻碍"，意思恰恰相反。)

5. (1) C("孤魂"的引号表示特殊含义。选项A中的引号表示直接引用；选项B中的引号表示强调；选项C中的引号表示特殊含义；选项D中的引号表示反语。)

(2) 采用比喻手法，把离开家乡随处漂泊的农民比作"从老树上被风吹出去的种子"，其中以"种子"喻农民，突出表现了土地之于离乡农民的重要性。

(3) "这"指"中国乡村人口是固定的"。这句话不能删去，起强调作用，强调随着人口的增加，流动迁移是必然会发生的。

二、进阶篇

1. A. ①　B. ⑤　C. ②　D. ②　E. ⑤　F. ③　G. ④　H. ③

2. 合适。因为虽然事例是东欧国家的，但波兰也是农业国家，与中国在文化类型上是相似的，也会有类似的风俗，更能够证明"泥土"的可贵与重要，具有广泛性。

3. 作者选用外国人(美国人和俄罗斯人)对中国人的印象描述，能够在不同国家文化的比较中，凸显中国人看重土地的特点：就算到了草原或西伯利亚，也依然喜欢种地。由于国家、民族、文化不同，人们观察事物的关注点就不一样。中国人习以为常的"种地"，在外国人看来，反而与众不同，印象深刻。

4. (1) B(第一空："象征"指借用某种具体形象的事物暗示特定的人物或事理，以表达真挚感情和深刻寓意；"标志"是表明事物特征的记号。此处是借"月光""秋霜"表达心境，用"象征"合适。第二空："家喻户晓"形容知名度很广；"妇孺皆知"指众所周知。此处以《静夜思》为例，强调它知名度广，有代表性，宜用"家喻户晓"。第三空："流浪"指无家可归；"漂泊"形容行止无定。前者是无家，后者是离家。此处形容游子，用"漂泊"更合适。第四空："许可"指给予一定权限，强调做某事的合法性；"认可"指对某事物在情感态度上进行肯定接受。此处应用"认可"。故选B。)

(2) D(由前文可知句子主语是"诗歌"，根据主语一致的原则，排除A、C；从语意轻重角度出发，应先说"抒情咏志、传承文化"，再说"承载着'载道'的重任"，排除B。故选D。)

(3) ①乡土社会是不流动的，具有稳定性。天上一轮明月，就像聚村而居的自己的家乡，是不变的情感归宿与寄托，古代诗歌中的"月亮"常表达中国人这种普遍不变的情感，可以"天涯共此时"，可见"月"中情感的非私人化。②乡土社会是一个"熟悉"社会，中国古代诗歌中的"月亮"多用于表达非私人化的情感，因为在外的游子望月思乡，传达的是与亲人共通的情感，彼此都熟悉与理解，可以"明月千里寄相思"。

③乡土社会是礼俗社会,祭月、拜月等礼俗活动很是常见,尤其月圆之时常与传统佳节融合,"每逢佳节倍思亲","月"中情感更具有普遍性,是共同的教化认知,而非私人化的感情。

5.《乡土本色》中论述了乡土社会最大的两个特点:"土气"和"聚居"。土地是不流动的,因此,靠土地谋生的人也是黏在土地上的,人们聚村而居,"像是半身插入了土里"。在这里,人口的流动必然是不频繁的,"定居是常态,迁移是变态"。联系生活,我们不仅要了解乡土社会的主要特征,还要看到现代社会与其不同之处:现代社会商业发达,土地对人的束缚力变弱,甚至很多农村人不再以土地为谋生的主要手段,选择进城打工,人口的流动性也随之增强。

6.示例1:中医五行学说中,肝属木,心属火,脾属土,肺属金,肾属水。用土制药皆可引药入于脾胃,可以加强药物健脾祛湿的效果。

示例2:现代科学研究表明,多数的"水土不服"症状和人体肠道菌群失调有很大的关系。当人们出门在外,旅行、工作或者学习,到了一个新的地方的时候,由于生活环境以及饮食习惯的改变,人体肠道菌群也随之改变,菌群的种类、数量等都发生变化,肠道菌群的微生态就可能发生失调,进而导致人体出现各种不适。"吃土"也是寄希望于利用土壤之中的菌群来对变化了的肠道菌群微生态进行改善。

三、提升篇

(一)1. D("该信用优于法理社会中的一纸契约"错误。根据原文第⑧段"这类的话已经成了我们现代社会的阻碍","乡土社会里从熟悉得到信任。乡土社会的信用并不是对契约的重视,而是发生于对一种行为的规矩熟悉到不假思索时的可靠性"可知,选项 D 中"优于"表述错误,原文强调乡土社会中人与人之间的信任,选项于文无据。)

2. B("断定"理解错误,根据原文第③段"我们很可以相信,以农为生的人,世代定居是常态,迁移是变态"可知,原文中作者是用"很可以相信"表示推测,而非"断定"的判断,B选项说法过于绝对。)

3. B(选项A表达了作者对自然风光的喜爱和对自由的向往,能够反映"乡土本色"。选项B抒发了诗人对母亲的爱与感激之情,不能反映"乡土本色"。选项C生动描绘了江南乡村全家总动员插秧的情景,能够反映"乡土本色"。选项D描绘了乡村人与人之间和睦相处的情景,能够反映"乡土本色"。故选B。)

4.①通俗易懂,多用日常生活用语,语言直白,如"拖泥带水""行动不得"等;②语言准确,例如"可能""至多只有""最大多数"等,用词准确;③论证逻辑严密,例如"因为""而且"等关联词语的大量使用。

5.①乡土社会的地方性(孤立与隔膜),妨碍了现代社会的流动性;②乡土社会尊崇的是礼俗,它与现代社会尊崇的法理精神不符;③乡土社会对世界的认识只限于个别关联,影响人们对抽象的普遍原则(真理)的追求;④乡土社会所养成的生活方式在现代社会中产生流弊。

(二)1. 失落、迷惘——难堪、愧疚——感激、自责——悔恨、懊恼。

2.①与上文孩子唱歌的嘲讽形成鲜明对比;②减轻了高加林还乡的心理负担;③表现庄稼人的善良、宽厚与真诚;④丰富了人物形象,深化小说的主旨。

3.①赤手空拳离开县委大院,说明高加林进城发展不成功,不能衣锦还乡;②选择天未明出发,是因为高加林怕被熟人看到,怕被嘲笑而刻意躲避人群;③悄然离开,说明城里人不在意高加林,他灰心失落;④回到家乡,找回做人的淳朴本质;⑤回乡路途远,需要早出门。

4.①高加林是村里人,当城里没有他的容身和发展之地时,必然想家,所以还乡是他的第一选择,这与《乡土中国》中乡下人离不开土地,眷恋自己家乡的特点相符合;②高加林还乡遇到孩子和大人们的不同对待,说明高加林的遭遇他们都知晓,这与《乡土中国》中乡土社会是一个"熟悉"的社会的特点相符合。

(三)1. 运用比喻、比拟、夸张的修辞手法和对比手法,形象地表现出城市人对乡村资源的野蛮掠夺,表达作者对乡村品格日渐远去的忧虑。

2. 年幼的作者不能明白乡土社会的特性,多年以后,年长的作者慢慢认识到:乡土社会里从熟悉得到信任的特性。

3. 表现过去(20世纪前)城里人骨子里还是乡下人质朴、诚信的"草木味儿",与上文乡下人"赊小鸡"和古代商铺"两面幌子"的叙写相照应,与如今的"城里人"高度"市"化形成对比。

4. 形式上:想象之境,收束全文,形象地揭示文章主旨。内容上:表现作者对"乡下人"品格和心灵的热切呼唤,表达作者对城市人"市"化的"荤腥味"的否定和批判,寄托作者希望社会转型期人性(精神、道德)回归的社会理想。

(四)1. D(选项 A 因果不当。结合原文"我们说乡下人土气,虽则似乎带着几分藐视的意味,但这个土字却用得很好。土字的基本意义是指泥土,乡下人离不了泥土,因为在乡下住,种地是最普通的谋生办法。靠种地谋生的人才明白泥土的可贵"可知,"乡下人离不开泥土",并非因为城里人这样说,而是因为在乡下种地是最普通的谋生办法。选项 B 曲解文意。结合原文"直接靠农业来谋生的人是黏着在土地上的,这是乡土社会的特性之一。我们很可以相信,以农为生的人,世代定居是常态,迁移是变态"可知,以农为生的人世代定居是常态,迁移是变态。选项 C 因果倒置。结合原文"乡土社会在地方性的限制下成了生于斯、死于斯的社会,常态的生活是终老是乡。假如在一个村子里的人都是这样的话,在人和人的关系上也就发生了一种特色,每个孩子都是在人家眼中看着长大的,在孩子眼里周围的人也是从小就看惯的"可知,因为乡土社会成了一个生于斯、死于斯的社会,所以,乡土社会中人和人之间的关系是"熟悉"的。选项表述恰好颠倒了因果。)

2. C(C 选项中"就会"的说法过于绝对,要"吸引人们从城市向乡村流动,形成新型职业农民队伍",还需要其他方面的更多努力。)

3. ①现代社会中国家基层政权建设在强力推进,乡土中国的宗族等地缘血缘共同体及村内生活秩序逐渐解体;②现代社会传宗接代的思想逐渐淡化,乡土中国强烈的生儿育女观念不再具有重要价值;③现代社会村庄边界大开,城乡流动加快,乡土中国世代定居的常态被打破。

3 《文字下乡》

章 节 解 读

 **段落大意**

第1段 说乡下人"愚"是无凭据的,乡下人与城市人的差别在知识不在智力。

第2段 不识字并非"愚""不愚"的标准。

第3段 比较教员孩子与乡下孩子在识字、捉蚱蜢方面的差异。

第4段 分析教员孩子与乡下孩子各有所长的原因在于生活环境的影响。

第5段 乡下人"愚",可能是知识不及人,也可能是因为乡下无需文字。

第6段 乡下社会是熟人社会,面对面的社区,可凭声气辨人。

第7段 乡下熟人社会,凭声气辨人,无需"报名"。

第8段 文字是接触受限时用来传递信息的记号,有时会产生误会。

第9段 文字的局限性之一在于传情达意不完整、非即时,会"走样"。

第10段 说话不需文法,写作却不能。

第11段 文字受科技冲击,存在价值成问题。

第12段 乡土社会能直接接触,就不会舍语言而用文字,所以不是"愚"。

第13段 乡土社会是面对面社群,连使用语言都是不得已,因为语言是象征体系,表达的只是多人共认的意义。

第14段 语言使用群体越大,语言越趋于简化。

第15段 有些特殊语言,如行话,外人难以懂得。

第16段 亲密的社群,象征表意的原料很多,如表情、动作等。

第17段 语言公式化的表达会使情意走样。

第 18 段　熟人交流常直接会意,所以语言是多余的,也非唯一手段。

第 19 段　乡土社会中文盲多,不是乡下人"愚",而是文字并非传情达意的必须,所以"文字下乡"未必能解决现代化的问题。

思维导图

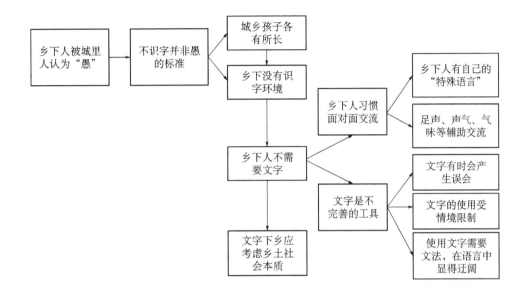

概念解释

愚:智力的不足或缺陷。

面对面的社群:生活上互相合作的人都是天天见面(生活中多是熟人)的社会群体。

文字:时空阻隔时传递信息用的记号,但其表情达意不完整、非即时。

语言:用声音来表达的象征体系。

象征:附着(靠联想作用加上)多数人共认的意义的事物或动作。

行话:因个人间的需要而发生许多少数人间的特殊语言。

内容导读

前一章节阐释了"中国社会是乡土性的"这一核心观点,本章则针对"文字下乡"运动,给出了独特的看法。

晚清以降,伴随着政治革新和文化启蒙,民众对识字的需求以及向民众普及

文化的呼声不断高涨。面向农村和农民的"文字下乡"逐渐成为知识精英的一种共识。如1922年,晏阳初发起的平民教育运动,以识字教育为主,号召"除文盲,做新民",具有强烈的社会改造色彩。陶行知先生认为平民识字的终极目标是"做新民",平民教育应该"使人起而行"。"文字下乡"作为一种大众教育方式,旨在对民众进行"启蒙"。

1928年10月,南京国民政府颁布了《识字运动宣传计划纲要》。1929年2月,国民政府教育部要求全国各省市"一体于最短时间内举行大规模识字运动宣传,以期唤起民众对识字读书求知之兴趣"。各地因此兴起了创办民众学校的热潮。

在对民众进行教育之先,存在于教育者心中的既有印象是"乡下人是愚的"。对此,作者开篇予以批驳。先驳对方的论据,乡下人进城的慌乱与城里小姐不识五谷并无差别,是知识而非智力问题。再批驳对方的观点,"不识字并非愚",而是没有学习的机会。如教授孩子与乡下孩子,在识字与捉蚱蜢上各有所长,主因是环境的影响。

此外,乡下人不识字的原因,还与文字的用处有关。第一章讲到乡土社会是熟人社会、面对面社群,以声气交流更为方便,无需文字。而文字的产生,是时空阻隔时传递信息的记号,有着种种局限性,如传达的情意不完整、非即时性、受文法限制、易产生误会等等。

更进一步,在乡土社会面对面的社群,非但文字,连"语言"也非必须。作者认为同文字一样,语言也有它的局限性。因为语言是用声音表达的象征体系,需要多人共同确认其意义,因而趋于简单,有些特殊情意无法传达。而亲密社群里可用来交流的途径很多,直接会意比间接接触更方便、更生动、更准确。

最后,作者又回到"文字下乡"运动,表示自己并非反对,而是要辨明识字与否并非"愚"的标准,乡村文盲多并非因为乡下人愚,而是由于乡土社会的本质。只有搞清楚这一点,才能更好地推行文字下乡,实现现代化。

本章节的说理亮点在于开篇五段关于"乡下人不识字并非愚"的驳论。驳论是指通过揭露和驳斥错误的论点来确立自己的论点。驳论的一般方法包括驳论点、驳论据和驳论证。

驳论点就是反驳对方论点,指出论点本身的片面、虚假或谬误。

驳论据是揭示对方论据的错误。论据是证明观点的依据,如果本身存在偏颇或谬误,则关涉的观点也存在问题。

驳论证是反驳对方的论证,揭露对方在论证过程中的逻辑错误,如大前提、小前提与结论的矛盾,对方各论点之间的矛盾,论点与论据之间矛盾,等等。

本章节的难点在于对于文字和语言作用及其局限性的阐释。

文字的出现使人类能够记录历史事件、传承文化遗产、表达复杂的思想和情感等,促进了人类文明的发展。同时,文字也是人类社会进步的重要标志,通过文字的记录和传播,人们能够积累知识、交流思想,推动社会的进步。

文字的局限性,首先在于文字的表达方式相对固定,难以捕捉到语言的即时性和变化性。这意味着文字难以完全传达语言的细微差异和瞬间变化,有时会出现词不达意的情况。其次,文字的使用需要一定的教育和文化背景,对于缺乏相关知识和背景的人来说,理解文字所传达的信息可能会存在困难。此外还体现在其表达和理解信息的有限性上。文字和语言所表达的内容只占我们日常交流的3%,剩下的97%的内容是我们的表情、动作、神态、声音等非语言的信息。这意味着,仅仅通过文字来表达和理解信息是有限的,需要结合其他方式进行交流。

语言在人类交流中也扮演同样重要的角色。通过语言,人们可以传达信息、表达思想、交流情感,使彼此能够理解和沟通。语言使得人类能够克服时间和空间的限制,进行跨地域、跨文化的交流,促进不同群体之间的相互了解和合作。其次,人类通过语言进行思考和认知,语言的丰富度和精确度对思维的质量和深度产生影响。语言能够组织和表达复杂的思维过程,帮助人们理解世界、解决问题、创造新知识。此外,语言还是文化传承的载体,是社会组织的纽带,具有多重作用。

但其局限性也同样存在:语言难以完全表达个人的内心世界和复杂情感。尽管语言能够传达一定的情感信息,但在某些情况下,语言的表达可能会显得苍白无力。受限于文化背景和认知框架,语言的含义和解释可能会存在差异。人们对于相同词汇的理解可能会产生偏差,这种偏差在一定程度上限制了语言的沟通和交流,甚至可能导致沟通中的误解和冲突,特别是在跨文化交流中。与文字一样,语言无法完全传达非言语信息,如表情、肢体动作、语调等,导致信息丢失而产生误解。

行话,则是某种特殊语言,通常在某个特定行业或团体内使用。其特点有专

业性、隐晦性、简练性等。使用行话,固然可以提高特殊群体交流的效率,增强认同感和凝聚力,但也可能导致信息的封闭和排他性,不利于行业的开放和进步。

作者花很大篇幅阐述文字、语言的作用和局限性,最终目的是为了证明在乡下这类面对面交流的社区,人们没有必要使用有诸多限制的文字,直接接触的交流更加便捷。因此,因不识字就认定乡下人愚,是不正确的。如果带着这种偏见进行"文字下乡",恐怕不利于活动的展开,难以达成启发民智的目的。

专 项 训 练

一、基础篇

1. "乡下人没有见过城里的世面,因之而不明白怎样应付汽车,那是知识问题,不是智力问题,正等于城里人到了乡下,连狗都不会赶一般。"文中所说的"知识问题"与"智力问题"有何区别? 请加以辨析。

2. 在费孝通先生看来,文字是怎样产生的? 有哪些用处? 请根据文本,加以概括。

3. 阅读下面的文字,完成下面的小题。

"文字",一种双方约好代表一种意义的记号。如果是面对面可以直接说话时,这种被预先约好的意义所_____的记号,不但多余,而且有时会_____引起误会的。在十多年前青年们讲恋爱,受着直接社交的限制,通行着写情书,很多悲剧是因情书的误会而发生的。有这种经验的人必然能痛悉文字的限制。

(_____)。这不完全是出于"间接接触"的原因。我们所要传达的情意是和当时当地的外局相配合的。你用文字把当时当地的情意记了下来,如果在异时异地的圜局中去看,所会引起的反应很难尽合于当时当地的圜局中可能引起的反应。文字之成为传情达意的工具常有这个_____的缺陷。于是文字在利用时,我们要讲究文法,讲究艺术。文法和艺术就在减少文字的"走样"。

（1）依次填入文中横线上的词语,全都恰当的一项是(　　)

    A. 拘束　言近旨远　不可救药

    B. 约束　言近旨远　无可补救

    C. 拘束　词不达意　无可补救

    D. 约束　词不达意　不可救药

（2）下列填入文中括号内的语句,衔接最恰当的一项是(　　)

    A. 文字所能达的意、传的情是不完全的

    B. 文字传情达意的功能没有充分发挥

    C. 能传情达意的文字很多都是不完全的

    D. 文字所能传的情、达的意是不完全的

（3）文字的限制哪些? 请根据上文加以概括。

4. 请在文中横线上填入合适的关联词语,并概述本段的论证思路。

我决不是说我们不必推行文字下乡,在现代化的过程中,我们已经开始抛离乡土社会,文字是现代化的工具。我要辨明的是乡土社会中的文盲,并非出于乡下人的"愚", ① 由于乡土社会的本质。 ② 我还愿意进一步说,单从文字和语言的角度去批判一个社会中人和人的了解程度是不够的, ③ 文字和语言,只是传情达意的一种工具,并非唯一的工具, ④ 这工具本身是有缺陷的,能传的情、能达的意是有限的。 ⑤ 在提倡文字下乡的人,必须先考虑到文字和语言的基础,否则开几个乡村学校和使乡下人多识几个字,也许并不能使乡下人"聪明"起来。

    ① _____　② _____　③ _____　④ _____　⑤ _____

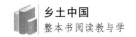

二、进阶篇

1. 下列语句与"亲密社群"所呈现的语言特点最不相符的一项是(　　　)

　　A. 自言本是京城女,家在蛤蟆陵下住。

　　B. 执手相看泪眼,竟无语凝噎。

　　C. 别君去兮何时还?且放白鹿青崖间,须行即骑访名山。

　　D. 凭谁问:廉颇老矣,尚能饭否?

2. 所谓驳论,是指通过反驳对方的的观点来确立自己的论点。阅读《文字下乡》一章,完成练习。

(1) 针对很多人认为乡下人"愚"的观点,作者是如何反驳的? 请完成下面的图表。

论点	乡下人不"愚"					
分论点	①			没有机会≠愚		
论证	对比论述	乡下人知识缺乏,不是智力低下。		对比论述	②	
		乡下人不明白怎么对付汽车。	③		乡下孩子扑蚱蜢反应灵敏,一扑一得。	④
		⑤	城里人不会赶狗,怕狗。		⑥	教授的孩子到处看见书,到处接触着字,有易于识字的熟悉的环境,即有机会学习便擅长。
		⑦	不是笨蛋,不是白痴。		⑧	不"愚"

(2) 请以鲁迅小说《故乡》中的"少年闰土"和"迅哥儿"为例,写一段话批驳"乡下人愚"的观点。

【附：《故乡》节选】

我们那时候不知道谈些什么，只记得闰土很高兴，说是上城之后，见了许多没有见过的东西。

第二日，我便要他捕鸟。他说："这不能。须大雪下了才好。我们沙地上，下了雪，我扫出一块空地来，用短棒支起一个大竹匾，撒下秕谷，看鸟雀来吃时，我远远地将缚在棒上的绳子只一拉，那鸟雀就罩在竹匾下了。什么都有：稻鸡，角鸡，鹁鸪，蓝背……"

我于是又很盼望下雪。

闰土又对我说："现在太冷，你夏天到我们这里来。我们日里到海边检贝壳去，红的绿的都有，鬼见怕也有，观音手也有。晚上我和爹管西瓜去，你也去。"

"管贼吗？"

"不是。走路的人口渴了摘一个瓜吃，我们这里是不算偷的。要管的是獾猪，刺猬，猹。月亮底下，你听，啦啦的响了，猹在咬瓜了。你便捏了胡叉，轻轻地走去……"

我那时并不知道这所谓猹的是怎么一件东西——便是现在也没有知道——只是无端的觉得状如小狗而很凶猛。

"他不咬人么？"

"有胡叉呢。走到了，看见猹了，你便刺。这畜生很伶俐，倒向你奔来，反从胯下窜了。他的皮毛是油一般的滑……"

我素不知道天下有这许多新鲜事：海边有如许五色的贝壳；西瓜有这样危险的经历，我先前单知道他在水果店里出卖罢了。

"我们沙地里，潮汛要来的时候，就有许多跳鱼儿只是跳，都有青蛙似的两个脚……"

阿！闰土的心里有无穷无尽的稀奇的事，都是我往常的朋友所不知道的。他们不知道一些事，闰土在海边时，他们都和我一样只看见院子里高墙上的四角的天空。

3. 批注式阅读是指学生在自主阅读时，对文章的内容、层次、思想感情、表现手法、语言特色、精彩片段、重点语句等加以分析，用线条、符号或简洁的文字予以标注的读书方法。请参考给出的示例，在方头括号内，做出自己的批注。

说到这里我记起了疏散在乡下时的事来了。【作者举例子来证明他的观点，他举了切身实际的例子，通俗易懂】同事中有些孩子送进了乡间的小学，在课程上这些孩子样样比乡下孩子学得快、成绩好。教员们见面时总在家长面前夸奖这些孩子们有种、聪明。这等于说教授们的孩子智力高。我对于这些恭维自然是私心窃喜。穷教授别的已经全被剥夺，但是我们还有别种人所望尘莫及的遗传。【批注：

这一句话,作者写得诙谐幽默,颇有点自嘲的味道】但是有一天,我在田野里看放学回来的小学生们捉蚱蜢,那些"聪明"【聪明加引号,有调侃之意】而有种的孩子,扑来扑去,屡扑屡失【言简意赅,生动形象,与下文"一扑一得"对比鲜明】,而那些乡下孩子却反应灵敏,一扑一得。回到家来,刚才一点骄傲似乎又没有了着落。【对比论证,教授的孩子与乡下的孩子对比,教授的孩子学习文化知识的能力出众,但是乡下的孩子捉蚱蜢的实践能力却更胜一筹】

"特殊语言"常是特别有效,因为它可以摆脱字句的固定意义。【＿＿＿＿＿＿＿＿＿＿＿＿＿＿＿＿＿＿＿＿＿＿＿＿＿＿＿】语言像是个社会定下的筛子,如果我们有一种情意和这筛子的格子不同也就漏不过去。【＿＿＿＿＿＿＿＿＿＿＿＿＿＿＿＿＿＿＿＿＿＿＿＿＿＿＿】我想大家必然有过"无言胜似有言"的经验。其实这个筛子虽则帮助了人和人间的了解,而同时也使人和人间的情意公式化了,使每一人、每一刻的实际情意都走了一点样。我们永远在削足适履,使感觉敏锐的人怨恨语言的束缚。【＿＿＿＿＿＿＿＿＿＿＿＿＿＿＿＿＿＿＿＿＿＿＿＿＿＿＿＿＿＿＿＿＿＿＿＿＿】李长吉【唐代诗人＿＿＿】要在这束缚中去求比较切近的表达,难怪他要呕尽心血了。【＿＿】

【总结:＿＿＿＿＿＿＿＿＿＿＿＿＿＿＿＿＿＿＿＿＿＿＿＿＿＿＿＿＿＿＿＿＿＿＿＿＿】

三、提升篇

阅读下面文字,完成各题。

(一)

材料一

乡村工作的朋友们说乡下人愚,显然不是指他们智力不及人,而是说他们知识不及人了。这一点,依我们上面所说的,还是不太能自圆其说。至多是说,乡下人在城市生活所需的知识上是不及城市里人多。这是正确的。我们是不是也因之可以说乡下多文盲是因为乡下本来无需文字眼睛呢?说到这里,我们应当讨论一下文字的用处了。

我在上一篇里说明了乡土社会的一个特点就是这种社会的人是在熟人里长大的。用另一句话来说,他们生活上互相合作的人都是天天见面的。在社会学上我们称之作 Face to face group,直译起来是面对面的社群。归有光的《项脊轩志》里说,他日常接触的老是那些人,所以日子久了可以用脚步声来辨别来者是谁。在"面对面的社群里"甚至可以不必见面而知道对方是谁。我们自己虽说是已经多少在现代都市里住过一时了,但是一不留心,乡土社会里所养成的习惯还是支配着我们。你不妨试一试,如果有人在你门上敲着要进来,你问:"谁呀!"门外的人十之八九回答你一个大声的"我"。这是说,你得用声气辨人。在"面对面的社群"里一起生活的人是不必通名报姓的。很少太太会在门外用姓名来回答丈夫的发问。但是我们因为久习于这种"我呀!""我呀!"的回答,也很有时候用到了门内人无法辨别你声音的场合。我有一次,久别家乡回来,在电话里听到了一个无法辨别的"我呀"时,的确闹了一个笑话。

"贵姓大名"是因为我们不熟悉而用的。熟悉的人大可不必如此,足声、声气、甚至气味,都可以是足够的"报名"。我们社交上姓名的不常上口也就表示了我们原本是在熟人中生活的,是个乡土社会。

文字发生之初是"结绳记事",需要结绳来记事是为了在空间和时间中人和人的接触发生了阻碍。我们不能当面讲话,才需要找一些东西来代话。在广西的瑶山里,部落有急,就派了人送一枚铜钱到别的部落里去,对方接到了这记号,立刻派人来救。这是"文字",一种双方约好代表一种意义的记号。如果是面对面可以直接说话时,这种被预先约好的意义所拘束的记号,不但多余,而且有时会词不达意引起误会的。在十多年前青年们讲恋爱,受着直接社交的限制,通行着写情书,很多悲剧是因情书的误会而发生的。有这种经验的人必能痛悉文字的限制。

文字所能传的情、达的意是不完全的。这不完全是出于"间接接触"的原因。我们所要传达的情意是和当时当地的外局相配合的。你用文字把当时当地的情意记了下来,如果在异时异地的圜局中去看,所会引起的反应很难尽合于当时当地的圜局中可能引起的反应。

文字之成为传情达意的工具常有这个无可补救的缺陷。于是在利用文字时,我们要讲究文法,讲究艺术。文法和艺术就在减少文字的"走样"。

在说话时,我们可以不注意文法。并不是说话时没有文法,而是因为我们有着很多辅助表情来补充传达情意的作用。我们可以用手指指着自己而在话里吃去一个"我"字。在写作时却不能如此。于是我们得尽量地依着文法去写成完整的句子了。不合文法的字词难免引起人家的误会,所以不好。说话时我们如果用了完整的句子,不但显得迂阔,而且可笑。这是从书本上学外国语的人常会感到的痛苦。

文字是间接的说话,而且是个不太完善的工具。当我们有了电话、广播的时候,书信文告的地位已经大受影响。等到传真的技术发达之后,是否还用得到文字,是很成问题的。

这样说来,在乡土社会里不用文字绝不能说是"愚"的表现了。面对面的往来是直接接触,为什么舍此比较完善的语言而采取文字呢?

(改编自《乡土中国·文字下乡》)

材料二

到出版《乡土中国》,费先生的研究重点已从个案、类型向"通论"阶段过渡。所谓通论,不再是对一个社会单元的具体描述,而要提升一步,从具体社会生活中提炼出一些概念,来表达存在于具体事物中的普遍性质,也表达作者对社会现象的理性认识。《乡土中国》正是费先生试图对中国基层社会性质作出通论式描述的尝试结果。

费先生的讲法和写法,是"以中国的事实来说明乡土社会的特性"。于是,我们看到《乡土中国》像是一幅中国农村社会的素描长卷,中国笔法,散点透视,工笔兼写意。作者驾轻就熟,顺手拈来百姓生活场景乃至细节,让深入的理论和学术思考接通读者的日常经验和感受。

肯用点心思的大众读者可以从中领悟生活现象的意义和趣味,心有灵犀的学者可以从中受到学术思考的启发。

借助《乡土中国》,费先生有效证明了生活与学术之间源和流、本与末的关系。尤为可贵的是,让学术著述放下了端着面孔的架势,避开了高头讲章式的自命不凡,回归生动活泼、亲切宜人的境界。

曹聚仁写《文坛五十年》,曾评价费先生是"文学圈外文章高手",说其著述"有了蒙田散文的风格","费氏的散文'深入浅出,意远言简,匠心别具,趣味盎然',都为其他文艺作家所不能及"。

(改编自张冠生《探寻一个好社会:费孝通说乡土中国》)

1. 下列对原文相关内容的理解和分析,不正确的一项是(　　)

　　A. 不识字是知识问题,乡下人长期相处在乡土社会使他们甚至能借脚步声辨认对方,也就不必总是用到文字了。

　　B. 在乡土社会中,语言是更为完善的工具。且"文字"有时会被预先约好的意义所拘束,还会因词不达意引起误会。

　　C. 我们在利用文字时,依着文法写成完整的句子能使文字所能传的情、达的意更完全,但常常显得迂阔,而且可笑。

　　D. 电话和广播的出现使文字的地位大受影响,这主要是因为文字作为间接说话的工具,和语言相比,有不太完善的地方。

2. 根据原文内容,下列说法不正确的一项是(　　)

　　A. 乡下孩子在教室里认字认不过教授们的孩子,和教授们的孩子在田野里捉蚱蜢捉不过乡下孩子,在意义上是相同的。

　　B. 当时间和空间发生变化,我们当时当地所要传达的情意往往很难再与异时异地里感受到的情意完全契合,这种"走样"无可补救。

　　C. 《乡土中国》作为对中国基层社会性质的通论式描述,既有生活现象中的意义和趣味,也蕴含了学术思考和理性认识。

　　D. 在讨论"文字下乡"这一社会运动时,作者从乡土社会的特点入手谈论语言文字的功能,有效证明了生活与学术之间的关系。

3. 下列选项,最适合作为论据来支撑材料一主要观点的一项是(　　)

　　A. 桃李不言,下自成蹊。

　　B. 此中有真意,欲辨已忘言。

　　C.《红楼梦》中王熙凤出场,未见其人,先闻其声。

　　D. 好言一句三冬暖,话不投机六月寒。

4. "整本书阅读"活动小组在对《文字下乡》中的重要概念进行整理时,制作出如下表格,请根据文本完成空缺处。(每空不超过 10 个字)

说话工具	文字	语言
使用情境	时空阻隔	①＿＿＿＿＿＿＿
特点	间接工具	直接接触

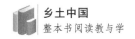

辅助手段	文法、艺术	② ＿＿＿＿＿＿＿＿＿＿
局限	③ ＿＿＿＿＿＿＿＿＿＿； ④ ＿＿＿＿＿＿＿＿＿＿； 不完善，有消失风险。	／

5. 材料二中评价《乡土中国》"让深入的理论和学术思考接通读者的日常经验和感受"。请你结合材料一，试举两例分析。

（二）

材料一

文字发生之初是"结绳记事"，需要结绳来记事是为了在空间和时间中人和人的接触发生了阻碍。

我们不能当面讲话，才需要找一些东西来代话。在广西的瑶山里，部落有急，就派人送一枚铜钱到别的部落，对方接到了这记号，立刻派人来救。这是"文字"，一种双方约好代表一种意义的记号。如果是面对面可以直接说话时，这种被预先约好的意义所拘束的记号，则是多余。

在一个每代的生活等于开映同一部影片的社会中，历史也是多余的，有的只是"传奇"。一说到来历就得从"开天辟地"说起；不从这开始，下文不是只有"寻常"的当前了么？这种社会用不上常态曲线，而是一个模子里印出来的一套。

文字的发生是在人和人传情达意的过程中受到了空间和时间的阻隔的情境里。中国社会从基层上看是乡土性，乡土社会是个面对面的社会，有话可以当面说明白，不必求助于文字。在空间和时间的格局上，这种乡土社会，在面对面的亲密接触中，在反复地在同一生活定型中生活的人们，没有用字来帮助他们在社会中生活的需要。

在现代化的过程中，如果中国社会乡土性的基层发生了变化，也就是说人类已走出了乡土性的社会了。在乡土社会人可以靠欲望去行事,而在现代社会中欲望并不能做人们行为的指导了,发生"需要",因之有"计划"。从欲望到需要是社会变迁中一个很重要的里程碑,文字将成为现代化的工具,文化也将走入乡村生活。

(改编自《乡土中国·文字下乡》)

材料二

中国特色社会主义进入新时代,社会主要矛盾已转变为人民日益增长的美好生活需要和不平衡、不充分的发展之间的矛盾,实施乡村振兴战略,在发展中补齐民生短板,促进社会公平正义,不仅是解决发展不充分、不平衡问题的重要举措,更是扎实推进共同富裕的关键一环。党的十九大报告首次提出"乡村振兴战略",乡村振兴是共同富裕实现的基础和必要条件,而共同富裕是乡村振兴的方向指引和落脚点,二者辩证统一,相互支撑。

共同富裕的重点和难点在乡村,乡村振兴对推动共同富裕,解决我国城乡、区域、产业发展不充分、不平衡的问题,不仅具有必要性,而且具有可能性,二者在多方面具有一致性,存在着内在机理。

古人云,"仓廪实而知礼节,衣食足而知荣辱",发展是解决我国一切问题的基础和关键,更是共同富裕的前提和基础。没有农业的发展和粮食的安全,乡村就谈不上振兴,共同富裕也会成为无源之水、无本之木。因此,产业兴旺是乡村振兴总要求之首,培育乡村产业的内生发展动力,突出产业支撑是乡村振兴的基础前提,是做大做好共同富裕"蛋糕"的坚实保障。

"良好的生态环境是最公平的公共产品,是最普惠的民生福祉。"绿水青山就是金山银山,农村生态资源在政策、资金、技术的有效配合下可以转化为生态资本,生态优势可以转化为经济优势,将现代文明与乡村地方传统文明结合起来,发展绿色产业,能为农民就地就业、创业和增收致富带来机遇,形成农村生态和经济的良性发展循环,从而实现乡村生态美、百姓富的有机统一。乡村振兴就是要保持乡村的自然风景、乡思乡愁、民风民俗等特质元素,建设美丽乡村,打造宜居村落,为百姓安居乐业提供看得见山、望得见水的美丽环境。因此,"生态宜居",是以人民为中心的发展思想的生动彰显,更是乡村振兴质量的保障和实现共同富裕的重要体现。

乡村振兴既要塑形,也要铸魂。文化是一个民族的根和灵魂,良好的乡风是中华民族赖以生存的根基和精神家园,是乡村、宗族绵延不绝、繁衍生息的精神内核。符合社会主义核心价值观的乡风文明,既是乡村振兴的精神支撑和内在要义,又为共同富裕的实现搭起文化架构和人文内核,成为共同富裕实现的文化支撑。

治理有效是乡村振兴的核心,乡村振兴共建共治共享的价值追求契合了"完善和发展中国特色社会主义制度,推进国家治理体系和治理能力现代化"的全面深化改革总目标。致力于乡村治理能力和治理水平现代化,让农村既充满活力又和谐有序,为乡村振兴保驾护航,能够为共同富裕提供政治保障。

生活富裕反映了广大农民群众日益增长的美好生活需要,是乡村振兴的根本出发点和最终归宿,是党"以人民为中心"发展思想在"三农"领域的具体体现。新的时代,人民对美好生活的需求已经不止于温饱,生活富裕不仅是物质生活的富裕,农民精神上的富裕和文化生活的满足也是重要组成部分,更能显示出生活富裕的成色,是共同富裕"内涵"的现实表征。

乡村振兴是一个系统工程,涉及多方面的全面振兴,仅有产业振兴,而忽略了社会效应和生态效益,就不可能实现乡村全面振兴。乡村振兴战略的五项总要求相互依存、协同联动,共同构成乡村振兴战略实施的行动框架。唯有如此,农民才能从中持续获取经济利益、生态效益,并不断提升幸福感和获得感。

(改编自唐任伍、许传通《乡村振兴推动共同富裕实现的内在机理》)

材料三

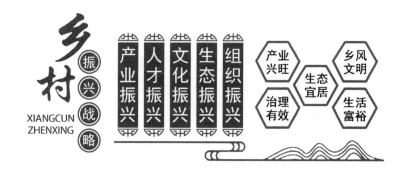

以"五个振兴"扎实推进乡村振兴战略

1. 下列对材料相关内容的理解和分析,正确的一项是(   )

  A. 广西瑶山部落有急派送铜钱求救的事例,表明不能当面讲话才需要找东西代话,可以当面交流的情况下无需事先约定好的记号。

  B. "每代的生活等于开映同一部影片",作者从时空角度指出,反复生活在同一生活定型中的人们,没有用文字帮助生活的需要。

  C. 新的时代,社会主要矛盾已经发生转变,振兴乡村、在发展中补齐民生短板,是解决矛盾、促进共同富裕的方向指引和落脚点。

  D. 物质生活富裕是乡村振兴的根本出发点和最终归宿,是"以人民为中心"发展思想的具体体现,更能显示出生活富裕的成色。

2. 根据材料内容,下列说法正确的一项是( )

  A. 实现共同富裕是中华民族几千年的理想和追求,共同富裕的重点和难点在乡村,可见共同富裕是乡村振兴战略部署的主要条件。

  B. 材料一中,作者以深厚的理论、生动的事例阐释乡土社会文字未能下乡之理,以发展眼光指出文字文化下乡是社会变迁的需要。

  C. 材料二从理论层面,主要阐释了乡村振兴战略的背景与意义,深刻厚重;材料三以图片方式展示了战略实施的具体方案,清晰易懂。

  D. 从乡土中国的文字下乡,到新时代乡村振兴战略,到乡村振兴宣传图片,三则材料以乡村振兴为核心,有理论高度,亦有生动案例。

3. 根据材料内容,下列现象不属于乡村振兴协同联动发展的一项是( )

  A. 江苏镇江句容的唐陵村,从农产品入手,大力发展苗木产业,把苗木产业做成了兴农富农的大产业,过去远近闻名的贫困村因此变成了富裕村。

  B. 湖南益阳清溪村将乡土文化与研学教育等相结合,建户外拓展基地,带动其他产业发展,设计建成10家清溪书屋,实现田园书香梦想。

  C. 山西云州区采取"合作社＋农户"形式,打造"小黄花大产业",组织收储、延长产业链,黄花干、黄花酱、黄花化妆品等产品琳琅满目。

  D. 菏泽市加大耕地保护力度,把细碎零散不平整的土地整治成大片平整土地,对违法占用耕地"零容忍",遏制耕地"非农化",防止"非粮化"。

  4. 乡村振兴战略总要求与共同富裕存在怎样的内在联系?请结合材料二简要概括。

5. 请结合上述材料的相关内容,谈谈下面文字中大峪沟村"博士小院"为什么能够成为乡村振兴战略实施中的典型。

北京房山张坊镇大峪沟村有家名叫"博士小院"的乡村民宿,开办以来,从未在旅游平台付费推广,仍然"火"得一塌糊涂,成为乡村振兴战略实施过程中的典型。

"博士小院"开设了园艺压花、观鸟研学、星光探索、植物识别、非遗拓印、农事劳动等 10 多门有关自然、传统文化的主题鲜明的课程,吸引了大批游客,深受孩子和家长欢迎。教师中有好几位博士,其中"博士小院"创办人朱启酒博士是北京农业职业学院教授,他利用自己的专业优势,在村里发展绿色生态农业。房后山上 200 亩地的博士农场中,种植的磨盘柿树全国闻名,还种有杏树、枣树、核桃树及一百余种花草植物。在这里,游客可以体验田园采摘的快乐,现场品尝、购买新鲜绿色蔬菜水果;也可以进行野外探险,或感受登高望远的情趣。在他的带动下,村里形成了精品民宿产业集群,他的专业能力,他坚持"做给农民看,带着农民练,教会农民干,帮着农民赚"的为民情怀打动人心。

(三)

材料一

电梯记

鲍尔吉·原野

我堂兄朝克巴特尔生长在牧区,我四五岁的时候去过他家——哲里木盟胡四台村,这也是我父亲的故乡。之后十年,朝克巴特尔像学者回访那样到我家赤峰市参观学习。我爸交给我一项任务,领他上街。

我领他走进一座楼房,入电梯。电梯门从两边合上,吓他一跳。我伸出三个指头,然后按"3","3"红了,电梯微颤,门开,我带他出去。我说这是三楼,朝克不信,他刚还在楼下仰视巍峨的楼顶。我领他从步行梯下到一楼,说明我们刚才坐电梯的经历,他还不信。我再次拉他进电梯,到三楼并从窗口往下看,马路上的人渺小地行走,朝克大惊失色。于是对电梯极为崇拜,认为这个狭窄的金属房子是神的房子,说什么也不敢坐它下楼。我对他进行启蒙:电梯即电房子把人垂直拉到各楼,由电控制。朝克生气地反驳我:电在电灯里面,不可能控制一个房子。

今年春节,朝克巴特尔扛一只冻得邦邦硬的羊来到我们家。他头发全白了,对我说:他已经领悟到电或电池让人在收音机里唱歌、在电视机里跳舞,但不足以让房子腾升,那是另外的神秘力量。电,不过是冒火星的、小巧的、在胶皮线里乱窜的小玩意儿。

我和朝克巴特尔均为独生子。许多年前,当大伯告诉朝克我是他弟弟时,他在我身上也发现一些乐趣。

那年,即我四五岁到胡四台,被一只羊羔吓哭了,以为是狗。朝克和堂姐们哈哈大笑,讲解羊和狗的区别。我不信,以为他们骗我。见过狗,我以为是狼,越发大哭。朝克越发大笑,用脚踢"狼"。

在胡四台村,朝克巴特尔飞身跃上无鞍烈马,奔驰至远,让我视为天人。朝克一家和当时的全国农民一样穷,他的衬衫下摆和袖子都褴褛掉了,仅遮肩背。这件衣裳在我看来很神奇,在马背上飞扬如帜。他穿这件衣服在苇草里发现野鸭蛋、找到酸甜可口的蓝莓。朝克和我走在沙丘下面,他停下倾听,快跑几步,用手接住一只从上面滚下来的刺猬。在茫茫的沙漠上,朝克聪明健壮。他看我的笑容半是嘲笑半是爱。一个城里人在乡下的土地上不怎么会走路、不怎么会吃饭喝水,给他们带来欢乐。就像朝克在城里给我们带来欢乐——他用颤抖的手慢慢摸电梯门,"嗖"地缩回来。

我第一次到胡四台,在堂兄家吃到野鸡肉——肉丝雪白。我一人吃掉两块胸脯,余下的肉被我姐塔娜吃光。朝克和众多的堂姐站着看,面带笑容。大伯招待我们的佳肴还有一小碟葡萄干、一小碟红糖。许多年后才知,野鸡和那么少的葡萄干儿、红糖是他们从供销社赊来的——秋天用五十公斤玉米偿还。事实上,大伯两年之后才还上这笔债务,因为当年的玉米扣除口粮后不足五十公斤。平日,他们果腹之物是轧半碎、炒过的玉米。如果玉米碾成面,就不够吃了。他们从未吃过野鸡肉和葡萄干,连玉米面都未曾饱餐。在山上捉到或挖到的山禽与

草药,送到供销社抵债,偿还赊欠的红茶、盐和煤油。因此,回想当年他们那么沉静地观看我吃野鸡肉仍带有笑容,实在让人感叹。

那个年代,他们家没钱。他们有幸一睹钞票是每月乡邮员驰马而至喊大伯名字并将其右手食指按向鲜红印泥再拔出来按在一张纸上,而后交给他们十五元钱。这是我爸从1950年挣工资以来每月寄来的钱。这些钱隆重地积攒着,后来流入医院收款处。伴随穷人一生之物,除去饥饿,另一样就是疾病。

血缘是这样一种东西,超越城乡差距和所谓知识,在独有的河流里交汇,彼此听得见血流的声音。大伯去世后,我爸悲痛不已,痛哭、独语,几个月缓不过来,我们并不劝他安静。劝人节哀实为文化的虚伪中最虚伪的一种。<u>人生连一场痛哭都不曾享用,灵魂何以自如呼吸?</u>我爸经历过战争,自我曾祖母去世后,他从没流过泪。他七十多岁了,从自己房间跟跄而出,看着我们,说:"你大爷死了。"而后泪水蒙住他的眼睛,化为眼泪大滴落下。他本来想说许多话,但说出这一句就说不下去了,喉头哽咽。因说不出话而全身颤抖,只站着,盯着我们,样子很吓人。我们报以沉默。少顷,他失望地走了,回自己房间。过一会儿,我爸还会走出来,告诉我们:"你大爷死了……"充沛的泪水滚滚而下。

父亲的正直,我早有感受。而他在失兄之痛中的纯真情感让我惊讶。那几个月,他回忆了大伯的一生,并用泪水送走这些回忆。

朝克巴特尔今年和我见面,我用笨拙的蒙古语和他对话并给他买一些东西,我爸很欣慰。在他的房间里,我爸拿出去年在现代文学馆开会的照片,拿出记有他事迹的内蒙古骑兵典藏纪念册,还有登他传略的《蒙古人物志》向朝克巴特尔述说。我堂兄听得很吃力,我爸讲得很从容。我感觉,我爸其实是说给一个老牧民——即大伯听……

材料二

……乡下人没有见过城里的世面,因之而不明白怎样应付汽车,那是知识问题,不是智力问题,正等于城里人到了乡下,连狗都不会赶一般。如果我们不承认郊游的仕女们一听见狗吠就变色是"白痴",自然没有理由说乡下人不知道"靠左边走"或"靠右边走"等时常会因政令而改变的方向是因为他们"愚不可及"了。"愚"在什么地方呢?

其实乡村工作的朋友说乡下人愚那是因为他们不识字,我们称之曰"文盲",意思是白生了眼睛,连字都不识。这自然是事实。我决不敢反对文字下乡的运动,可是如果说不识字就是愚,我心里总难甘服。"愚"如果是智力的不足或缺陷,识字不识字并非愚不愚的标准。智力是学习的能力。如果一个人没有机会学习,不论他有没有学习的能力还是学不到什么的。我们是不是说乡下人不但不识字,而且识字的能力都不及人呢?

（改编自《乡土中国·文字下乡》）

1. 下列对材料一相关内容和艺术特色的分析鉴赏,不正确的一项是（　　　）

A. "学者回访""参观学习""任务"等大词小用,朝克对电梯的崇拜和我在牧区的狼狈等相关叙述,既富有情趣,也体现了作者的幽默、睿智与童心。

B. 我和姐姐在大伯家受到热情招待的场面,隆重而温馨,素朴且感人,简洁的行文中流动浓浓的亲情,也侧面反映出大伯一家的善良、厚道和淳朴。

C. 父亲痛哭、失语、反复诉说"你大爷死了"等一系列动作行为,反映出大伯去世给父亲带来的巨大触动,以及我们的沉默与不解给他带来的失望。

D. 鲍尔吉·原野描写人间的美善,如围炉夜话,似村妇叙旧,随意自然,平实深沉,寻常文字寄寓深厚情感,总能令读者感受到自然和人性的美好。

2. 结合上下文,解释材料一中画横线语句的含义。

3. 材料一、二话题相近,文体不同,情感态度也有差异。请加以比较并简要分析。

一、基础篇

1. 知识问题：涉及对事实、定义、规则等的理解和记忆，通常需要学习和经验积累。智力问题：涉及推理、分析、判断、创新等高级认知活动，需要运用逻辑思维和创造性思维。

乡下人不明白怎样应付汽车是因为缺乏城市交通的相关知识，涉及的是对特定情境（即城市交通规则）的了解和应对，而不是个体智力的差异。同样地，城里人到了乡下不知道如何赶狗可能是因为缺乏相关的经验和知识，而不是因为智力问题

2. 在时空中人和人的接触发生阻碍、不能当面讲话的时候，才需要一些东西来带话，文字就是在这种需求下产生的一种表意的符号。其作用是能够突破时空阻隔来传递信息。

3. (1) C（拘束：对人的言语行动加以不必要的限制；过分约束。约束：限制使不越出范围。文中强调"不必要"之意，故选"拘束"。言近旨远：话说得浅近，而含义却很深远。词不达意：说话、写文章时，词语不能确切地表达意思。后文有"引起误会"，故选"词不达意"。不可救药：病重到已无法救治，比喻人或事物坏到无法挽救的地步。无可补救：对于不利情况无法弥补和挽救。根据语境，应选"无可补救"。)

(2) D（A项语序与后文的"我们所要传达的情意"对应不当，应该先"传情"，再"达意"。B项表述与后文不对应，不是"功能"，而是"情意"。C项"不完全"的是"情意"，而非"文字"，与后文衔接不当。)

(3) 文字在无法当面交流时使用，而其意义是事先约好的受拘束的，有时会词不达意从而引起误会。文字传情达意需要与当时情境配合才能表达完整，如果异时异地，文字所引发的反应就很难与当时合拍。文字传达的情意可能不完全，面对面说话则可以更完全（完整）地传达情意。

4. ①而是 ②而且 ③因为 ④而且 ⑤所以

首先肯定文字下乡的必要性。其次辨明对乡下多文盲的认识：并非乡下人"愚"，而是由乡土社会的本质决定的，并进一步分析文字和语言作为传情达意工具的局限性。最后指出要想做好文字下乡工作，必须考虑文字语言的基础。

二、进阶篇

1. A

2. (1) ①不识字≠愚 ②乡下人知识缺乏，不是智力低下 ③城里的小姐误将包谷认作麦子 ④教授的孩子课程学得快、成绩好 ⑤乡下人不懂行路规则 ⑥乡下孩子惯于在田野里奔跑，有易于分边草和虫的熟悉的环境，即有机会学习便擅长 ⑦不"愚" ⑧不"愚"

(2) 示例：乡下人闰土不识字，但他知道许多无穷无尽的稀奇事，而识字读书的"我"（迅哥儿）对于乡村的稀奇事则所知甚少；反之，闰土上城后，也见了许多没有见过的东西，而这些，则是我熟知的。可见，乡下人与城里人的差别只是在于二者接触了解的知识不同，各有所长，而不是所谓的"愚笨"。

3. 综合采用各种方式来表情达意自然比只使用文字更加准确 比喻论证，生动形象指出语言和情意表达之间的关系 生活中，我们有时候想表达某种情感不得不用某些约定俗成的字词语言，但是有时候就会觉得那些字词语言并不能准确表达我们的情感 李贺 成语"呕心沥血"，意思是费尽心血和精力。李贺写诗注重炼字，总要让诗歌中每一个字准确表达情意，原因就在于语言文字有的时候总不能准确表达人的情意 本段继续就语言的工具性特点做出说明，指出语言作为交流工具存在的局限性

三、提升篇

（一）1. C（原文是"说话时如果用了完整的句子……会显得迂阔可笑"，此处缺少相应的使用情境"说话时"。故选 C。）

2. B（原文第 5 段末尾是"文法和艺术就在减少文字的'走样'"，并非无可补救。故选 B。）

3. C（A 项本义是桃树、李树不会说话，但因其花朵美艳、果实可口，人们纷纷去摘取，于是便在树下踩出一条路来，比喻为人真诚笃实，自然能感召人心。与熟人社会用语言交流联系不大。B 项强调语言有时无法表达内心感受。C 项证明熟人社会往往不需要文字也能交流，所以此项正确。D 项强调语言的影响。故选 C。）

4. ①面对面社群/熟人社会/乡土社会　②表情、足声、声气、气味（写"声音""动作"也对）　③词不达意引起误会　④表情达意不完全或时空变化情意不再契合

5. ①作者以归有光用足音辨人为例（作者以自己用声音辨人闹出笑话为例），讲述乡土社会是熟人社会，姓名不常上口。②以青年写情书引起误会为例，论证文字传情会因词不达意引起误会。③以对话交流中用手指自己而省去"我"为例，论证语言交流有辅助手段来补充表情达意。

（二）1. A（B 项"从时空的角度"错误，应为"从时间的角度"。C 项"振兴乡村、在发展中补齐民生短板，是解决矛盾、促进共同富裕的方向指引和落脚点"错误，由原文"而共同富裕是乡村振兴的方向指引和落脚点"可知，共同富裕是乡村振兴的方向指引和落脚点。D 项"物质生活富裕"错误，由原文"生活富裕反映了广大农民群众日益增长的美好生活需要，是乡村振兴的根本出发点和最终归宿"可知，"生活富裕"是乡村振兴的根本出发点和最终归宿；"更能显示出生活富裕的成色"错误，由原文"生活富裕不仅是物质生活的富裕，农民精神上的富裕和文化生活的满足也是重要组成部分，更能显示出生活富裕的成色"可知，"更能显示出生活富裕的成色"的是农民精神上的富裕和文化生活的满足。故选 A。）

2. B（A 项无中生有，"可见共同富裕是乡村振兴战略部署的主要条件"错误，由原文"共同富裕的重点和难点在乡村"可知，其属于强加因果。C 项"主要阐释了乡村振兴战略提出的背景与意义"错误，材料二主要阐释的是乡村振兴战略与共同富裕的内在机理。D 项"三则材料以乡村振兴为核心"错误，材料一主要是以"文字下乡"为核心。故选 B。）

3. D（D 项属于乡村振兴，但保护耕地、保护粮食安全，只涉及产业兴旺这一个方面。故选 D。）

4. ①产业兴旺是乡村振兴的关键，为共同富裕提供坚实基础；②生态宜居是乡村振兴的保障，为共同富裕提供优美环境；③乡风文明是乡村振兴的灵魂，为共同富裕提供精神支撑；④治理有效是乡村振兴的核心，为共同富裕提供政治保障；⑤生活富裕是乡村振兴的出发点和归宿，是实现共同富裕的现实表征。

5. ①通过振兴文化满足人们的精神和文化需求。新的时代，人们对美好生活的需要，不止于物质，更有精神和文化的需求。"博士小院"开设了自然、传统文化主题课程，为博士小院增添魅力，满足了人们的精神文化需求，深受欢迎。②通过新型人才引领带动乡村建设。博士小院有好几位博士，创办人北京农业职业学院教授朱启酒，不仅具有扎实的专业能力，更具有动人的为民情怀，引领乡民共建乡村。③通过振兴特色产业支撑乡村建设。博士小院发展绿色生态农业，带动村里形成精品民宿产业集群，特色产业的发展带动乡村兴旺繁荣。

（三）1. C（"以及我们的……不解……"错误，结合"血缘是这样一种东西，超越城乡差距和所谓知识，在独有的河流里交汇，彼此听得见血流的声音"可知，我们理解父亲在大伯去世时的悲伤，沉默不是"不解"，而是不知该如何安慰父亲，同时"我们并不劝他安静。劝人节哀实为文化的虚伪中最虚伪的一种"，我们认为父亲的表现是真实的情感流露。故选 C。）

2. ①痛哭，为失去宝贵的东西而伤悲流泪，是真情实感的流露，是对亲情的珍视；②享用痛哭，有泪可流，证明拥有血浓于水的亲情，是一种幸福的宣泄与表达；③能痛快地流泪，表达自己的悲伤，减轻内心痛

苦,能收获真正的释怀与解脱。

3.①材料一是散文,重在主观抒情;材料二是学术论文,重在客观说理。②材料一抒发对亲情的珍视,是一种自我欣赏;材料二重在剖析事理,旨在自圆其说。③材料一贵在艺术抒情,偏于感性回忆与幽默再现;材料二重在学术说理,偏于理性分析与冷静陈述。

4 《再论文字下乡》

章 节 解 读

段落大意

第 1 段 文字发生在人和人传情达意受时间阻隔的情境里。

第 2 段 时间阻隔的两个方面:个人的今昔之隔、社会的世代之隔。

第 3 段 人除了记忆,还借助"词"把过去的经验带到现在。

第 4 段 人靠记忆打破今昔之隔。

第 5 段 人靠记忆学习、传承文化(社会共同经验的积累)。

第 6 段 词是人的生活和时间关联的最主要桥梁。

第 7 段 从时间格局上看,乡土社会是没有文字的社会(有语言无文字)。

第 8 段 为了生活,记忆有选取。

第 9 段 乡土社会是一个生活安定的社会(世代黏着),所需记忆和现代都市不同。

第 10 段 世代经验无需不断积累,只需保存。

第 11 段 以写日记的事来印证乡土生活的重复性。

第 12 段 乡土社会不怕忘,因为有着深入生理基础的生活习惯。

第 13 段 乡土社会中无需文字这样的象征体系来帮助记忆。

第 14 段 乡土社会中的生活如同放映同一影片(生活定型)。

第 15 段 在乡土社会中语言足够传递世代间的经验,无需文字。

第 16 段 乡土社会,在面对面的亲密接触中,没有用字来帮助乡民在社会中生活的需要。

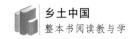

思维导图

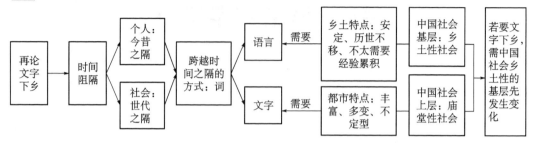

概念解释

学习：学是在出生之后以一套人为的行为方式做模型,把本能的那一套方式加以改造的过程。习是指反复地做,靠时间中的磨炼,使一个人惯于一种新的做法。

记：带有在当前为了将来有用而加以认取的意思。

忆：是为了当前有关而回想到过去经验。

文化：是依赖象征体系和个人的记忆而维护着的社会共同经验。

词：用以表现概念的象征体系中的符号,词可以外化为"语言""文字"两种形式,语言诉诸无形的声音,文字诉诸有形的符号。

内容导读

上一章中,作者从乡土社会在传情达意上空间无阻隔的特征出发论述文字与乡土社会的关系,本章则从人的生活中有时间之隔的角度讨论这一问题。

所谓空间阻隔,是指因为不在一地,有传情达意的需要,不能当面说,只好用文字;"时间的阻隔",则是指有些话要对后人说,但口头语无法留存,只好借助文字。关于后者,作者又从个人的今昔之隔和社会的世代之隔两方面加以阐释。

从个人角度讲,人需要学习前代的经验,打破今昔的阻隔。通过人与动物(小白老鼠)的对比,突出了人的学习是通过将生活情境抽象成概念,再用象征体系的符号表达出来,通过记忆和"词"的帮助,继承时间积累的生活方法(经验),进而传承文化。即语言的功能使"个别(特殊)"概念走向普遍,为大家所共享;又从"当前(彼时)走向'今后'(后来)",从而在时间的河流上架建了"桥梁"。

此处费孝通先生所说的"象征"与"象征手法"的象征不同。后者属于写作学范畴,是一种根据事物之间的某种联系,借助某一具体事物的形象,来表现某种抽象的概念、思想和感情的表现方法。本章中的"象征"属于心理学范畴,是指人类表现和传达内心活动的一种媒介。人类对外部世界的认识通过对物象表征的辨识形成概念,概念又形成语词,从而逐步形成相对稳定的体系,称为象征体系。

就社会群体角度而言,人是社会性的存在。群体的人不仅活在当下,而且活在既往。就像王羲之在《兰亭集序》中所言,"虽世殊事异,所以兴怀,其致一也"。为打破社会的世代之隔,人借助象征体系,不但积累自己的经验,还累积别人的经验,即社会共同经验的累积——文化。

乡土社会是熟人社会,可以直接交流,不需要文字来进行间接交流。乡土社会生活稳定,基本定型,极少变化,经验也是以同一方式反复重演,因此世代的经验无需积累,只需老是保存。所以文字的记忆功能无用武之地。费孝通先生认为,乡土社会大体上是一个没有文字的社会。"大体上"表述严谨,留有一定的余地,没有绝对地认为乡下完全没有文字。

当然,乡下有少数人还是有文化的,属于上层的绅士——乡绅阶层是中国封建社会一种特有的阶层,主要由科举及第未仕或落第士子、当地较有文化的中小地主、退休回乡或长期赋闲居乡养病的中小官吏、宗族元老等一批在乡村社会有影响的人物构成。他们近似于官而异于官,近似于民又在民之上。乡绅扮演在乡村社会贯通朝廷、官府政令并领头执行的角色。当权者只需将政策、法令告之乡绅,余下对乡民的宣传并使其执行的过程便由乡绅负责。在此,乡绅充当了乡村社会的政治首领或政治代言人。在相对稳定的封建统治秩序下,乡村民众对朝廷政令及各种赋税的服从或抗争,首先反馈到乡绅那里,并听从乡绅的建议,争取乡绅的认同,再经乡绅向官府反映民意。在这个由下而上传递乡村民情民意的过程中,乡绅刻意塑造自己作为一方民众政治首领的形象,有时甚至与乡民团结一体,充当乡民利益的保护人,在经济发生危机、朝政腐败外显时期,这一点尤为明显。因此,乡绅阶层是封建统治者与下层农民之间的桥梁。

乡土社会的特点,与常常变动环境的现代社会有很大不同。20世纪前期,农民世世代代被土地束缚。中华人民共和国成立之后,实行户籍制,农民还是被限制在户口所在地。改革开放之后,农村实施土地承包制,农民在家庭劳力富余的情况下,可以外出打工。如今随着农业机械化的发展,规模化经营正在使中国

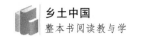
古老的乡村发生深刻的变化。很多农民外出打工,四海漂移,与传统的乡土社会本色形成鲜明对比。

本章的论证特色,除了对比论证,还借戏台上的演员只需记一套戏文和小学生写日记每天内容"同上"等,来阐释在熟人社会,经验是同一方式反复重演的观点。以贴近生活的事例讲道理,深入浅出,也是《乡土中国》一书的写作特色之一。

乡土社会有语言,普通农人很少用得上文字,但这并不是说没有文字。在本章最后,作者指出"中国社会从基层上看去是乡土性,中国的文字并不是在基层上发生。最早的文字就是庙堂性的"。所谓"庙堂"指朝廷,社会的上层。在古代,由于技术和生产力的限制,文字的创造和使用需要耗费大量的人力、物力和时间,因此只有上层社会才具备这样的条件。统治者为了维护自己的利益和地位,将文字视为一种重要的文化资源,用于记录和传承经典、历史、王权等神圣事物。这种记录和传承方式具有更高的准确性和可靠性,使得上层社会能够更好地掌控信息和资源,加强自身的统治地位。在乡土社会中,基层百姓主要依靠口耳相传的方式传承文化和知识,"有语言而无文字"。随着社会的发展和文化的演变,文字逐渐走出庙堂,进入民间,成为普通人记录、交流的工具,其神圣性和权威性也逐渐减弱。这一过程伴随着人类社会的文明进步和文字系统的不断演化和完善。

费孝通先生再次强调,乡下人不识字,不是因为他们愚笨,而是因为他们的生活环境不需要用文字。其实还有其他原因,如贫穷,百姓没有受教育、学文字的经济条件。文字下乡的工作,只有在中国社会乡土性的基层发生了变化之后,才能达到理想中的效果,真正起到开启民智走入现代化的作用。

专 项 训 练

一、基础篇

1. 判断题(请用√与×标识)

(1) 文字的发生既受到空间的阻隔,也受到时间的阻隔,时间的阻隔即个人的今昔之隔。   (   )

（2）动物的学习也有记忆，也有它们自己的一套象征体系。（　　）

（3）人靠记忆可以跨越时间的阻隔。（　　）

（4）人有记忆，能记住"过去"所传下来的办法，是因为天生如此。（　　）

（5）人靠抽象能力和象征体系积累自己和别人的经验。（　　）

（6）在一个乡土社会中生活的人所需记忆的范围和生活在现代都市的人是不同的。（　　）

（7）乡土社会定型的生活让记忆变得多余。（　　）

（8）多变、不定型的都市生活基本不需要将语言变成文字。（　　）

（9）乡土社会中，"新闻"是常有的。（　　）

（10）中国的文字产生于中国社会的上层——庙堂性社会，若要文字下乡，需中国社会乡土性的基层先发生变化。（　　）

2. 人为什么要有记忆？记忆与文化是怎样的关系？

3. 在《乡土本色》一章中，谈及乡土社会有哪些特点？这些特点与乡下人不需要文字有什么关联？

4. 下面选文运用了对比论证的方法，请加以分析。

（1）学习必须打破个人今昔之隔。这是靠了我们人类的一种特别发达的能力，时间中的桥梁——记忆。在动物学习过程中，我们也可以说它们有记忆，但是它们的"记忆"是在简单的生理水准上。一个小白老鼠在迷宫里学得了捷径，它所学得的是一套新的生理反应。和人的学习不相同的是它们并不靠一套象征体系的。人固然有很多习惯，在本质上是和小白老鼠走迷宫一般的，但是他却时常多一个象征体系帮他的忙。所谓象征体系中最重要的是"词"。我们不断地在学习时说着话，把具体的情境抽象成一套能普遍应用的概念，概念必然是用词来表现的，于是我们靠着词，使我们从特殊走上普遍，在个别情境中搭下了桥梁；又使我们从当前走到今后，在片刻情境中搭下了桥梁。

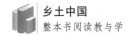

（2）指头上的结是文字的原始方式，目的就是用外在的象征，利用联想作用，帮助人的记忆。在一个常常变动的环境中，我们感觉到自己记忆力不够时，方需要这些外在的象征。从语言变到文字，也就是从用声音来说词，变到用绳打结，用刀刻图，用笔写字，是出于我们生活从定型到不定型的过程中。在都市中生活，一天到晚接触着陌生面孔的人才需要在袋里藏着本姓名录、通信簿。在乡土社会中黏着相片的身份证，是毫无意义的。在一个村子里可以有一打以上的"王大哥"，绝不会因之认错了人。

5.《文字下乡》《再论文字下乡》与本书第一章《乡土本色》有着怎样的逻辑关系？

二、进阶篇

1. 语义三角，是由英国学者提出的一种理论。该理论指出符号、意义和客观事物三者之间存在相互制约和相互作用的关系（如下图）。《再论文字下乡》一章中对此也有阐释，请摘录相关语句，谈谈你对这一"三角"的理解。

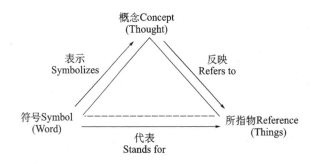

2. 请阐述《再论文字下乡》中"学"和"习"的概念,并谈谈你对《论语》中"学而时习之,不亦说乎"这句话的理解。

3. 综合《文字下乡》和《再论文字下乡》两章的内容,概括分析作者认为从基层上看中国乡土社会不需要文字的原因。

4. 阅读《风波》(鲁迅)节选文段,回答问题。

赵七爷是邻村茂源酒店的主人,又是这三十里方圆以内的唯一的出色人物兼学问家;因为有学问,所以又有些遗老的臭味。他有十多本金圣叹批评的《三国志》,时常坐着一个字一个字的读;他不但能说出五虎将姓名,甚而至于还知道黄忠表字汉升和马超表字孟起。革命以后,他便将辫子盘在顶上,像道士一般;常常叹息说,倘若赵子龙在世,天下便不会乱到这地步了。七斤嫂眼睛好,早望见今天的赵七爷已经不是道士,却变成光滑头皮,乌黑发顶;伊便知道这一定是皇帝坐了龙庭,而且一定须有辫子,而且七斤一定是非常危险。……

赵七爷一路走来,坐着吃饭的人都站起身,拿筷子点着自己的饭碗说,"七爷,请在我们这里用饭!"七爷也一路点头,说道"请请",却一径走到七斤家的桌旁。七斤们连忙招呼,七爷也微笑着说"请请",一面细细的研究他们的饭菜。

"好香的干菜,——听到了风声了么?"赵七爷站在七斤的后面七斤嫂的对面说。

"皇帝坐了龙庭了。"七斤说。

七斤嫂看着七爷的脸,竭力陪笑道,"皇帝已经坐了龙庭,几时皇恩大赦呢?"

"皇恩大赦?——大赦是慢慢的总要大赦罢。"七爷说到这里,声色忽然严厉起来,"但是你家七斤的辫子呢,辫子? 这倒是要紧的事。 你们知道:长毛时候,留发不留头,留头不留发,……"

七斤和他的女人没有读过书,不很懂得这古典的奥妙,但觉得有学问的七爷这么说,事情自然非常重大,无可挽回,便仿佛受了死刑宣告似的,耳朵里嗡的一声,再也说不出一句话。

"一代不如一代,——"九斤老太正在不平,趁这机会,便对赵七爷说,"现在的长毛,只是剪人家的辫子,僧不僧,道不道的。从前的长毛,这样的么?我活到七十九岁了,活够了,从前的长毛是——整匹的红缎子裹头,拖下去,拖下去,一直拖到脚跟;王爷是黄缎子,拖下去,黄缎子;红缎子,黄缎子,——我活够了,七十九岁了。"

七斤嫂站起身,自言自语的说,"这怎么好呢?这样的一班老小,都靠他养活的人,……"

赵七爷摇头道,"那也没法。没有辫子,该当何罪,书上都一条一条明明白白写着的。不管他家里有些什么人。"

七斤嫂听到书上写着,可真是完全绝望了;自己急得没法,便忽然又恨到七斤。伊用筷子指着他的鼻尖说,"这死尸自作自受!造反的时候,我本来说,不要撑船了,不要上城了。他偏要死进城去,滚进城去,进城便被人剪去了辫子。从前是绢光乌黑的辫子,现在弄得僧不僧道不道的。这囚徒自作自受,带累了我们又怎么说呢?这活死尸的囚徒……"

(1) 选文描写的是哪个历史时期的事情?请根据文中的细节加以分析、判断。

(2) 选文中,七斤一家遭遇了怎样的风波?请根据文段内容加以概括。

(3) 阅读《再论文字下乡》的第 9 至 16 段,回答问题。

① 费孝通先生在本章中提出"乡下人没有文字的需要",请根据《风波》选段,概述乡土社会不需要文字的理由。

② 选文中,七斤夫妇遇到风波时,很看重"书上"的说法,那么,乡土社会是否存在"用文字来帮助他们在社会中生活的需要"?请结合文本,谈谈你的看法。

三、提升篇

阅读下面文字,完成各题。

(一)

材料一

① 乡下人在城里人眼睛里是"愚"的。我们当然记得不少提倡乡村工作的朋友们,把愚和病贫联结起来去作为中国乡村的症候。关于病和贫我们似乎还有客观的标准可说,但是说乡下人"愚",却是凭什么呢? 乡下人在马路上听见背后汽车连续的按喇叭,慌了手脚。东避也不是,西躲又不是,司机拉住闸车,在玻璃窗里,探出半个头,向着那土老头儿,啐了一口:"笨蛋!"——如果这是愚,真冤枉了他们,我曾带了学生下乡,田里长着包谷,有一位小姐,冒充着内行,说:"今年麦子长得这么高。"旁边的乡下朋友,虽则没有啐她一口,但是微微的一笑,也不妨译作"笨蛋"。乡下人没有见过城里的世面,因之而不明白怎样应付汽车,那是知识问题,不是智力问题。正等于城里人到了乡下,连狗都不会赶一般。如果我们不承认郊游的仕女们一听见狗吠就变色是"白痴",自然没有理由说乡下人不知道"靠左边走"或"靠右边走"等时常会因政令而改变的方向是因为他们"愚不可及"了。"愚"在什么地方呢?

② 其实乡村工作的朋友说乡下人愚那是因为他们不识字,我们称之曰"文盲",意思是白生了眼睛,连字都不识。这自然是事实,我决不敢反对文字下乡的运动,可是如果说不识字就是愚,我心里总难甘服。"愚"如果是智力的不足或缺陷,识字不识字并非愚不愚的标准。智力是学习的能力。如果一个人没有机会学习,不论他有没有学习的能力还是学不到什么的。我们是不是说乡下人不但不识字,而且识字的能力都不及人呢?

③ 说到这里我记起了疏散在乡下时的事来了。同事中有些孩子送进了乡间的小学,在课程上这些孩子样样比乡下孩子学得快,成绩好。教员们见面时总在家长面前夸奖这些孩子们有种、聪明。这等于说教授们的孩子智力高。我对于这些恭维自然是私心窃喜。穷教授别的已经全被剥夺,但是我们还有别种人所望尘莫及的遗传。但是有一天,我在田野里看放学回来的小学生们捉蚱蜢,那些"聪明"而有种的孩子,扑来扑去,屡扑屡失,而那些乡下孩子却反应灵敏,一扑

一得。回到家来,刚才一点骄傲似乎又没有了着落。

④ 这样说来,乡下人是否在智力上比不上城里人,至少还是个没有结论的题目。这样看来,乡村工作的朋友们说乡下人愚,显然不是指他们智力不及人,而是说他们知识不及人了。这是正确的。我们是不是也因之可以说乡下多文盲是因为乡下本来无需文字眼睛呢? 说到这里,我们应当讨论一下文字的用处了。

⑤ 文字所能传的情、达的意是不完全的。很多悲剧是因情书的误会而发生的。这不完全是出于"间接接触"的原因。我们所要传达的情意是和当时当地的外局相配合的。文字是间接的说话,而且是个不太完善的工具。当我们有了电话、广播的时候,书信文告的地位已经大受影响。等到传真的技术发达之后,是否还用得到文字,是很成问题的。这样说来,在乡土社会里不用文字绝不能说是"愚"的表现了。面对面的往来是直接接触,为什么舍此比较完善的语言而采取文字呢?

⑥ 我还想在这里推进一步说,在面对面社群里,连语言本身都是不得已而采取的工具。语言只能在一个社群所有相同经验的一层上发生。群体愈大,发生语言的一层共同基础也必然愈有限。于是在熟人中,我们话也少了,我们"眉目传情",我们"指石相证",我们抛开了比较间接的象征原料,而求更直接的会意了。所以在乡土社会中,不但文字是多余的,连语言都并不是传达情意的惟一象征体系。

⑦ 我决不是说我们不必推行文字下乡,在现代化的过程中,我们已开始抛离乡土社会,文字是现代化的工具。我要辨明的是乡土社会中的文盲,并非出于乡下人的"愚",而是由于乡土社会的本质。我而且愿意进一步说,单从文字和语言的角度中去批判一个社会中人和人的了解程度是不够的,因为文字和语言,只是传情达意的一种工具,并非唯一的工具。而且这工具本身是有缺陷的,能传的情、能达的意是有限的。所以在提倡文字下乡的人,必须先考虑到文字和语言的基础,否则开几个乡村学校和使乡下人多识几个字,也许并不能使乡下人"聪明"起来。

(改编自《乡土中国:文字下乡》)

材料二

我说过我们要发展记忆,那是因为我们生活中有此需要。没有文化的动物中,能以本能来应付生活,就不必有记忆。我这样说,其实也包含了另一项意思,就是人在记忆上发展的程度是依他们生活需要而决定的。我们每个人，每一刻，所接触的外界是众多复杂，但是并不尽入我们的感觉，我们有所选择。和我们眼睛所接触的外界我们并不都看见，我们只看见我们所注意的，我们的视线有焦点，焦点依着我们的注意而移动。注意的对象由我们选择，选择的根据是我们生活的需要。对于我们生活无关的，我们不关心，熟视无睹。我们的记忆也是如此，我们并不记取一切的过去，只记取一切过去中极小的一部分。我说记取，其实不如说过后回忆为妥当。"记"带有在当前为了将来有用而加以认取的意思，"忆"是为了当前有关而会想到过去经验。事实上，在当前很难预测将来之用，大多是出于当前的需要而追忆过去。有时这过程非常吃力，所以成为"苦忆"。可是无论如何记忆并非无所为的，而是实用的，是为了生活。

在一个乡土社会中生活的人所需记忆的范围和生活在现代都市的人是不同的。乡土社会是一个生活很安定的社会。我已说过，向泥土讨生活的人是不能老是移动的。在一个地方出生的就在这地方生长下去，一直到死。极端的乡土社会是老子所理想的社会，"鸡犬相闻，老死不相往来"。不但个人不常抛井离乡，而且每个人住的地方常是他的父母之邦。"生于斯，死于斯"的结果必是世代的黏着。这种极端的乡土社会固然不常实现，但是我们的确有历世不移的企图，不然为什么死在外边的人，一定要把棺材运回故乡，葬在祖茔上呢？一生取给于这块泥土，死了，骨肉还得回入这块泥土。

历世不移的结果，人不但在熟人中长大，而在熟悉的地方上生长大。熟悉的地方可以包括极长时间的人和土的混合。祖先们在这地方混熟了，他们的经验也必然就是子孙们所会得到的经验。时间的悠久是从谱系上说的，从每个人可能得到经验说，却是同一方式的反复重演。同一戏台上演着同一的戏，这个班子里演员所需要记得的，也只有一套戏文。他们个别的经验，就等于世代的经验。经验无需不断累积，只需老是保存。

在定型生活中长大的有着深入生理基础的习惯帮着我们"日出而起，日入而息"的工作节奏。记忆都是多余的。"不知老之将至"就是描写"忘时"的生活。秦亡汉兴，没有关系。乡土社会中不怕忘，而且忘得舒服。只有在轶出于生活常轨的事，当我怕忘记时，方在指头上打一个结。

指头上的结是文字的原始方式，目的就是用外在的象征，利用联想作用，帮助人的记忆。在一个常常变动的环境中，我们感觉到自己记忆力不够时，方需要

这些外在的象征。从语言变到文字,也就是从用声音来说词,变到用绳打结,用刀刻图,用笔写字,是出于我们生活从定型到不定型的过程中。在都市中生活,一天到晚接触着陌生面孔的人才需要在袋里藏着本姓名录、通信簿。在乡土社会中黏着相片的身份证,是毫无意义的。在一个村子里可以有一打以上的"王大哥",绝不会因之认错了人。

在一个每代的生活等于开映同一部影片的社会中,历史也是多余的,有的只是"传奇"。一说到来历就得从"开天辟地"说起;不从这开始,下文不是只有"寻常"的当前了么? 都市社会里有新闻;在乡土社会,"新闻"是稀奇古怪、荒诞不经的意思。在都市社会里有名人,乡土社会里是"人怕出名,猪怕壮"。不为人先,不为人后,做人就得循规蹈矩。这种社会用不上常态曲线,而是一个模子里印出来的一套。

在这种社会里,语言是足够传递世代间的经验了。当一个人碰着生活上的问题时,他必然能在一个比他年长的人那里问得到解决这问题的有效办法,因为大家在同一环境里,走同一道路,他先走,你后走;后走的所踏的是先走的人的脚印,口口相传,不会有遗漏。哪里用得着文字? 时间里没有阻隔,拉得十分紧,全部文化可以在亲子之间传授无缺。

这样说,中国如果是乡土社会,怎么会有文字的呢? 我的回答是中国社会从基层上看去是乡土性,中国的文字并不是在基层上发生。最早的文字就是庙堂性的,一直到目前还不是我们乡下人的东西。我们的文字另有它发生的背境,我在本文所需要指出的是在这基层上,有语言而无文字。不论在空间和时间的格局上,这种乡土社会,在面对面的亲密接触中,在反复地在同一生活定型中生活的人们,并不是愚到字都不认得,而是没有用字来帮助他们在社会中生活的需要。我同时也等于说,如果中国社会乡土性的基层发生了变化,也只有发生了变化之后,文字才能下乡。

(改编自《乡土中国·再论文字下乡》)

1. 下列关于原文内容的理解和分析,不正确的一项是(　　)

   A. 在乡土社会里不用文字不是"愚"的表现,所以只教会乡下人识字并不能根治他们的"愚"。

   B. 文字下乡难,是因为乡土社会是面对面的社群,是熟人社会,长期的相处使他们不需要用文字来交流。

C. 费孝通认为,文字下乡要有效推行,必须考虑文字和语言的基础,否则也不能让乡下人"聪明"起来。

    D. 声音、表情、动作都是传情达意的象征体系,只是前者比较间接,后二者更直接。

2. 下列对原文论证的相关分析,不正确的一项是(　　　)

    A. 文章从文字的缺陷和乡土社会的特点两个方面,分析了乡土社会不采用文字的原因。

    B. 第③段中用教授们的孩子与乡下孩子在捉蚱蜢时的不同表现的事例,证明了"识字不识字并非愚不愚的标准"的观点。

    C. 文章阐述乡土社会对待语言的态度,进一步论证了乡土社会不用文字的现实合理性。

    D. 文章开头采用立论的方式,通过对比城里人和乡下人的种种表现,得出了乡下人"愚",不是指智力不及人,而是指知识不及人的结论。

3. 根据原文内容,下列说法不正确的一项是(　　　)

    A. 在利用文字进行写作时,不管怎样讲究文法,讲究艺术,我们也不可能完全地传情达意。

    B. 只要传真技术还无法让人超越时空利用表情辅助语言来传情达意,文字就还会被人们使用。

    C. 我们在现代社会里住久了,乡土社会里所养成的习惯还是会支配我们,例如会用声气辨人。

    D. 在熟人中我们的话少,是因为大家彼此熟悉了解,心有灵犀一点通,不需要借助语言表达。

4. 请概括材料一的论证思路。

5. 材料二使用了哪些论证方法?请列举两种简要分析。

（二）

　　乡土社会需要文字吗？费孝通先生认为不需要。在《文字下乡》《再论文字下乡》两章，他从乡土社会的特性出发，从空间和时间两个角度进行论证。从空间角度讲，人们天天见面，是"面对面的社群"，表情、动作、声音等沟通语言比文字传情达意更完全，因而乡土社会不需要文字；从时间角度讲，乡土社会是定型的社会，一个人从幼年到老年，生活方式不变，甚至历经几代，生活方式也不变，"个别的经验，就等于世代的经验"，个人没有"今昔之隔"，社会没有"世代之隔"，因而乡土社会也不需要文字来记载传递世代间的经验。因而得出这样的结论："我的回答是中国社会从基层上看去是乡土性，中国的文字并不是在基层上发生。……不论在空间还是时间的格局上，这种乡土社会，在面对面的亲密接触中，在同一生活定型中生活的人们，并不是愚到字都不认得，而是没有用字来帮助他们在社会中生活的需要。"

　　对于这个观点，陈心想提出反对意见。陈心想认为："他仅从熟悉社会只需要语言、不需要文字来解释为何乡土社会缺乏文字，不免过于片面简单了。"他认为，农村人是有识字的需求的，"首先，乡村里认字的人身份上就不一样，在大家眼里那是训字的，有学问的"；"其次，从实用的角度说，认识字了，说不定什么时候就派上了用场，可应不时之需，即使在乡土社会里也是这样"；"最后，如果认识了文字，也可以读些书，增加生活的趣味"。陈心想从一般人情常理，尤其是自己的生活体验出发分析，合乎情理。并且，他指出农民不识字另有原因："阻碍文字的下乡，关键在于两个方面。一方面是乡村穷，上学认字大概是比较奢侈的。……另一方面是缺乏教授文字的人才，即使有些人家经济上可以支付得起，也找不到老师。"郑也夫也反对费孝通的观点。他认为，费孝通理论的根据是20世纪30年代江苏吴江开弦弓村的那个小时空中文字与教育的衰微情况，而这个情况未必能反映中国历史大时空的特征。清代以前的中国传统社会中，私塾遍布城乡，费孝通赴英留学前写的《江村通讯之四：格格不入的学校教育制度》中，简略地说及开弦弓村的私塾时期。由此可见，费孝通是有意忽略农村曾经有一段时间读书繁盛的现实。这与费孝通的结论不符。郑也夫再进一步推论，费孝通有意忽略历史事实的根本原因是受其导师马林诺夫斯基的"功能"学派理论影响的结果。功能学派只关注文化的功能，漠视其产生的原因，其编狭恰恰造就了该理论的干净的逻辑性和超强的力度;也就是说,费孝通只片面地关注文字的功能,全然不看历史演化,不顾历史事实。

对于陈心想、郑也夫这样针锋相对的言论,我们该当如何辨析?简单地否定费孝通,还是忽视陈、郑的质疑,不可取,我们需要正视这样的质疑,通过考察这个论争,挖掘背后的价值。

陈心想和郑也夫的辩驳有其自洽性。三人结论之所以相异,与他们对讨论对象——农民的限定范围有异有关。费孝通讨论的传统中国社会乡土性的基层,是1947年以前的最底层的农民;陈心想生活在改革开放后的新中国,是发生变化后的中国社会基层,时代不同,对象当然也有差异;郑也夫所说的苏州私塾就读者,主要是乡村社会的士绅阶层、富裕阶层。陈心想、郑也夫没有在费孝通限制的讨论范围——没有发生变化的"中国社会的基层"——基础上批驳,是有破绽的。

还有一个小问题:乡土社会以农耕为主业的富裕阶层,算不算乡土社会基层?依据从事农耕、黏着土地的特点,应当算。而这一类家庭对读书也是很重视的。这在徐复观的回忆录里得到证明:"当时的风气,一个中人之家如有两个以上的儿子,总尽可能地让一个儿子读书。"这使我们认识到一点:费孝通的理论是理想型的,不能包容所有的社会现象。对此,费孝通有清醒的认识:"任何对于中国问题的讨论总难免流于空泛和偏执。空泛,因为中国具有这样长的历史和这样广的幅员,一切归纳出来的结论都有例外,都需要加以限度;偏执,因为当前的中国正在变迁的过程,部分的和片面的观察都不易得到应有的分寸。"这是我们透过这个论争获得的最大收获。

(改编自届伟忠《论有关〈乡土中国〉的三个论争》)

1. 下列对材料相关内容的理解和分析,不正确的一项是(　　)

    A. 费孝通认为乡土社会不需要文字,主要是因为传统的乡土社会是一个"面对面的社群",是一个定型的社会。

    B. 陈心想认为乡土社会需要文字,文字可以增强个体的身份认同,可以满足生活中的不时之需,增加生活趣味。

    C. 郑也夫认为费孝通受马林诺夫斯基"功能"学派理论的影响,片面关注文字的功能,而做出了不恰当的结论。

    D. 本文作者认为陈、郑与费所讨论的对象有异,二人的质疑并不足以推翻费孝通的观点,使论争本身失去价值。

2. 在《再论文字下乡》一章中，费孝通说："中国如果是乡土社会,怎么会有文字呢？我的回答是中国社会从基层上看去是乡土性,中国的文字并不是在基层上发生……"结合材料中作者提及徐复观回忆录的例子,下列说法不正确的一项是(　　)

　　A. 费孝通的理论是理想型,不能包容所有的社会现象。

　　B. 一切归纳出来的结论都有例外,都需要加以限度。

　　C. 读书为传统中国家庭必需,乡土社会基层也不例外。

　　D. 费孝通忽略了乡土社会的基层,应该包括富裕阶层。

3. 作者认为陈心想、郑也夫对费孝通的批驳是有破绽的,你觉得"破绽"在哪？请简要分析。

（三）

最重要的羊粪(节选)

李　娟

①　我们这里的人,形容一件事情处理起来难度大,总是说:"跟啃奶疙瘩一样!"奶疙瘩就是酸奶煮沸后沥制的奶酪,很硬。尤其是完全脱脂的陈年奶酪,硬得简直不近人情！任你牙口再好,也只能在上面留下几溜白牙印。吃这种硬奶酪,得先在火炉上烤软了,或在滚烫的奶茶里泡软了,才啃得动。加玛的一块奶疙瘩会啃三四道茶,从头一天泡到第二天,每道茶喝饱了就捞出奶疙瘩揣回口袋,到了下一道茶继续再泡。做这件事时,她不但有耐心,而且有乐趣。总之,奶疙瘩实在太难啃了。

②　其实我主要想说的是:清理羊圈的工作太难了,就跟啃奶疙瘩一样。

③　我们到了。冬牧场广阔而单调,黄沙漫漫,白雪斑驳。但我们生活的这一小块沙丘间的凹地却漆黑、深暗。这就是羊的功劳。羊在这个沙窝子里生活过许多个冬天,羊粪一年年堆积,粉化,把这块弹丸之地反复涂抹成了黑色。

④　尤其羊圈里更是堆积了又厚又结实的粪层。居麻说,这些粪层每个月都会增厚半尺,一个冬天得清理好几次呢。其中初冬刚到达时的第一次清理和离

开前的最后一次清理最为重要,劳动量也最大。第一次主要是为了挖出最底层的干粪层。最后一次是趁春日暖和,把最表面那层厚厚的软粪层铲起,砌在羊圈周围晾晒。这些粪块又黑又纯,一块块大小适中,是冬天里最好的燃料。

⑤ 最底层的粪层因靠近地表,沙土多,又硬又结实。加之又平摊着晾了一个夏天,撬起时跟预制板一样整齐。这些结实的粪板虽不能用做燃料,却是荒野里最重要的建筑材料。用这种粪板围筑起来的羊圈整齐又结实。否则的话,又能用什么来盖呢?野地空旷,一棵树也没有,一把泥土也没有,一块石头也没有,只有低矮脆弱的枯草稀稀拉拉地扎在松软的沙子地上。

⑥ 就连我们人的饮食起居之处——地窝子,也多亏了羊粪这个好东西。地窝子是大地上挖出的一个深两米左右的大坑,沙漠地带嘛,坑壁四周不垒上羊粪块的话,容易塌方。然后在这个羊粪坑上架几根椽木,铺上干草,压上羊粪渣,便成了"屋顶"。最后修一条倾斜的通道伸向这个封闭的洞穴。当然了,通道两壁还得砌上粪块挡一挡。连我们的睡榻也是用粪块砌起的,我们根本就生活在羊粪堆里嘛。

⑦ "生活在羊粪堆里"——听起来很难接受,事实上羊粪实在是个好东西。它不但是我们在沙漠中唯一的建筑材料,更是难以替代的建筑材料——在寒冷漫长的冬天里,再没有什么能像动物粪便那样,神奇地,源源不断地散发热量。——最深刻的体会是在那些赶羊入圈的夜里,北风呼啸,冻得眼睛都快睁不开了,脸像被揍过一拳似的疼。但一靠近羊圈厚厚的羊粪墙,寒意立刻止步,和平的暖意围裹上来。

⑧ 刚到这里的第一天,傍晚时分风雪交加,根本没工夫好好整理。很快夜深了,大家非常疲惫,于是和衣躺在几乎什么都没铺的粪堆上凑合着睡了一宿。大家的脑袋统统抵着粪墙,翻个身,羊粪渣子就簌簌掉得满脸满脖子。要是有咧着嘴睡觉的习惯就惨了!不过即使是闭着嘴睡觉,第二天,还是……

⑨ 好在经过休息,第二天大家都精神焕发,开始大力规整。垮塌的粪墙被重新砌起,裸露的粪墙上挂满了壁毯和绣毡(最麻烦的事是往这样的"墙"上敲钉子,哪能敲得紧呢……)。到了下午,地窝子终于焕然一新,体面极了!羊粪块们被挡得结结实实,统统退居到幕后。

⑩ 原先的羊圈只有居麻一家使用。现在与新什别克家合牧,陡然多了两百只羊,羊圈必须得扩张。居麻用十字镐把羊圈坚硬的粪地砸开,新什别克和

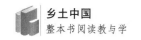

小伙子胡尔马西(新什别克的弟弟)用尖头锨用力撬起粪板,加玛用方头锨把碎粪渣抛到墙外,我和新什别克的老婆萨依娜则徒手抱起大块的粪层递给嫂子,嫂子砌新墙。墙砌好后,多余的粪块都得运出去,我们几个女人用塑料编织袋一袋一袋地往圈外扛。干了整整一天。那个累啊! 而且粪尘漫天,呛得满鼻子满嘴都是。大家不停咳嗽。脖子里也全是粪渣。这次清理,至少往下挖了一尺半深。

⑪ 虽然劳动辛苦,值得安慰的是,这两天的伙食开得特好! 每天都有肉吃!还有肉汤熬的麦子粥喝,而且麦子粥里还拌了酸奶糊……还有土豆白菜炖的风干肉,而且肉是用羊油煎的……还有一顿焖了肉块的抓饭。最重要的是,这几天的所有茶水里都煮了黑胡椒和丁香粒! 哎哟——香喷喷!

⑫ 羊粪地板是撬完了,接下来面临的问题却是羊的"褥子"太薄了,地气太寒,体弱的羊可能过不了冬。于是加玛、胡尔马西和我在接下来的两个晴朗有风的日子里干了整整两个下午,把沙窝地附近风化散碎的羊粪土收集了几十麻袋,拖进羊圈垫高了一些。这仍然不是最后。此后的每一天,当羊群出发后,留在家里的人,都得把羊圈里墙根背阴处潮湿的粪土层翻起、铲开,堆在阳光下晾晒,晚上再摊平。并且每过几天,就要拖几袋干粪土垫进羊圈。

(本文选自李娟的散文集《冬牧场》,2010 年冬天她跟随一家熟识的哈萨克牧民深入阿勒泰南部经历了三个月冬季放牧生活,李娟的《冬牧场》获得 2011 年度人民文学奖中的"非虚构作品奖"。)

1. 分析第①段以"啃奶疙瘩"起笔的作用。

2. 从语言运用角度赏析第⑨段的画线句。

3.《冬牧场》是李娟"非虚构写作"的代表作品之一,"非虚构"写作被称为小说、散文、戏剧之外的"第四类写作",其突出特点是故事真实。请结合选文内容加以分析。

4.《再论文字下乡》一章中有这么一段话:"人靠了他的想象力和象征体系,不但累积了自己的经验,而且可以累积别人的经验……社会共同的经验的累积,也就是我们常说的文化。"请结合这一观点,评析本文的思想意义。

一、基础篇

1. (1) × (2) × (3) √ (4) × (5) √ (6) √ (7) √ (8) × (9) × (10) √

2. 人通过记忆,把过去积累的生活的办法(经验)传承下去,在个人的今昔、社会的世代之间架通桥梁。文化是依赖象征体系和个人的记忆而维护着的社会共同经验。文化得靠记忆传承。

3. 乡土社会的特点:安定,定居一地,不移动(流动),人与土地的世代黏着,熟人社会。因为传统社会生活定型,缺少变化,个人的经验就等于世代的经验,以同一方式反复上演,所以连记忆都是多余的,更不需要文字来记录,所以乡土社会里语言就够用,无需文字。

4. (1)选文将人与小白鼠对比,写出人和动物的区别:人采用象征体系的符号"词",通过记忆能力实现学习过程,动物则采用本能的生理反应来应对。

(2)选文将熟人的定型社会与陌生的经常变动的环境对比:前者因为经验是统一方式的反复重演,所以不需要文字;后者因为多变,陌生才需要外在象征的"语言文字"。

5. 第一章是第二、三两章的基石,第一章讨论了乡土社会的性质特点,是第二、三两章的理论基础;二、三两章之间的关系是并列关系,分别从空间角度和时间角度论证了"没有用字来帮助他们在社会生活的需要"的结论;三章内容整体构成总分关系。

二、进阶篇

1. 摘录:象征体系中最重要的是"词"。我们不断的在学习时说着话,把具体的情境抽象成一套能普遍应用的概念,概念必然是用词来表现的,于是我们靠着词,使我们从特殊走上普遍,在个别情境中搭下了桥梁;又使我们从当前走到今后,在片刻情境中搭下了桥梁。

分析:人总是生活在具体的情境中,有具体的所指之物,我们将其抽象成一套能普遍应用的概念,再用一套象征体系中的符号——"词"来代表其含义。情境(客观事物)——概念(意义)——词(符号),就构成了"语义三角"。

2. "学"是指在出生之后,以人的行为方式做模板,把人本能的那一套方式进行后天的加工和改造的过程,这种类似于现代工厂的运行方式称之为"学"。而"习"则是"学"的方法,是指反复地做这一行为,然后加以时间的锤炼,使一个人习惯于一种崭新的做法。孔子的"学而时习之,不亦说乎"与其有异曲同工之妙。二者都强调"习"要反复地做,而"学"则是学习一种行为方式。"学而时习之"指学到为人处世的道理并适时实

践练习,"习"是"学"的方法,要求我们在日常学习当中不仅要勤奋地学习知识,还要做到温习和实践。

3. ①空间:熟人社会(面对面的社群)中,直接接触比文字更能传情达意。②时间:乡土社会中人的生活是定型的,语言足够传递世代经验,根本用不着文字帮助记忆。

4. (1) 从"现在的长毛""辫子?这倒是要紧的事"等语句,以及七斤辫子被剪、赵七爷骨子里深刻的封建意识可以看出,这是在辛亥革命时期。

(2) 七斤撑船进城,被革命党剪掉了辫子,很快有传言说"皇帝已经坐了龙庭",没有辫子的人罪责深重,还会连累家人。七斤和七斤嫂十分恐慌,深感绝望,惶惶不可终日。

(3) ① 乡土社会生活安定,以土地为生的人们往往历世不移,每代人的生活环境基本相同;生活环境相同决定了世代经验少有变化,无需累积;生活经验口口相传即可,无需文字。

② 费孝通先生认为"乡下人没有文字的需要",然而《风波》中描绘的乡土社会与费孝通笔下的并不相同,因此二者对文字的需求也不尽相同。a. 在相对稳定的乡土社会,世代经验少有变化,无需累积,故不需要文字。选文中革命党造反推翻帝制,七斤上城被抓,被剪了辫子,转眼间皇帝又复辟坐上了龙庭,没有辫子的七斤惴惴不安。七斤一家面临剧烈的社会动荡,原有的生活被打破,依靠其所拥有的乡土生活经验无力应对如此复杂的局势。b. 稳定的乡土社会中,人必然可从比他年长的人那里获得较为有效的解决问题的办法。文中九斤老太尽管已七十九岁高龄,而其拥有的关于"长毛"的经验却与现下形势完全无关,无法为七斤提供有效的应对措施。既无经验可传递,自然也不存在借助语言的必要性。c. 当乡土社会处于从定型向不定型转化的过程中时,文字就有其存在的必要了。赵七爷的说法源于书本,文字意味着权威,七斤夫妇必然存在向有学问、有经验的赵七爷求助的需要。然而深究赵七爷所引用的书本内容,其实也不能为七斤摆脱困境提供有效指导,原因还是在于这些知识已与时代脱节。因此,随着时代、社会的发展,乡土社会中传统的经验传递方式必将发生变化,文字必将成为社会生活中的重要工具。

三、提升篇

(一) 1. D(由材料一第6段"语言只能在一个社群所有相同经验的一层上发生。……我们'眉目传情',我们'指石相证',我们抛开了比较间接的象征原料,而求更直接的会意。所以在乡土社会中,不但文字是多余的,连语言都并不是传达情意的惟一象征体系"可知,表情、动作、声音等都是比较直接的象征原料,而文字才属于比较间接的象征原料。故选 D。)

2. D(文章开头先树立"乡下人在城里人眼睛里是'愚'的"这一观点,再分析对比城里人和乡下人的种种表现,得出了乡下人"愚",不是指智力不及人,而是指知识不及人的结论,反驳之前的观点,属于驳论的方式。故选 D。)

3. D(由材料一第6段"群体愈大,发生语言的一层共同基础也必然愈有限。于是在熟人中,我们话也少了,我们'眉目传情',我们'指石相证'"可知,熟人之间话少是因为"群体愈大,发生语言的一层共同基础也必然愈有限",选项 D 逻辑关系错误。)

4. ①材料一首先采取驳论的方式,先树立靶子"乡下人在城里人眼睛里是'愚'的",分析对比城里人和乡下人的种种表现,得出识不识字并非愚不愚的标准。②其次通过论证"文字所能传的情、达的意是不完全的",说明文字的用处是有限的,进一步说明在乡土社会里不用文字不能说是"愚"的表现。③再次分析乡土生活中沟通的特点,即在面对面社群里、乡土社会中,不但文字是多余的,语言本身都是不得已而采取的工具,而非传达情意的惟一象征体系。④最后,通过分析乡土社会不需要文字的原因而得出"所以在提倡文字下乡的人,必须先考虑到文字和语言的基础"。

5. ①引用论证。引用"鸡犬相闻,老死不相往来"来论证"极端的乡土社会是老子所理想的社会"的观点。②类比论证。用"同一戏台上演着同一的戏的演员记得的只有一套戏文"类比乡土社会"个别的经验等于世代的经验"。③对比论证。将乡土社会和都市社会进行对比,突出乡土社会的特点。

（二）1. D（"二人的质疑并不足以推翻费孝通的观点,使论争本身失去价值"错误。原文最后一段提到对于二人的质疑,"费孝通有清醒的认识:'任何对于中国问题的讨论总难免流于空泛和偏执。空泛,因为中国具有这样长的历史和这样广的幅员,一切归纳出来的结论都有例外,都需要加以限度;偏执,因为当前的中国正在变迁的过程,部分的和片面的观察都不易得到应有的分寸。'这是我们透过这个论争获得的最大收获",据此可以看出,由于中国的历史和地域,归纳的结论是有例外的,因此论争有结论,有收获,也是有有价值的。故选 D。）

2. C（原文提到"乡土社会以农耕为主业的富裕阶层……这一类家庭对读书也是很重视的""这在徐复观的回忆录里得到证明:'当时的风气,一个中人之家如有两个以上的儿子,总尽可能地让一个儿子读书。'"据此可看出乡土社会基层中的富裕阶层重视读书,但理解为"家庭必需"就与文意不符。故选 C。）

3. 对象不同:费孝通讨论的是 1947 年以前中国社会基层最底层的农民,而陈心想探讨的是改革开放后中国的社会基层,郑也夫研究的主要是乡村社会的士绅阶层、富裕阶层。

（三）1. 以啃奶疙瘩的难来体现生活的艰苦以及乐趣。与清理羊圈形成类比,引出下文对清理羊圈的叙述,语言诙谐幽默,为全文奠定苦中作乐的精神基调。

2. "终于焕然一新,体面极了",用拟人的手法写垮塌裸露的粪墙挂满壁毯和绣毡后给人的美好感觉;"统统退居到幕后",用拟人的手法写羊粪块被遮住后作者内心的满足感。语言幽默诙谐,写出了生活条件的艰难和居处修整一新后心情的快乐。

3. 故事真实:①取材于作者的亲身经历;②真实地再现了哈萨克牧民的游牧生活。

4. 作者跟随一家熟识的哈萨克牧民深入阿勒泰南部经历了三个月冬季放牧生活,跟随着这些牧民一起在冬季清理羊圈,学着充分利用羊粪劳作,亲身体会了草原牧民原始、艰苦的劳作生活,为自己积累了大量的生活经验。作者赞美这融于自然的生活方式,将这样积累而来的难得社会经验用文字的形式书写下来,就随之形成了草原文化,透露出牧民们天真、隐忍、乐观、生动、恬静的精神世界。作品提示我们写作应从真实的、有深厚体验的生活出发,提醒我们世界是丰富的,除了浮躁喧嚣的现代文明外,还有另一种源于心灵的寂静之声。

5 《差序格局》

章 节 解 读

 **段落大意**

第 1 段 中国社会无论乡下还是城市,都普遍存在因私害公的现象。

第 2 段 因私害公导致公德心被自私心驱走的后果。

第 3 段 讨论"私"的问题须从社会结构格局(群己、人我关系)切入考虑。

第 4 段 以捆柴为喻,阐释西方社会团体格局的特征。

第 5 段 以家庭为例,通过对比西方社会与中国社会,解说团体界限的不同。

第 6 段 在中国,"家"的范围可因时因地伸缩。

第 7 段 以同心圆水波纹为喻,解说中国乡土社会的结构特征。

第 8 段 乡土社会中亲属关系是"同心圆波纹"性质,体系相同,但各圆以"己"为中心相交而成的网不同。

第 9 段 乡土社会中地缘关系也是"同心圆波纹"性质,每一家以自己的地位为中心,范围大小依照势力厚薄而定。

第 10 段 西方社会中团体界限分明,争的是权利;乡土社会中团体界限模糊,攀关系、讲交情。

第 11 段 中国社会结构的基本特性是讲究人伦,"伦"是从自己推出去的、在与自己发生关系的人里形成的差序。

第 12 段 "伦"重在分别,是有差等的次序,作为中国传统社会结构中最基本的概念,是人际往来构成网络中的纲纪。

第 13 段 孔子最注重的是克己修身后的外"推"。

第 14 段 与西方的个人主义不同,中国传统社会中的人际关系富于伸缩性的原因在于以"己"为中心的自我主义。

第 15 段 孔子的自我主义与杨朱的自我主义不同,杨朱忽略了自我主义的相对性和伸缩性,孔子则会推己及人。

第 16 段 孔子的道德系统绝不离开差序格局的中心——"己"。与耶稣、墨子的一放不可收不同,孔子的自我主义绝不放松差序层次。

第 17 段 收放、伸缩自如的社会范围决定了中国社会中群己界限的相对性。

第 18 段 差序格局中公和私是相对的。

第 19 段 中国传统社会里群的极限是模糊不清的"天下",差序格局使"克己"成为社会生活最重要的德性,不会"克群"。

第 20 段 差序格局中私人联系的增加形成社会关系,故传统社会所有的道德只在私人联系中发生意义。

 思维导图

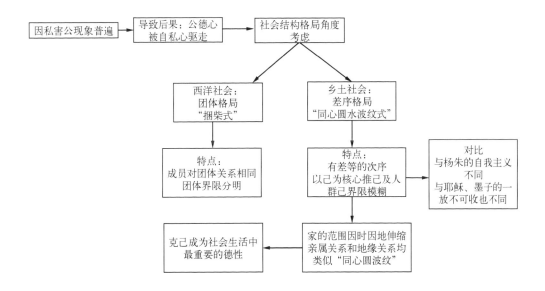

概念解释

团体格局:团体界限明确,团体内人人地位相等,团体成员与团体的关系相同,团体也不能抹杀个人的现代社会格局。

差序格局：发生在亲属关系、地缘关系中的，以自己为中心逐渐推及开，能伸能缩具有弹性的乡土社会格局。

人伦：从自己推出去的和自己发生社会关系的那一群人里所发生的那一轮轮波纹的差序。人伦重在分别，是有差等的次序。

个人主义：具有平等观念，在同一团体中各分子的地位相等，个人不能侵犯大家的权利；具有宪法观念，团体不能抹杀个人，只能在个人所愿意交出的权利上控制个人的思维方式。

自我主义：一切价值是以"己"作为中心，主要依据远近亲疏的原则处理自我与他人之间的关系的思维方式。

内容导读

费孝通先生经历了晚清、民国和新中国三个历史时期，在中西方文明之间不断求学游走。这种视野赋予了他世界性学者的眼光，他一生致力于探寻适合中国文化与社会传统的现代化之路。基于前文分别从空间阻隔角度和时间阻隔角度探讨完乡下人是否"愚"的问题之后，他将关注点转移到中国社会中无论城乡都普遍存在的"私"的现象上，结合我国乡土社会的特性，在与西方社会结构的对照中，运用"捆柴""水波纹"等生活中经常看到的事物打比方，引用《礼记》《论语》《大学》《中庸》等儒家经典中的相关事例，创造性提出了"差序格局"这一核心概念，从社会结构的角度逐层深入剖析导致乡土社会群己关系界限模糊的根本原因，同时唤起我们对西方文化的思索。

读者在阅读本章的过程中会时常有豁然开朗之感，那些耳熟能详的成语、俗语，司空见惯的社会现象都得到了理论支撑。正因国人普遍有"私"的毛病，才会有"一个中国人是龙，一群中国人是虫"的说法；富有伸缩的社会圈子会因中心势力的变化而忽大忽小，才会有"穷在闹市无人问，富在深山有远亲""得意时门庭若市，失意时门可罗雀"的流传。从仅仅"知其然"上升到"知其所以然"，运用学术理论解决实际生活中的问题，极大程度提升了阅读的趣味性。

就学术类著作阅读方法而言，《普通高中教科书语文必修上册》第五单元"整本书阅读"单元导读中明确提出"阅读《乡土中国》，要注意理解书中的关键概念"的要求，可以视作读懂学术类著作的一把关键钥匙。除了差序格局外，本章学术概念繁多，往往成组对举出现，比如与差序格局对应，用来形容西洋社会结构的团体格局,血亲和姻亲,个人主义和自我主义等,需要在阅读过程中对这些概念之间的异同加以梳理比较,帮助我们更好把握著作的整体逻辑和观点。对有些专业术语则需要查阅资料,弄懂意思,方能更好地理解文本。比如"格兰亨姆公律",意为生活中很多人总是习惯把新的钱币留起来,先花破旧的钱币。久而久之导致新币的流通不如旧币频繁,好像新币被旧币驱赶出了流通市场,即我们常说的劣币驱除良币。在文中"公德心"为新币,"自私心"为旧币,人们面对与"公"沾边的事物时,往往乐得占便宜而不愿意多管闲事,从而导致公德心被自私心驱走的后果。"保甲制度"则指开始于我国宋朝,以"户"(家庭)为社会组织基本单位的封建王朝统治手段,范围相对固定,与中国传统社会差序格局范围依照中心势力厚薄弹性伸缩格格不入。

除了厘清相关核心概念的内涵,阅读中还应关注作者通过何种方式对这些概念加以阐释,即关注论证方法及其作用,特别是比喻论证的使用。为了使抽象的社会学概念相对生动便于学生接受,费孝通先生在具体解释时多处运用比喻论证,西方国度路途遥远,如他一般具有西方亲身生活经历的人凤毛麟角,所以他选择以乡土田间生活中常见的捆柴为喻,柴捆分扎清楚归属明晰,自然对应西方社会"团体格局"中成员平等、界限分明的特点,极大程度降低了理解难度。即便是同一个比喻论证,在文章不同位置出现时对应的论述侧重点也不一样。第一次用同心圆水波纹为喻,"好像把一块石头丢在水面上所发生的一圈圈推出去的波纹"和"一捆一捆扎清楚的柴"对举,目的是深入浅出地阐明中西方社会结构的区别。而第二次出现同心圆水波纹,则特别强调"像水的波纹一般,一圈圈推出去,愈退愈远,也愈推愈薄",侧重表明中国社会人伦重在分别,是以己为核心的有差等的次序,自然引出下文对"水纹波浪向外扩张的推字"的重点论述。

得益于对中国文化了熟于心,费孝通先生在行文过程中引用了大量中国传统典籍内容来佐证观点,概括了漫长历史中延续、积淀而成的乡土社会特征。如引用《释名》中对"伦"字的定义,佐证自己"'伦'就是从自己推出去的和自己发生社会关系的那一群人里所发生的一轮轮波纹的差序"的解释;引用《礼记》论证我们传统的社会结构里最基本的纲纪就是有差序的"伦";引用《论语》作为阐述儒家推己及人理念的伦常依据;等等。经典著述的旁征博引自然对读者的文言水平提出较高要求,读者在疏通文意的过程中也自然完成了对传统文化来历、形成过程、所具特色的深刻思考。同时要求我们保持批判性思维,对学术性著作中的观点和论证有着

自己独立的思考和判断。比如差序格局首先被应用于血缘群体的社会关系,最终演变成一种观念文化,广泛存在于中国的社会结构之中。它强化了家族观念,重视亲疏关系,使得人们按照一定的等级和秩序组织起来,遵从不同等级之间存在着明确的权利和义务关系来行事,有助于形成稳定和谐的人际关系,但也会导致人们在社会活动中讲关系、攀交情,利用自己的关系网络谋取私利,妨碍现代社会人际信任的构建,破坏社会的公平和正义。费孝通先生在本章末尾补充了现代国家观念中"差序格局"的特点,需要我们在阅读过程中用发展的眼光辩证看待。

本章通过中西方文化的对比,深入刻画了中国农村社会的特点,更加明确了传统乡土文化的特质。写当时的中国,却对当下的中国社会现象仍旧保持着强大的解释力;写传统文化,却对现代文化建设有着不容忽视的影响力。

专 项 训 练

一、基础篇

1. 阅读《差序格局》,根据原文内容填空。

在差序格局中,_____是逐渐从一个一个人推出去的,是私人联系的增加,_____是一根根私人联系所构成的网络,因之,我们传统社会里所有的_____也只在私人联系中发生意义。

2. 请根据本章内容,判断正误。

(1) 在差序格局中,社会关系是逐渐从一个一个人推出去的,是私人联系的增加,社会范围是一根根私人联系所构成的网络。   (   )

(2) 费孝通将中国农村基层社会的特点定义为乡土性。差序格局、礼俗社会之根源,都在于此"乡土性"。   (   )

(3) 差序格局具有伸缩能力,因此中国人特别对世态炎凉有感触。   (   )

(4) 在以自己作中心的社会关系网络中,差序格局的道德体系出发点是力求做到"克己复礼","壹是皆以修身为本"。   (   )

(5) 团体格局中所形成的社群和差序格局中所形成的社群相区别;后者可称作"社会圈子"。乡土社会中的基本社群,被称为"大家庭"("小家族")。差别是在大小上,而不是在结构上。   (   )

（6）差序格局存在于长幼之间,而在长幼之序不起决定作用的官场秩序中,差序格局就没有存在的价值。   （　　）

3. 根据《乡土中国》前4章内容,在横线上填入对应概念的序号。

（1）书中有一段精彩的比喻:"就像一块石头丢在水面上所发生的一圈圈推出去的波纹,每个人都是他社会影响所推出去的圈子的中心。"这是对乡土社会_____的描述。

（2）在乡土社会,人们是在熟人里长大,生活上互相合作的人能天天见面,能以声气辨人,甚至能凭脚步声辨人,社会学上称这种环境为_____。

（3）西洋的社会有些像我们在田里捆柴,每一根柴在整个挑里都属于一定的捆、扎、把,每一根柴也可以找到同把、同扎、同捆的柴,分扎得清楚不会乱的。这句话描述的是_____。

（4）"没有具体目的,因为在一起生长而生发,无从选择,先我而在的环境",这种"有机的团结",是对_____的定义。

①　团体格局　　②　差序格局　　③　礼俗社会　　④　面对面的社群

4. 将下列编号的语句依次填入语段空白处,语意连贯的一项是(　　)

乡土社会之所以形成差序格局,原因之一是_____,_____,_____,_____,这就形成了一种按亲疏关系来决定权利义务分配的有差等的顺序。

①　乡土家族具有伸缩性

②　长辈在分配利益时会优先考虑亲生晚辈并适时兼顾旁系晚辈

③　亲生晚辈和旁系晚辈都有可能成为养老送终候选人

④　乡土社会的养老送终义务在家族内部进行分配

A. ①②④③　　B. ④①③②　　C. ②①④③　　D. ①④②③

5. 请在下列社会现象或文学作品的内容中,选出最能够体现"差序格局"基本特点的一项(　　)

A.《祝福》中祥林嫂的丈夫去世之后,婆婆强迫祥林嫂嫁给住在山里的贺老六。

B.《大堰河——我的保姆》中"我"要上学时被亲生父母从大堰河家带回了自己家。

C. 费孝通10岁就离开了家乡吴江。他的儿子出生在云南,但是籍贯仍然是吴江。

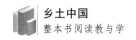

D.《红楼梦》中贾宝玉认为论亲戚,他和林黛玉的关系比和薛宝钗的关系更近。

6. 下列选项与例句所使用的论证方法相同的一项是(　　　)

例句:西洋的社会有些像我们在田里捆柴,几根稻草束成一把,几把束成一扎,几扎束成一捆,几捆束成一挑。

　　A. 子曰:"为政以德,譬如北辰,居其所而众星共之。"这是一个很好的差序格局的譬喻,清晰地说明了这个社会格局的"差"和"序"。

　　B. 礼治秩序的性质,在这里我可以另打一个譬喻来说明:在我们比赛足球时,裁判官吹了哨子,说哪个人犯规,哪个人就得受罚,用不到由双方停了球辩论。

　　C. 依我所知道的村子里开店面的,除了穷苦的老年人摆个摊子,等于是乞丐性质外,大多是外边来的"新客"。商业是在血缘之外发展的。

　　D. 论权力的人多少可以分成两派:一派是偏重在社会冲突的一方面,另一派是偏重在社会合作的一方面。两者各有侧重,所看到的不免也各有不同的地方。

二、进阶篇

1. 请判断下列两幅图所代表的社会类型,并将摘录出的语句归类。(只写序号)

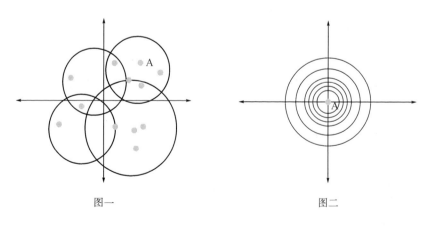

图一　　　　　　　　　　图二

社会类型:＿＿＿＿＿＿＿　　社会类型:＿＿＿＿＿＿＿

语句归类:＿＿＿＿＿＿＿　　语句归类:＿＿＿＿＿＿＿

A. 每一根柴在整个挑里都属于一定的捆、扎、把。每一根柴也可以找到同把、同扎、同捆的柴,分扎得清楚不会乱的。

B. 把一块石头丢在水面上所发生的一圈圈推出去的波纹。每个人都是他社会影响所推出去的圈子的中心。

C. 团体中的分子一般大家立在一个平面上的,一个人可以参加好几个团体。

D. 在象征着团体的神的观念下,有两个重要的派生观念:每个人在神前的平等;神对每个个人的公道。

E. 从己向外推以构成的社会范围是一根根私人联系,每根绳子被一种道德要素维持着。

F. 传统道德系统中没有不分差序的兼爱,也很不容易找到个人对于团体的道德要素。

2. 阅读材料,完成题目。

材料一

文章不能直写,背后都有东西的,直接写出来就不好看了,好就好在隐喻上边。不直接说出来,懂得的人就懂了。不懂的人说这个那个,不用去管他了。

（节选自《费孝通传》）

材料二

在文章当中,没有对于概念的明确定义,有的是一种极为形象但又很难用准确的术语进行描述的比喻。对于"差序格局"这样的一个重要的概念,基本上没有理论的概括和说明;对其进行的分析,基本是融化在一种叙事式的描述之中。从某种意义上来说,人们在这种分析中所见到的是一种极有洞见和启发的思想,而不是一种严格的学术结论。

（改编自《"关系"、社会关系与社会结构》）

材料三

在几乎所有使用差序格局概念的学术文章中,水波纹的比喻都被看作关于这一概念的精确定义。但是,所有的比喻都有夸张或形象化的特点,也因此无法精确界定任何概念或事物。将费的比喻当成定义是产生误解的第一层原因。

由于将比喻当成定义,绝大多数学者在讨论差序格局时都强调远近亲疏和以己为中心划圈子这两个特点。二者又恰恰是关系网的特点。于是,差序格局

等于关系网的公式得以成立。这是第二层误解。

水波纹自然是在水面上一圈一圈地平行地推出的。如果停留在这个比喻所造成的意象上,所谓远近亲疏和自我中心就成了平面的,没有纵深感的蜘蛛网似的状态。推而论之,处于网内的人亦是相互平等的,唯一的差别是与处于中心的"己"或"自我"在远近亲疏、感情厚薄、利益多寡之间的差别。这显然是指我们当代生活中的人际关系网,而不是社会结构! 这是第三层误解。

(改编自《差序格局与中国文化的等级观》)

(1)《差序格局》中界定核心概念的方式与其他章节有何不同? 这种方式有何利与弊? 请结合材料,加以分析。

(2)费孝通先生采取了哪些措施避免读者对概念产生误解?

3.《差序格局》开篇便点明"中国乡下佬最大的毛病是'私'",很容易缺乏公德心,导致因私害公。结合下面材料,思考在当下社会涉及公共事务时,这一观点是否依旧适用? 请谈谈你做出判断的理由。

王盘庄要填低洼路,庄负责人家里恰有数十方砖渣,可以填补村组旁的某一路段,且完全可由其个人把整个事情办成,无须请人帮忙;但村负责人并未这样做,而是在庄里招呼了四五个不同姓氏的男子一起作业。当被问及为什么要多此一举时,该负责人的答复是,填补路面是全庄的事情,是公家的事,如果由他私人去干,其他家族会有看法;如果招呼的这四五个人全部来自同一个家族,其他家族也会有意见。

(改编自杨华《陌生的熟人》)

4. 阅读材料,完成题目。

日常宴饮无论是座次关系还是宴饮场所的空间布局,都是特定社会文化背景下家庭关系和社会礼仪关系的缩影。

A. 迎客宴:按礼俗,规模较大的宴会要按辈分、等级来分餐,君臣关系重于主客关系。非大型正宴可采用围桌团坐形式。如果家有数代夫妻,遇到重要节庆,或有内宾,下代正妻则要象征性的在旁侍奉,甚至无权入席。

B. 游乐宴:以酒令官为中心环绕排列,以方便游戏的进行。除了主客座次有别外,众姐妹座次也按本家与外姓分开入座,而非视为一体随意混坐。媳妇辈并无座位,需随时待命并管着众丫鬟。若参与人数众多,会采取分桌形式。丫环也可打破俗礼入座,可见游乐宴本身的随性。

C. 节庆宴:座次会根据长辈或是位重者的喜好发生调整。受长辈宠爱的小辈往往受邀陪长辈坐主桌,以示孝道。

D. 庆生宴:以寿星为主的,若皆是平辈,座次较为随意。感情亲近的丫鬟也可不分主仆,皆得上席入座。若有长辈在场,则长辈与寿星同坐主座。

(改编自《宴饮礼仪文化的空间映照——以〈红楼梦〉为例》)

(1)根据材料相关内容,判断下列图示《红楼梦》宴会所属类型。

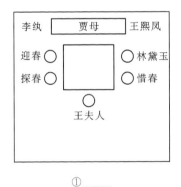

①_____

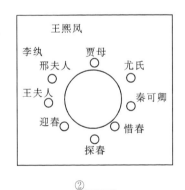

②_____

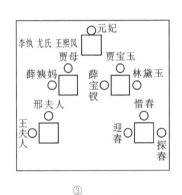

③_____

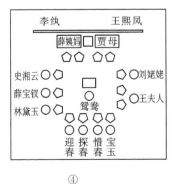

④_____

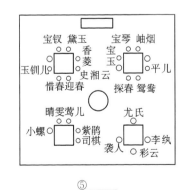

⑤_____

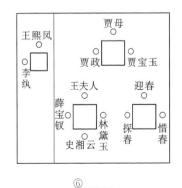

⑥_____

（2）《红楼梦》中刘姥姥见凤姐、李纨在陪贾母和众姐妹戏耍之后才对桌吃饭，因而感叹："我只爱你们家这行事。怪道：'礼出大家'。"请从图①、图④、图⑥中任选一个，结合"差序格局"特点，分析座位安排是如何体现"礼出大家"的。

5. 阅读《红楼梦》节选文段，回答问题

材料一

方才所说这小小之家，姓王，乃本地人氏，祖上曾作过小小的一个京官，昔年曾与凤姐之祖、王夫人之父认识。因贪王家的势利，便连了宗，认作侄儿。那时只有王夫人之大兄、凤姐之父与王夫人随在京中的，知有此一门连宗之族，余者皆不识认。

……刘姥姥道："我到替你们想出一个机会来。当日你们原是和金陵王家连过宗的。二十年前，他们看承你们还好。如今自然是你们不肯去亲近他，故疏远起来，想当初我和女儿还去过一遭。他家的二小姐着实响快，会待人，到不拿大。如今现是荣国府贾二老爷的夫人。听得说，如今上了年纪，越发怜贫恤老，最爱斋僧敬道、舍米舍钱的。如今王府虽升了边任，只怕这二姑太太还认得咱们。你何不去走动走动，或者他念旧，有些好处，也未可知。只要他发一点好心，拔一根寒毛比咱们的腰还粗呢！"

……凤姐看见，笑而不睬，只命平儿把昨儿那包银子拿来，再拿一吊钱来，都送到刘姥姥的跟前。凤姐乃道："这是二十两银子，暂且给这孩子做件冬衣，若不拿着，就真是怪我了。这串钱，雇车坐罢。改日无事，只管来逛逛，方是亲戚们的意思。天也晚了，也不虚留你们了，到家里该问好的，问个好儿罢。"一面说，一面就站了起来。

（取材于《红楼梦》第六回 贾宝玉初试云雨情 刘姥姥一进荣国府）

材料二

忽见上回来打抽丰的那刘姥姥和板儿又来了，坐在那边屋里，还有张材家的、周瑞家的陪着；又有两三个丫头在地下倒口袋里的枣子、倭瓜并些野菜……刘姥姥因上次来过，知道平儿的身分，忙跳下地来问"姑娘好"，又说："家里都问好。早要来请姑奶奶的安，看姑娘来的，因为庄家忙，好容易今年多打了两石粮食，瓜果菜蔬也丰盛。这是头一起摘下来的，并没敢卖呢，留的尖儿，孝敬姑奶奶、姑娘们尝尝。姑娘们天天山珍海味的也吃腻了；这个吃个野意儿，也算是我们的穷心。"平儿忙道："多谢费心！"又让坐。

……（刘姥姥）说着又往窗外看天气，说道："天好早晚了，我们也去罢，别出不去城，才是饥荒呢！"周瑞家的……一径去了，半日方来，笑道："可是你老的福来了，竟投了这两个人的缘了。二奶奶在老太太的跟前呢。我原是悄悄的告诉二奶奶：'刘姥姥要家去呢，怕晚了赶不出城去。'二奶奶说：'大远的，难为他扛了那些沉东西来，晚了就住一夜明儿再去。'这可不是投上二奶奶的缘了？这也罢了，偏生老太太又听见了，问刘姥姥是谁。二奶奶便回明白了。老太太说：'我正想个积古的老人家说话儿，请了来我见一见。'这可不是想不到天上缘分了？"

（取材于《红楼梦》第三十九回　村姥姥是信口开合　情哥哥偏寻根究底）

材料三

有个婆子进来回说："后门上的人说，那个刘姥姥又来了。"王夫人道："咱们家遭着这样事，那有工夫接待人。不拘怎么回了他去罢。"平儿道："太太该叫他进来，他是姐儿的干妈，也得告诉告诉他。"……（平儿）便一五一十的告诉了。把个刘姥姥也唬怔了。等了半天，忽然笑道："你这样一个伶俐姑娘，没听见过'鼓儿词'么，这上头的方法多着呢。这有什么难的！"平儿赶忙问道："姥姥，你有什么法儿？快说罢。"刘姥姥道："这有什么难的呢，一个人也不叫他们知道，扔崩一走就完了事了。"平儿道："这可是混说了。我们这样人家的人，走到那里去？"刘姥姥道："只怕你们不走，你们要走，就到我屯里去。我就把姑娘藏起来，即刻叫我女婿弄了人，叫姑娘亲笔写个字儿，赶到姑老爷那里，少不得他就来了。可不好么？"……（平儿）急忙进去，将刘姥姥的话，避了旁人告诉了……平儿便将巧姐装做青儿模样，急急的去了。

（取材于《红楼梦》第一百十九回　中乡魁宝玉却尘缘　沐皇恩贾家延世泽）

（1）根据选文填写表格。

人物	事件	原因	表现	结果
刘姥姥	一进贾府	(1) ＿＿＿＿＿	忐忑不安，不知能否如愿	(2) ＿＿＿＿＿
	二进贾府	(3) ＿＿＿＿＿	/	留宿贾府，游赏大观园
	三进贾府	得知贾府出事，前来探望	(4) ＿＿＿＿＿	当机立断，携带巧姐出逃

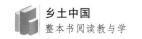

（2）一介贫苦村妇刘姥姥是如何与簪缨大族贾家攀上关系的？请结合《差序格局》第5至第7自然段及三段选文分析。

三、提升篇

阅读下面的文字，完成下列各题。

（一）

材料一

① 对于中国古典价值观念的理解，受制于多重阐释原则的影响。除了因阐释方法的差异而产生的不同认知外，更为突出的是现实需求等诸方面因素的影响。比如，在1840年之后遭受西方军事和经济双重冲击的社会环境下，中国的先进知识分子对于儒家在传统中国社会中所发挥的作用及其在未来中国发展中所能产生的影响的认知产生了重大分歧。除了我们所习见的认为儒家思想阻碍了中国的现代化进程这一说法，国人对传统儒家在"公"与"私"问题上的理解也出现了巨大的冲突。

② 相较于墨家、道家等思想流派，儒家的价值在近代中国受到的争议最大，墨家和道家经常被视为是符合现代中国社会需要的"进步"因素。因多重视野而导致的阐释策略的冲突，在评断儒家价值的过程中表现得最为明显。在21世纪的多元现代性背景下，"公""私"对立的问题再度成为学术界关注的议题，不过更多的目光聚焦于作为"公""私"问题的源发点"仁爱"之上。一般而言，对于仁爱的范围的确立与对"公""私"问题的认识关系密切。

③ 人们在追问，儒家的仁爱究竟是一种局限于血缘亲情内部的爱，还是可以突破血缘限度扩充至天地万物的普遍之爱？对于这一问题，否认儒家价值的人会倾向于认为儒家只关注血亲之爱，缺乏公共维度，难以成为现代价值的基础。与此同时，那些强调儒家人伦的学者，会十分重视差序格局对于儒家秩序的重要性，认为"人伦秩序"对儒家来说是决定性的，缺乏人伦维度的儒家已经失去了儒家的根本价值支撑，并据此认为，儒家并不是抽象地肯定"公共性"，而是强

调"家"作为儒家社会秩序的基础地位。另有一些学者则认为,重视家庭伦理及人伦的意义,固然是儒家思想的重要倾向,但在儒学发展史上,仁爱并没有被局限于"家"的范围,人类要把仁心从血缘之爱推广到所有的群体。仁爱并不能简单固化于血缘之爱,其最高境界应该是爱所有人。

④ 确切地说,对于儒家之爱的不同认识由来已久。早期的儒家和墨家的争论就集中于"仁爱"与"兼爱"的异同,儒家内部的不同派别之间也一直存在着基于血缘的爱和"泛爱众"之间的争论。这样的争论甚至会上升到对传统经典学派属性的怀疑。比如,围绕《礼记·礼运》中的"不独亲其亲"的"天下为公"观念是否掺杂着墨家与道家观念的猜疑自宋代延续至今,甚至有许多人认为,"不独亲其亲"的境界有违儒家的纲常伦理,是墨家的价值观。

⑤ 作为一种秩序理论,儒家思想必然要涉及超越"家"的更大范围的事务。因此,就会根据其内在需要发展出"公正"和"普惠"的理念。在《尚书·洪范》中有这样的提法:"无偏无陂,遵王之义;无有作好,遵王之道;无有作恶,遵王之路。无偏无党,王道荡荡;无党无偏,王道平平;无反无侧,王道正直。会其有极,归其有极。"意思是说,天下的正道是没有偏向而正直的,从"公私"的视野看,就蕴含着不能"偏私",而要"为公"的意思。儒家理想中的井田制、禅让制和其他政治制度的设计就是这种公正无私原则的体现。

⑥ 进一步说,就是如何理解儒家立足于血缘的伦理秩序和由此基础所能达到的价值极限。以家庭血缘为基准,让儒家的仁爱思想不离日常生活状态,更容易为人们所接受。但"天下为公"的目标,则让仁爱观念具有超越个人和家庭局限的可能,达到人与人之间互相关爱的"仁民爱物"的境界。

(改编自干春松《多重维度中的儒家仁爱思想》)

材料二

① 在差序格局中并没有一个超乎私人关系的道德观念,这种超己的观念必须在团体格局中才能发生。孝、悌、忠、信都是私人关系中的道德要素。但是孔子却常常提到那个"仁"字。《论语》中对于"仁"字的解释最多,但是也最难捉摸。一方面他一再地要给"仁"字明白的解释,而另一方面却又有"子罕言利,与命与仁"。孔子屡次对于这种道德要素"欲说还止"。

② 孔子有不少次说"不够说是仁",但是当他积极地说明"仁"字是什么时,他却退到了"克己复礼为仁""恭宽信敏惠"这一套私人间的道德要素了。孔子的

困难是在"团体"组合并不坚强的中国乡土社会中并不容易具体地指出一个笼罩性的道德观念来。"仁"这个观念只是逻辑上的总合,一切私人关系中道德要素的共相,但是因为在社会形态中综合私人关系的"团体"的缺乏具体性,只有个广被的"天下归仁"的天下,这个和"天下"相配的"仁"也不能比"天下"观念更为清晰。所以凡是要具体说明时,还得回到"孝悌忠信"那一类的道德要素。正等于要说明"天下"时,还得回到"父子、昆弟、朋友"这些具体的伦常关系。

（改编自《乡土中国·差序格局》）

1. 下列对两则材料相关内容的理解和分析,不正确的一项是（　　）

A. 在多元现代性背景下,"公""私"对立的问题再度成为学术界关注的议题,"仁爱"作为该问题的源发点而备受关注。

B. 早期儒家和墨家在"仁爱"与"兼爱"的异同方面就有争论,即基于血缘的爱和"泛爱众"之间的争论,这样的争论影响巨大。

C. 部分学者认为,儒家的仁爱不应该被局限于"家"的范围,不能固化于血缘之爱,其最高境界应该是爱所有人。

D. 孔子对"仁"欲说还止,又退回到私人间的道德要素,无论是"天下",还是与之相配的"仁",两个观念都不太清晰。

2. 下列对材料一论证的相关分析,正确的一项是（　　）

A. 首段运用当代知识分子认知变化的事例,来证明人们因阐释方法的差异和现实需求等因素的影响而产生的不同认知。

B. 对于儒家的仁爱是一种血缘亲情的爱,还是可以扩充至天地万物的普遍之爱,材料给出了两种不同的观点。

C. 有人猜疑《礼记·礼运》掺杂着墨家与道家观念,表明儒家和墨家的争论已经上升到对传统经典学派属性的怀疑。

D. 引用《尚书·洪范》中的文字,是为了证明儒家思想涉及超越"家"的更大范围的事务,从而发展出"公正"和"普惠"的理念。

3. 下列说法中,不符合儒家"天下为公"的仁爱思想的一项是（　　）

A. 老吾老,以及人之老;幼吾幼,以及人之幼。

B. 兼相爱,交相利。

C. 民至老死,不相往来。

D. 修身,齐家,治国,平天下。

4. 请简要梳理材料一的行文脉络。

5. 分析两则材料对于儒家仁爱思想认知的差异。

（二）

材料一

① 西洋的社会有些像我们在田里捆柴，几根稻草束成一把，几把束成一扎，几扎束成一捆，几捆束成一挑。每一根柴在整个挑里都属于一定的捆、扎、把。每一根柴也都可以找到同把、同扎、同捆的柴，分扎得清楚不会乱的。在社会，这些单位就是团体。

② 家庭在西洋是一种界限分明的团体。如果有一位朋友写信给你说他将要"带了他的家庭"一起来看你，你很知道要和他一同来的是哪几个人。在中国，这句话是含糊得很。

③ 在英美，家庭包括他和他的妻以及未成年的孩子。如果他只和他太太一起来，就不会用"家庭"。在我们中国"阖第光临"虽然常见，但是很少人能说得出这个"第"字究竟应当包括些什么人。

④ 提到了我们的用字，这个"家"字可以说最能伸缩自如了。"家里的"可以指自己的太太一个人，"家门"可以指伯叔侄子一大批，"自家人"可以包罗任何要拉入自己的圈子，表示亲热的人物。自家人的范围是因时因地可伸缩的，大到数不清，真是天下可成一家。

⑤ 为什么我们这个最基本的社会单位的名词会这样不清不楚呢？在我看来却表示了我们的社会结构本身和西洋的格局是不相同的，我们的格局不是一捆一捆扎清楚的柴，而是好像把一块石头丢在水面上所发生的一圈圈推出去的波纹。每个人都是他社会影响所推出去的圈子的中心。被圈子的波纹所推及的就发生联系。每个人在某一时间某一地点所动用的圈子是不一定相同的。

⑥ 我们社会中最重要的亲属关系就是这种丢石头形成同心圆波纹的性质。我们社会中最重要的亲属关系就是根据生育和婚姻事实所发生的社会关系。从

生育和婚姻所结成的网络,可以一直推出去包括无穷的人,过去的、现在的和未来的人物。这个网络像个蜘蛛的网,有一个中心,就是自己。这就是中国传统结构,我把它叫做"差序格局"。

⑦ 我们儒家最考究的是人伦。伦是什么呢？我的解释就是从自己推出去的和自己发生社会关系的那一群人里所发生的一轮轮波纹的差序。伦重在分别,在《礼记·祭统》里所讲的十伦,鬼神、君臣、父子、贵贱、亲疏、爵赏、夫妇、政事、长幼、上下,都是指差等。"不失其伦"是在别父子、远近、亲疏。在中国社会结构里,差序格局是一种有差等的次序,有远近、亲疏的差序。

⑧ 在我们乡土社会里,每一家以自己的地位做中心,周围划出一个圈子,这个圈子是"街坊"。有喜事要请酒,生了孩子要送红鸡蛋,有丧事要出来助殓,抬棺材,是生活上的互助机构。可是这不是一个固定的团体,而是一个范围。范围的大小也要依着中心的势力厚薄而定。有势力的人家的街坊可以遍及全村,穷苦人家的街坊只是比邻的两三家。中国传统结构中的差序格局具有这种伸缩能力。在乡下,家庭可以很小,而一到有钱的地主和官僚阶层,可以大到像个小国。中国人特别对世态炎凉有感触,正因为这富于伸缩的社会圈子会因中心势力的变化而大小。

（改编自《乡土中国·差序格局》）

材料二

① 《乡土中国》中"差序格局"一词高度概括了中国传统的社会结构、人际关系的逻辑和传统文化的特点,具有丰富的文化意蕴和鲜明的社会特征。

② "在这种富于伸缩性的网络里,随时随地是有一个'己'作中心的。"在家族中,以己为中心,血缘关系越近,关系网络就越紧密。依中国传统家族文化言,五服之内一般被视为差序格局的里层,五服之外则可伸缩,弹性度较大；外戚中,更是"一表三千里"。从广泛意义上论,地缘、友缘、学缘、业缘等关系有时也被纳入差序格局中的关系范畴。如"老乡见老乡,两眼泪汪汪""亲不亲故乡人,美不美家乡水""一辈子同学三辈子亲"等民谚俚语对这种情形作了生动的描摹。差序格局"范围的大小也要依着中心的势力厚薄而定",中心势力愈雄厚,"格局"就愈大,反之就越小。

③ 在传统社会中,差序格局体现的是稀缺资源的配置模式。当资源稀缺时,如何分配资源,在没有国家计划和市场调节的情况下往往由个人依据与"己"关系亲疏远近这一标准进行。离"己"愈近,得到的资源可能就愈多。究其实质,这种资源配置模式的根本目的是使自己利益最大化,保持已有差序格局的稳定

性,同时具有强烈的排外性。而在整个社会中,差序格局则成了社会资源合理配置与自由流动的结构性壁垒。

(改编自陈占江《差序格局与中国社会转型》)

1. 下列对材料相关内容的理解和分析,正确的一项是(　　)

 A. 材料一指出,生育和婚姻事实形成了乡土社会中的亲属关系,从生育和婚姻所结成的网络可推及的范围极其广泛。

 B.《乡土中国》的差序格局是以"己"为中心有差等的次序,有远近亲疏的差序。离"己"愈近,得到的资源愈多。

 C. 材料一点明,乡土社会的家庭可大可小,周围社会圈子的范围也具有一定的不确定性,这都与世态炎凉密切相关。

 D. 材料二认为,传统社会中稀缺资源配置模式的根本目的是使己的利益最大化,分配标准为与"己"关系亲疏远近。

2. 下列对原文论证的相关分析,不正确的一项是(　　)

 A. 材料一第④段,以"家"切入,对"家里的""家门""自家人"的含义作出解释,论证"家"可自如伸缩的特点。

 B. 材料一提及包括"鬼神""君臣""父子"等在内的《礼记·祭统》中的十伦,意在说明儒家最考究的人伦重在分别。

 C. 材料一将"有势力的人家"和"穷苦人家"作对比,证明了乡土社会里圈子的大小依中心势力的厚薄而定,极具说服力。

 D. 材料二引用数句民谚俚语,既为"五服之内一般被视为差序格局的里层"观点提供了佐证材料,也增强了文章可读性。

3. 下列选项,不适合作为论据来支撑材料一中"人伦"观点的一项是(　　)

 A. "亲亲也,尊尊也,长长也,男女有别。"——《礼记·大传》

 B. "经夫妇,成孝敬,厚人伦,美教化,移风俗,莫善乎诗。"——《毛诗序》

 C. "背人伦而禽兽行,十年而灭。"——《管子·八观》

 D. "正法度之宜,别上下之序,以防欲也。"——《汉书·董仲舒传》

4. 材料一第④段使用"一捆一捆扎清楚的柴"和"一圈圈推出去的波纹"等词语,请简析其作用。

5. 上海大剧院拟在《红楼梦》中选出能体现"差序格局"特点的情节排演三出戏,请结合材料分析编剧选择的理由。

①【刘姥姥一进荣国府】年关将近,家中拮据。刘姥姥想起女婿祖辈与王家认过亲,便到贾府攀亲,寻求救济……贾府认下这门亲,刘姥姥拿回银子,渡过难关。

②【林黛玉进贾府】黛玉进府,贾母传饭。贾母正面榻上独坐,黛玉坐在左手边,王夫人陪坐,李纨和凤姐站在饭桌旁敬菜布让,外间伺候之人一声咳嗽不闻。

③【宝玉娶亲】瞒天过海,家族联姻。黛玉病重,一息奄奄,无人过问。贾母的心思在宝玉、宝钗的婚事上。薛姨妈得知"调包计"后,虽怕宝钗委屈,但仍应允。

(三)

村庄的婚礼

田光明

王大奎的孙子要结婚了。这些年,关于孙子的婚礼,全家人已经议过无数次了。特别上心的是爷爷,他想着,孙子大学毕业,在省城上班,一定要把婚礼办得风风光光。于是,爷爷吩咐儿子,在县城最高档的酒店预订了酒席。

孙子带对象回来了,说是要在家里举办婚礼,按照传统的规程,宴请亲朋好友。还说,乡村婚礼淳朴、祥和、热闹、喜庆,执意退掉了酒店的喜宴。王大奎躁着脚,瞪着眼,他心里有着千万个不乐意。

村庄里五十五户人家,二十五户都迁到了镇上住,还有六户住在县城里。村院里冷冷清清,野草长得房檐高,就剩了些老人和几个残疾人,找个主事帮忙的人都难,这婚礼能办成吗?

"年轻人,突发奇想!"王大奎坐在门前的石墩上,抽着烟,心里七上八下,纵横交错的脸上写满了烦恼和无奈。

想当年,王大奎三十岁出头时,没有寻下媳妇。爹娘都急疯了,烧香拜佛,托人送礼。最终,用三斗麦子,从南山坳里给儿子领回了媳妇。一家人出门走路,头都抬得老高。

大奎爹站在场院里,高着嗓门儿,向邻里乡亲们保证,把儿子的婚礼办得红火,要让大家吃饱喝好。

那年春天,爹从大奎的舅家姑家姨家凑了几斗麦子和两斗黄豆,磨面做豆腐。大奎从镇上的百货店里给媳妇买了身新衣服,一块碗口大的镜子,一把雨伞,一双红艳艳的皮鞋。择了个黄道吉日,迎娶媳妇进门。

婚礼前三天,全村停了农活儿。大总管是队长蛮娃,男女劳力帮忙。大人小娃,穿着过年的新衣裳。男人村里村外跑着,搬桌子拉凳子,借来锅碗瓢盆,搭棚起灶;妇女围在厨房,择菜洗碗,忙活着,嬉闹着。村庄升腾的炊烟,裹着浓郁的香味,在村里村外弥漫。

婚礼当日,总管蛮娃有言在先,主要亲属和随礼的客人上席,其他外人靠边,村里帮忙的人,尽心尽力,要把事执硬。就这样,防来挡去,还有不该上席的也混上了席,菜到桌上,筷子都在打架,主家准备的米面油吃得都见底了。送走了客人,村里帮忙的男女拉长着脸,自己动手熬了两锅大烩菜。主家又从代销店赊了烟酒,招呼大家。大奎爹红着脸,和儿子给众人敬酒,道歉致谢。

大总管蛮娃喝醉了,他哭着闹着,掀翻了酒桌。

王大奎心里清楚,蛮娃大他两岁,他娶的媳妇是媒人先介绍给蛮娃的,因蛮娃家拿不出那三斗麦子,媒人才把她说给了王大奎,成全了今日的婚礼。从此,两家人见面都绕着走,长时间都不说话。

土地下户后,王大奎家分得了二十亩薄地,一家人心齐,耕田种地,养猪养羊,铆足劲儿挣钱围粮,给儿子订婚。拆了土房子,建起了砖木的瓦房子,就四处张罗着给儿子寻媳妇。

儿子在外地打工,谈了个姑娘,给女方家过了彩礼,就筹划着结婚。

王大奎挺直腰杆,在场院里向邻里们说,我儿子的婚礼一定要办得洋火,上档次,全村第一。

婚礼当日,在门前的场院里摆了三十桌酒席。请了三位大厨,八凉八热,有鱼有鸡。酒桌开席,一眨眼,就被客人涌满。村里帮忙的,亲友随礼的人,拖家带口,都涌上了酒席。这些年,家家虽有余粮,但不是天天都吃肉,人们还是稀罕着

坐席。盘子上的鱼没翻身,鸡没展翅,就被大嫂大妈装进袋子。

客人一茬一茬来,又一茬一茬地走,备好的米面、宰的三头猪吃没了。村里帮忙的男人,吆五喝六地喝着,几个人没把握住,喝得烂醉如泥。让人生气的是村里的赖子,喝醉了酒,睡到场院里麦秸垛里,打着滚,喊着,骂着,说主家吝啬,没给客人吃好,把他自己偷藏在怀里的两盒香烟也撒落了一地。

这次,孙子婚礼的总管是村主任。前三天,村主任在村里"大家庭"群里发了通知,全村总动员,回家参加婚礼。村民们从四面八方赶了回来,清扫院落,挂灯笼,贴喜联,把冷清的村院弄得红红火火,热气腾腾。

婚礼正日,王大奎一家人站在场院里,穿着里外崭新的衣服,笑盈盈的,同客人们打着招呼。他们能想到的客人来了,没有想到的客人也来了。县电视台来了记者,摄像的师傅是赖娃的儿子,他扛着摄像机,跑上跑下拍摄着。镇上文化中心还派来了二十名演员,在磨盘垒起的舞台上表演着。装台布景的道具,都是出了力、流过汗的农具。

大型餐车停在场院边,各种食材,四季菜蔬,都垒成了山。大厨们舞动着锅铲,翻炒着美味佳肴。

村主任主持婚礼,按照乡里最传统的婚礼议程,一项一项进行着。新郎和新娘拜天地,敬祖先,认亲戚,再给村里的乡亲们行大礼。最后全体村民集体合影,照张合家欢。

爷爷奶奶们坐在中间,村庄里的人一个都不能少,就连患脑出血后遗症的蛮娃,也穿上了崭新的衣服,坐着轮椅,是新郎和新娘把他推上台的。王大奎忙上前,把蛮娃拉到自己身边。

今天,婚礼的大总管村主任就是蛮娃的孙子。婚礼结束后,村主任郑重其事地向村民宣布,我们的村庄就要重新规划了,这个老村庄不久就要消失了。借着这场婚礼,给村庄留个纪念……

(有删改)

1. 下列对文本相关内容和艺术特色的分析鉴赏,不正确的一项是(　　)

　　A. 王大奎家居住的村落现在只有一半住户,冷冷清清,是农村人口向城镇迁移过程中不可避免会出现的现象,预示着老村庄终将消失。

　　B. "一家人出门走路,头都抬得老高",这一细节描写既表现出了王大奎家对能娶上媳妇成家的欣喜,又隐含着对自家胜过别家的自豪。

C. 文本以婚礼为切入点写三场婚礼的场面和举办过程,整体形成对比;写到某场婚礼时,运用的手法也有先扬后抑和欲扬先抑的对比。

D. 蛮娃周到尽责又难忘私怨,王大奎勤劳能干却小气吝啬,两人都有缺点;但文末婚礼上两人亲密并立,尽释前嫌,却显示出了人情美。

2. 关于文中描写孙子婚礼的部分,下列说法不正确的一项是(　　)

A. 孙子盛赞乡村婚礼,坚持按照传统规程在场院举办婚礼,表现了年轻人对传统礼俗的重视和热爱。

B. 王大奎感到烦恼和无奈的原因是现在村庄的常住人口很少,一个能为孙子主事帮忙的人都找不到。

C. 响应通知回村参加婚礼的村民精心打扫布置村院,说明生活居所的迁移还没有完全改变村民感情。

D. 文末村主任的话意味深长。如何将民心凝聚起来,不让此次婚礼成为最后一次团聚,值得人深思。

3. 文本以"婚礼"为中心谋篇布局,有什么好处?

4. 费孝通说:"提到了我们的用字,这个'家'字可以说最能伸缩自如了。"结合《乡土中国》中有关"差序格局"的表述,说说你对文中加点的两处"家"的含义的理解。

相关链接:

差序格局的定义和特点:好像把一块石头丢在水面上所发生的一圈圈推出去的波纹,每个人都是他社会影响所推出去的圈子的中心。被圈子的波纹所推及的就发生联系。每个人在某一时间某一地点所动用的圈子是不一定相同的。

一、基础篇

1. 社会关系　社会规范　社会道德

2. (1)√　(2)√　(3)√　(4)√　(5)×　(6)×

3. (1)②　(2)④　(3)①　(4)③

4. B(第①句是对"乡土社会之所以形成差序格局"原因的总说,故放在开头;第④句是对第①句的具体解释,应放在①句后;第③句是对第②句的解释,应放在②句后。故选B。)

5. D("差序格局"是一种以自己为中心的具有伸缩性的社会关系。选项A体现的是"长老统治"。选项B体现的是家族观念。选项C体现的是乡土本色。故选D。)

6. B(根据"有些像"可知例句运用了比喻论证的方法,将西洋社会结构比作"捆柴"。选项A运用引用论证,引用孔子的话论证差序格局特点。选项B运用比喻论证,将礼治秩序的性质比作足球比赛。选项C运用举例论证,以"在村子里开店面"的人为例加以论述。选项D,根据"分成两派:一派……另一派"可知,运用了对比论证。故选B。)

二、进阶篇

1. 团体格局(或西方现代社会);ACD　　差序格局(或中国乡土社会);BEF

2. (1)《乡土中国》其他章节界定概念多是直接概括其本质特征,严谨准确。本章核心概念"差序格局"的提出是以形象的比喻来加以描述,优点是运用生活中常见事物作喻体,生动易懂,令读者印象深刻。缺点是比喻本身具有夸张或形象化的特点,无法精确界定其内涵特征,直接把比喻当成概念定义会产生误解。此外喻体水波无法完全体现本体差序格局的特点,水波是均匀向外扩展的,而差序格局富有伸缩性,可大可小,并不均匀。

(2) 费孝通先生意识到了这种方式可能存在的弊病,所以在阐释"差序格局"概念时,还采用对比论证,通过与团体格局的鲜明对照,突出中西方社会的结构差异,同时引用《礼记》《论语》《大学》等权威儒家传统经典,强调上下尊卑之序的"五伦"或"十伦"来帮助读者理解差等的内容。

3. 这一观点在现代乡村社会涉及公共事务时已不再适用。现代乡村社会本质上依旧是熟人社会,家族在村民日常生活中依旧地位重要,所以村民个体小家庭的私事("小私")通常选择在家族("大私")的体系内解决。但如果涉及整个村庄的公事就得公办,为公家出力办事是家族地位在村庄中的象征,每个家族都要尽量争取自己在"公"中的份额,"私"办公事会被认为是对其他家族的排挤,与传统社会的"因私废公"不同。

4. (1)①迎客宴　②游乐宴　③迎客宴　④游乐宴　⑤庆生宴　⑥节庆宴

(2) 示例:图①是迎客宴,体现了以"贾母"为中心的差序格局。贾母作为府中"老祖宗",地位高于王夫人,举办此次小型家宴的目的是迎接外孙女林黛玉,在亲属关系中林黛玉虽是年幼外姓晚辈,但因内宾身份涉及"礼制",故座次仅次于贾母。贾府的三位小姐座次在黛玉之后,在非大型正宴场合得以与贾母同席。凤姐虽掌管家事,李纨虽是嫡长孙正妻,但媳妇须侍奉长辈,又是外姓,不算本家人,与迎春、探春、惜春等贾府小姐有所不同,需要在旁侍奉。

图④作为游乐宴,座位安排直接体现了以"贾府"为中心向外推伸的"差序格局"特质,人物关系因为与贾府血缘的亲疏不同、长幼不同、贵贱不同而有差别。贾母和王夫人以贾府两代主母身份陪客。贾母为尊,故所陪同的是亲缘关系更近和社会地位更高的薛姨妈;连宗之族出身贫寒的刘姥姥由王夫人相陪。众姐妹座次按照贾姓本家与外姓分开入座,外姓亲戚的湘云、宝钗、黛玉同样为客,座次比本家人迎春、探春、惜春和宝玉尊贵。媳妇辈作为外姓人并无座位,李纨和王熙凤只能位列纱橱之后,随时待命并照管丫鬟们。此次游乐发生在贾府鼎盛时期,可以包容得下很多异姓亲戚甚至刘姥姥,体现出"差序格局"的伸缩能力,范围的大小依着中心势力厚薄而定。

图⑥是贾府核心成员在贾母上房庆元宵猜灯谜的情景。以贾母为中心,贾政作为血缘关系最近的儿子陪坐,宝玉虽是晚辈,因受贾母宠爱被邀请同席,表达晚辈对长辈的孝敬。王夫人以主母身份陪同三位外姓亲戚,宝钗、湘云、黛玉按照年龄入席。贾府三位小姐一席,无需陪同,同样按照年龄入座。李纨和王熙凤作为媳妇,单独一桌。体现出了大家族的礼仪规范。

5.(1)上门认亲,开口乞求救济 (2)未被留宿,带银钱回家 (3)果蔬丰收,感恩贾府 (4)主动献计,解救巧姐于危难

(2)乡土社会的差序格局中,每个人是其社会影响推出去的圈子的中心,每个人在某时某地所动用的关系不同,差序格局中人际交往圈的大小由处于中心的"己"决定。刘姥姥的人际圈子以其自家为中心,为摆脱困境,她想到向曾经连宗的王家求助,利用同姓与王家攀上关系,将自己划入"王家人"的范畴。差序格局中自家人包括"任何要拉入自己的圈子,表示亲热的人物",王夫人及凤姐嫁入贾府,刘姥姥得到周济后便主动带着果蔬来到贾府报恩,通过王夫人、王熙凤与贾家产生联系。后来刘姥姥成为巧姐的干妈,在巧姐遇难时伸出援手,成为贾家败落时为数不多的雪中送炭之人,刘姥姥"自家人"的范围不断扩大,与贾家联系逐渐密切。

三、提升篇

(一)1.B(原文是"儒家内部的不同派别之间也一直存在着基于血缘的爱和'泛爱众'之间的争论"。选项 B 混淆为儒家和墨家的争论。)

2.D(选项 A,根据前文"更为突出的是现实需求等诸方面因素的影响"可知,该事例主要是为了论证现实需求因素的影响,不能证明"因阐释方法的差异而产生的不同认知"。选项 B 混淆了三种不同的观点,分别是"否认儒家价值的人""那些强调儒家人伦的学者""另有一些学者"所持的观点。选项 C,原文是"围绕《礼记·礼运》中的'不独亲其亲'的'天下为公'观念是否掺杂着墨家与道家观念的猜疑自宋代延续至今"。选项表述为"儒家和墨家的争论",属于以偏概全,原文还提及了道家。故选 D。)

3.C(表现的是老子"返璞归真"的社会理想,属于道家思想。)

4.①首先提出"公""私"问题,自然引出儒家仁爱思想这个源发点;②其次梳理了不同派别的学者对于儒家仁爱思想认识的差异;③接着具体指出儒家和墨家,甚至儒家内部争论的内容;④最后阐述作者自己对于仁爱思想的认识,即一定会发展出超越"家"的"天下为公"的思想。

5.①材料一认为"天下为公"的目标会让仁爱观念超越个人和家庭,材料二则认为"仁"的观念最后都要回归到体现私人关系的道德观念上;②材料一认为仁爱思想有超越可能性的原因是儒家思想是一种秩序理论,材料二则认为其无法超越的原因是差序格局的局限性;③材料一认为仁爱思想不离日常生活状态,更易被人接受,材料二则认为"仁"的观念不得不回到具体的伦常关系。

(二)1.A(选项 B 表述绝对,"得到的资源就会愈多"错误,原文表述有"可能"一词。选项 C 曲解文意,"这都与世态炎凉密切相关"错误。原文表述为"中国人特别对世态炎凉有感触,正因为这富于伸缩的社会圈子会因中心势力的变化而大小"。选项 D 以偏概全,"分配标准'为与'己'关系亲疏远近"错误。原文表述为"当资源稀缺时,如何分配资源,在没有国家计划和市场调节的情况下往往由个人依据与'己'关系亲疏远近这一标准进行"。故选 A。)

2.D(选项 D 曲解文意。根据材料二第②段可知,引用民谚俚语是为了论证"地缘、友缘、学缘、业缘等

关系有时也被纳入差序格局中的关系范畴"这一观点。)

3. B(选项A意为"以亲人为亲近,以尊长为尊敬,以年长为长辈,男女有不同";选项C意为"背弃人伦纲常而去做禽兽般的行径,这样君主所统治的国家不到十年就会灭亡";选项D意为"建立应遵循的法度,分清上下尊卑的次序,来防止贪欲"。均可支撑"人伦"观点。而选项B意为"调节夫妻关系,促使人们孝敬尊长,使人际关系醇厚,教化民众使他们变得有美德,推移转变风俗,没有什么比使用诗歌更有效的方法了",强调诗歌的重要性,与"人伦"观点无关。故选B。)

4. ①将西方社会团体格局比作"一捆一捆扎清楚的柴",指出其界限分明的特征。②将中国社会差序格局比作"一圈圈推出去的波纹",指出其以"己"为中心,社会关系逐渐推出的特征。③运用比喻修辞,生动形象地写出了中西方社会结构的差别。

5. ①"刘姥姥一进荣国府"体现了伸缩性。刘姥姥本处于与贾府关系淡薄的外圈,却攀附上了贾府这门亲戚,体现了能放能收的"差序格局"。②"林黛玉进贾府"体现了等级性。从室内座次以及伺候之人的安排上显示出身份地位的不同,体现了亲疏贵贱的"差序格局"。③"宝玉娶亲"体现了排外性(壁垒性、稳定性)。为了家族利益,贾府放弃黛玉,薛家承受"调包",体现了力求稳定而排外的"差序格局"。

(三)1. D("小气吝啬"不正确。"吝啬"是赖子喝醉后的话,不是实情。从原文看王大奎为儿子举办婚礼时不惜物资,也尽心招待,并不吝啬。)

2. B(王大奎感到烦恼和无奈的原因是不能打消孙子举办乡村婚礼的念头,同时找个主事帮忙的人也很困难。)

3. ①文本选取人们日常生活中熟悉的婚礼为题材,读者不会有畏难情绪;②文本以"婚礼"为中心事件,将原本时间跨度较大的三代人的生活集合在一起,情节紧凑,不枝不蔓;③三代人的婚礼以小见大,对比反映了一个家族的致富脱贫史、一个村庄的发展变迁史、不同时代人民生活状态和精神面貌的发展史,主题深远。

4. ①这两处"家"都是以王大奎和他的家庭为中心的。②第一处"家"是根据婚姻和生育事实所发生的亲属关系,是一个较为固定的团体。③第二处"家"是根据地缘关系和交情深浅划出的交往圈子,不太固定。村民和王大奎一家感情融洽的时候,会被其视为家人;随着居住地改变,彼此来往减少、交情变淡后,"家"的范围可能会缩小。

6 《维系着私人的道德》

章 节 解 读

 段落大意概括

第 1 段 中国乡土社会的基层结构是一种"差序格局",这种格局和现代西方的"团体格局"是不同的。

第 2 段 东西方社会格局的差别引起了不同的道德观念。

第 3 段 在"团体格局"中,道德的基本观念建筑在团体和个人的关系上。

第 4 段 "团体格局"社会中的道德体系受宗教观念的影响。在象征着团体的神的观念下,派生出两个重要的观念:平等和公道。

第 5 段 在基督教的神话中,亲子间个别的和私人的联系被否定。在此基础上发展出了西方社会个人人格平等、每个团体分子和团体的关系相等的权利观念。

第 6 段 在执行团体的意志时,牧师和官吏等"代理者"的权利须由受治者的同意中产生。美国的《独立宣言》认为政府也是这样的"代理者"。

第 7 段 代理者如果违反了公道,就失去了代理的资格。于是团体格局的道德体系中产生了权利的观念,又在此基础上产生了宪法。

第 8 段 在以"己"作为中心的差序格局中,道德体系的出发点是"克己""修身"。团体格局中的道德体系与之相异。

第 9 段 "差序格局"中,社会范围是从"己"向外推出去的,可以有各种路线,最基本的路线是亲属即亲子和同胞,与之相匹配的道德要素是孝和悌。另一路线是朋友,与之相配的是忠和信。

第 10 段 差序格局中并没有一个超乎私人关系的道德观念,这种超己的观念必须在团体格局中才能发生。孝、悌、忠、信都是私人关系中的道德要素。孔

子谈仁虽多,却语焉不详。

第 11 段 孔子在积极地说明"仁"是什么时,没有提升到超乎私人关系的高度,而是退到了"克己复礼为仁""恭宽信敏慧"等私人间的道德要素。

第 12 段 "团体"组合并不坚强的中国乡土社会中缺乏笼罩性的道德观念。"仁"和"天下"的观念也要退回到具体的伦常关系中才能清晰。

第 13 段 乡土社会不但在道德系统中没有基督教式的"爱"(不分差序的兼爱)的观念,而且欠缺个人对于团体的道德要素。在西方团体格局的社会中,"公务,履行义务,是一个清楚明白的行为规范。而在中国传统中是没有的"。

第 14 段 在《论语》中,"忠"字甚至并不是君臣间的道德要素。君臣之间以"义"相结合。"忠臣"的观念可以说是后起的,忠君并不是个人与团体的道德要素,而依旧是臣与君私人之间的关系。

第 15 段 通过公与私的冲突,可以更清楚地看到乡土社会中团体道德的缺乏。

第 16 段 不另外在传统的道德里找出一个笼统性的道德观念来,所有的价值标准也就不能超脱于差序的人伦而存在。

第 17 段 中国的道德和法律,都得看所施的对象和"自己"关系的远近而加以程度上的伸缩。

第 18 段 团体格局的道德观念类似墨家的"爱无差等",和儒家的人伦差序恰恰相反。

📖 思维导图

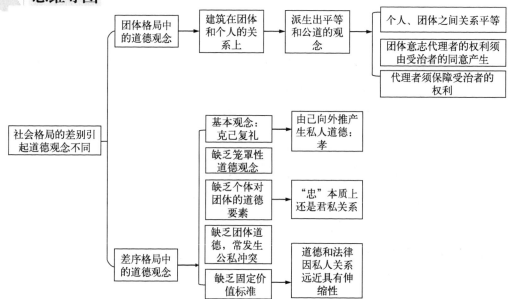

概念解释

道德观念：在社会里生活的人应当有的自觉遵守社会行为规范的信念，包括行为规范、行为者的信念和社会的制裁。它的内容是人和人关系的行为规范，是依着该社会的格局而决定的。从社会观点说，道德是社会对个人的制裁力，使他们合于规定下的形式行事，用以维持该社会的生存和绵续。

团体：人与人之间的一种关系，是控制个人行为的力量，是个人生活所依赖的对象，是先于个人而又不脱离个人的共同意志。

代理者：团体格局的社会中，代表神或团体，执行上帝意志或团体权力的牧师或官员。

伸缩性：中国的道德和法律，都因之得看所施的对象和"自己"的关系而加以程度上的伸缩。

内容导读

在本书第四章《差序格局》结尾，费孝通先生点明差序格局中私人关系的增加形成了社会关系，因此传统社会中的社会道德只在私人联系中发生意义，自然生发出第五章《维系着私人的道德》的论述：在讨论中西方社会关系差异的基础上，进一步探究隐藏在社会关系背后的乡土中国文化的思想内核。

初读本章，第一印象是概念繁多，所谓"无概念，不学术"，费孝通先生自己曾经说过："它（《乡土中国》）不是一个具体社会的描写，而是从具体社会提炼出的一些概念……搞清楚我所谓'乡土社会'这个概念，就可以帮助我们去理解具体的中国社会。概念在这个意义上，是我们认识事物的工具。"由此可见，理解概念是阅读学术类著作的基本要求，我们既要关注阐释定义、概念的语句本身，细细进行梳理，又要研究概念表述的语境，审视批判不盲从。如本章中第 2 段即对"道德观念"进行界定，可以视作学术类著作下定义的典范，后文则围绕组成道德观念外延三部分的规范、信念和制裁分别进行详细解释。在"团体格局"下的道德体系中，诞生了"权利"的观念。每个人都享有同样平等的权利，人与人之间也得互相尊重对方的权利，团体还必须保障这些个人的权利，而团体代理人也不得滥用手中的权力，这便是西方宪法的核心精神。宪法观念是和西方的权利义务观念相配合的。国家可以要求人民服务，但是国家也得保证不侵害人民的权利，

在原则允许的范围内行使它的权力。

学术著作往往隐含着作者对读者的"劝说",著书立说的目的是希望通过对概念的严谨定义、围绕概念进行细致剖析,最终让读者认同推导出的结论的合理性。这要求我们在阅读学术著作时,需要换个角度,立足于著作者的立场,探讨研读作者为阐释自己主张而采取的各类途径,增进学术类著作的阅读经验,习得相应的阅读方法,并最终转换为自己的阅读能力。

自《乡土本色》开始,作者便将中国的乡土社会和西洋社会对比来写,令两者的差异性更加明显。本章先从"建筑在团体和个人的关系上"的西方"团体格局"中的道德观念谈起,陪衬出"差序格局"中的道德体系的特点。通过比对中国传统社会和现代西方社会的基层结构,得出中国乡土社会的基层结构呈现出一种"差序格局",在差序格局影响下,中国乡土社会呈现出独特的道德观念,其内核是"德"与"礼",外在的表现形式是"从己向外推以构成的社会范围是一根根私人联系,每根绳子都被一种道德要素维系着",进而形成了"由无数私人关系搭成的网络"。而西方社会则是"团体格局",由"团体格局"衍生出两个重要的观念:一是人与人之间的平等,二是团体对每个人的公道。团体意志代理者的"权力"由受治者的同意而产生,因而其合法性必须建立在代理者能公平、公正地保证团体成员的权利这一基础之上。围绕道德观念、道德体系、宗教观念这三个关键词进行对比,中国乡土社会的道德体系及其本质特点就能被清晰地揭示出来,正是社会结构和格局的差别引发了东西方不同的道德观念。作为阅读者,我们应充分理解"团体格局"中的道德关系,然后再通过对比关系,读懂作者对"差序格局"中道德体系的论述,进而把握乡土社会道德体系的本质。

除了理论体系的完善缜密,本章中为论述"差序格局中没有一个超乎私人关系的道德观念"而涉及的含义丰富的"仁""忠"和"义",也应被作为重点进行学习,有助于帮助我们更深入地理解传统文化。特别是"忠",它不仅意味着忠恕之道、对人之诚,也有由衷之意,但在忠于职务的层面上,忠并不是个人与团体的道德要素,依旧是针对与君王私人之间的关系。书中进一步指出,乡土社会的传统道德体系欠缺不分差序的"兼爱"观念,也欠缺个人对团体的道德要素。在西方团体格局社会中,"公务,履行义务。是一个清楚明白的行为规范,而在中国传统中是没有的"。无论是忠于职守的"忠",还是忠君爱国的"忠",都更接近的是私人关系中的"义",而不是针对团体。正因为在传统的道德里找不出一个笼罩性

118

的道德观念,因而也欠缺固定的价值标准。中国的道德和法律,都得看所施行对象和"自己"的关系而加以程度上的伸缩。文中列举舜面临的两难境地也是个饶有趣味的话题,即使贵为君王,可以视王位如敝屣,面对公私冲突时,也得先完成私人间的道德。可以补充联系古代刑律中的"亲亲相隐"原则,即出于人性中最真挚的情感,对自己的亲人有所袒护、隐瞒,不检举亲人的罪行。亲属之间有罪应当互相隐瞒,不告发和不作证的不论罪,反之控告应相隐的亲属则要处刑。因为所有的价值标准都不能超脱于差序的人伦而存在。一切普遍的标准并不发生作用,一定要问清对象是谁,和自己是什么关系之后,才能决定拿出什么标准来。

此外,在理解乡土社会结构中的道德关系、理清乡土社会"维系着私人的道德"这一命题内涵的基础之上,将概念作为工具,尝试阐释当下许多社会现象,学以致用思考现实社会中的问题方是阅读学术类著作的最终目标。如现在很多人办事总喜欢四处"找关系",用乡土社会道德观念分析,"找关系"的行为是以自己为中心推出关系,目的是为自己谋得利益,体现出乡土社会道德的私人性;这种行为也体现了对自己行为道德标准的放松,符合伸缩性。但现代社会法制文明程度愈高,"找关系"成功的概率愈低。也可勾连《红楼梦》小说文本,评述小说中错综复杂的人际关系和小说人物的行为,打通两本书的整本书阅读,获取真切的阅读体验。

专 项 训 练

一、基础篇

1. 根据本章内容,下列理解和分析不正确的一项是(　　)

A. 在一个安居的乡土社会,因为采取了"差序格局",所以,人们并不显著地需要一个经常的和广被的团体。

B. 团体社会的道德观念派生出两个重要观念:一是每个个人在神前的平等;一是神对每个个人的公道。

C. 中国传统道德中的"忠",既指对朋友忠信,又指忠君,虽然也包含私人间的关系,但最接近公共的道德观念。

D. 西方团体格局的社会中,公务、履行义务是一个清楚明白的行为规范,而在中国差序格局的社会中并非如此。

2. 作者为什么认为孔子经常提到的"仁"无法成为个人对团体的笼罩性道德观念？请简要概括。

3. 请运用《乡土中国》相关观点分析文本,用"√"或"×"判断正误。

(1)《狂飙》中,高启强不允许别的手下吸毒贩毒,却对自己的亲弟弟高启盛网开一面。这体现了高启强的"道德性"在差序格局里的伸缩性。(《维系着私人的道德》)   (   )

(2)《秦腔》中说,"农民是世上最劳苦的人,尤其是在这块平原上,生时落草在黄土炕上,死了被埋在黄土堆下",体现了乡土社会的乡土性。(《乡土本色》)
                                                                              (   )

(3)《小二黑结婚》中,二诸葛在村里懦弱,在家里强悍。这体现了二诸葛的"道德性"在乡村和家庭两个不同格局里的伸缩性。(《维系着私人的道德》)
                                                                              (   )

4. 请结合《乡土中国》的内容,将空格补充完整。

费先生为了把中国传统乡土社会的特点解释得通俗易懂,大量采用东西方对比的方法来阐述。譬如,他认为西方的社会性质是属于法理社会,而乡土社会则是属于 A_____ 社会;西方社会的格局特点大多是团体格局,而乡土社会则是 B_____ 格局;西方社会人与人之间的关系维系着人民的宪法,而乡土社会人与人之间关系则维系着私人的道德;西方社会解决人与人之间的矛盾通常运用司法诉讼体系,而乡土社会则通常运用 C_____ 体系;D_____ 是西方契约社会的基础,而血缘则是身份社会的基础。

5. 费孝通先生在《乡土中国》中提出了许多重要的概念,这些概念通常成组出现,呈现对应性。下面这些概念哪些两两对应,请写出来。

礼俗社会 团体道德 面对面社群(文盲社会) 团体格局 差序格局 借助文字的社会 维系着私人的道德 法理社会

二、进阶篇

1. 解释概念常用"下定义"的方法。常见下定义的公式是：被定义项＝种差＋邻近的属概念。通俗地说，就是先找出邻近的"大（属）概念"，然后，找出对象不同于其他种概念的"差别"（种差），最后组成定义，解释被定义的"小概念"。比如《家族》一章中对"家庭"和"氏族"这两个概念都使用了这样的定义法：

<u>家庭</u>这概念在人类学上有明确的界说：这是个<u>亲子所构成</u>的<u>生育社群</u>。
（小概念）　　　　　　　　　　　　　　　　　　（差别）　　　（大概念）

这种<u>根据单系亲属原则所组成</u>的<u>社群</u>，在人类学中有个专门名称，叫<u>氏族</u>。
　　　（差别）　　　　　　　　（大概念）　　　　　　　　　　　　（小概念）

请根据上面说明，结合本章原文节选，给"道德观念"下定义。

道德观念是在社会里生活的人自觉应当遵守社会行为规范的信念。它包括着行为规范、行为者的信念和社会的制裁。它的内容是人和人关系的行为规范，是依着该社会的格局而决定的。从社会观点说，道德是社会对个人的制裁力，使他们合于规定下的形式行事，用以维持该社会的生存和绵续。（《维系着私人的道德》）

2. 引用论证是学术著作中常见的论述方法，能够增强论述的权威性和说服力。请将下列引文与其所证明的观点进行对应连线。

引文	观点
全人类生来都平等，他们都有天赋不可夺的权利。（《独立宣言》）	差序格局中道德的社会范围是从"己"推出去的，最基本的是亲属，向另一路线推是朋友，相配的是忠信。
为人谋而不忠乎？与朋友交而不信乎？（《论语》）	仁是一套私人间道德要素的总和。
亲亲也，尊尊也，长长也，男女有别，此其不可得与民变革者也。（《礼记》）	团体道德的缺乏，在公私冲突里更看得清楚。负有政治责任的君王，也得先完成他私人间的道德。
能行五者于天下为仁矣。——恭则不侮，宽则得众，信则人任焉，敏则有功，惠则足以使人。（《论语》）	每个团体分子和团体的关系是相等的。团体不能为任何个人所私有。
万章曰："象至不仁，封之有庳。有庳之人奚罪焉？仁人固如是乎？在他人则诛之，在弟则封之。"曰："身为天子，弟为匹夫，可谓亲爱之乎？"（《孟子》）	中国传统社会里最基本的概念，人际往来所构成的网络中的纲纪，就是一个差序，也就是伦。

3.《乡土中国》成书于 20 世纪 40 年代,其中观点为学界不断征引诠释,彰显出强大的学术生命力。请从原文中找出适合的语句阐释当下社会生活现象。

(1)养崽、起屋、讨媳妇是中国湘南水村三位一体的面子观。其中的"体"是以"儿子"为中心连接点的。

(2)对于家庭,丈夫和妻子任何一方(特别是妻子),往往都没有儿子重要⋯⋯在农村,"老来伴"其实没有想象的重要,因为老人常常没有在伴侣身上给予过多的情感和期待价值,他们给予的对象是儿孙。

(3)找对象时,首先是看湾子(村庄)好不好,然后是看家风、家庭在当地的声誉,男子个人的条件被放在了次要位置。

(4)我国嫦娥六号月球探测器的组件中,将包括一个温室。到达月球表面后,我国将利用这个温室尝试种出小麦、胡萝卜、洋葱、罗勒和大蒜等蔬菜,最终实现为月球上的宇航员提供食物。

(5)有势力的人家,街坊可以遍及全村,村民都可能参加其婚丧嫁娶和小孩满月、百天的庆贺活动。穷苦人家的街坊则可能只是比邻的几家。

4. 阅读以下《论语》选文,按要求完成题目。

颜渊问仁。子曰:"克己复礼为仁。一日克己复礼,天下归仁焉。为仁由己,而由人乎哉?"

(《论语·颜渊》)

子贡问曰:"有一言而可以终身行之者乎?"子曰:"其恕乎! 己所不欲,勿施于人。"

(《论语·卫灵公》)

子贡曰:"如有博施于民,而能济众,何如? 可谓仁乎?"子曰:"何事于仁! 必也圣乎! 尧舜其犹病诸! 夫仁者,己欲立而立人,己欲达而达人。能近取譬,可谓仁之方也已。"

(《论语·雍也》)

子路问君子。子曰:"修己以敬。"曰:"如斯而已乎?"曰:"修己以安人。"

(《论语·宪问》)

请结合《维系着私人的道德》中提出的"群己关系"概念,谈谈《论语》片段中倡导的群己关系是怎样的。

5. 阅读下面材料,按要求完成题目。

在新零售浪潮的推动下,许多村镇小店正在结合"熟人经济"进行数字化转型。某农村电商提及乡村中"熟人经济"时说道:"没带钱,可以不记账,我认识你,何时有钱何时给,但很少有坏账,因为在村里欠钱会抬不起头。如果买的东西有问题的话,城市里要申请退款退货,但农村很简单,坏的放这,你拿新的先用,修好了给你……"

(1) 常常听人说"熟人好办事",请根据《乡土中国》的内容来简析这条俗语背后的原理,并指出这种文化意识对"社会主义核心价值观"的不良影响。

(2) 在"互联网＋"背景下的乡村"熟人经济"模式中,我们依旧可以看到乡土社会的影子。请结合《乡土中国》的有关内容分析乡村"熟人经济"模式得以推行的原因。

6. 微写作。

(1) 2015 年 5 月 9 日,《长江日报》"社会新闻版"有这样一篇报道:一位父亲在高

速公路开车打电话,旁边的女儿一再提醒父亲不要拨打电话,可父亲不听劝阻,最终女儿选择报警。此事引起社会争议。报道一出即上了微博热搜,以下是网友留言:

网友甲:看似残酷,实则温馨,这是对父亲真正的爱,为"中国好闺女"点赞!

网友乙:这也太不孝顺了,这毕竟是她父亲啊,她怎么可以这样做!

假如你也是网友,请结合本文观点从道德角度评析女儿的做法(评论限制140字)

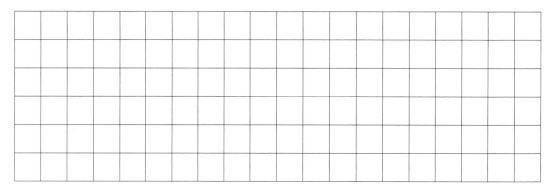

(2) 读完费孝通先生《乡土中国》中的《差序格局》《维系着私人的道德》两章,结合高中语文必修上第四单元"家乡文化生活"主题,针对《乡土中国》中提到的农村落后现象,为改变家乡面貌,建设美丽家乡写一份建议。

要求:以两章内容为理论依据,观点明确,条理清晰,内容力求深刻,不少于200字。

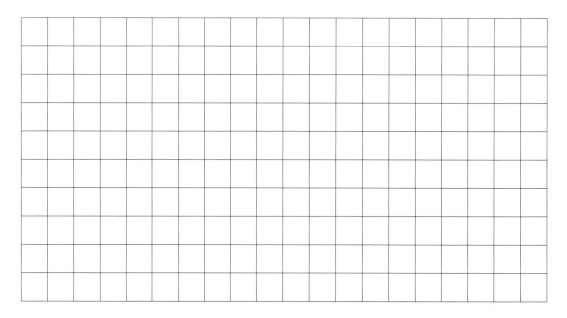

三、提升篇

阅读下文,完成下列各题。

(一)

① 中国乡土社会的基层机构是一种我所谓"_____",是一个"一根根私人联系所构成的网络"。这种格局和现代西洋的"团体格局"是不同的。这种结构(团体格局)很可能是从初民民族的"部落"形态中传下来的。部落形态在游牧经济中很显著的是"团体格局"的。生活相倚赖的一群人不能单独地、零散地在山林里求生。可是在一个安居的乡土社会,每个人可以在土地上自食其力地生活时,只在偶然的和临时的非常状态下才感觉到伙伴的需要。在他们,和别人发生关系是后起和次要的,而且他们在不同的场合下需要着不同程度的结合,并不显著地需要一个经常的和广被的团体。

② _____。_____。_____。_____。从社会观点说,道德是社会对个人的制裁力,使他们合于规定下的形式行事,用以维持该社会的生存和绵续。

③ 在"团体格局"中,道德的基本观念建筑在团体和个人的关系上。我们如果要了解西洋的"团体格局"社会中的道德体系,决不能离开他们的宗教观念的。在象征着团体的神的观念下,有着两个重要的派生观念:一是每个个人在神前的平等,一是神对每个个人的公道。上帝是在冥冥之中,正象征团体无形的实在;但是在执行团体的意志时,还得有人来代理。执行上帝意志的牧师是"代理者",执行团体权力的官吏也是"代理者",而不是神或团体的本身。这上帝和牧师、国家和政府的分别是不容混淆的。

④ 神对每个个人是公道的,是一视同仁的,是爱的;如果代理者违反了这些"不证自明的真理",代理者就失去了代理的资格。团体格局的道德体系中于是发生了权利的概念。人对人得互相尊重(1)_____,团体对个人也必须保障这些个人的权利,防止团体代理人滥用(2)_____,于是发生了宪法。宪法观念是和西洋公务观念相配合的。国家可以要求人民的服务,但是国家也得保证不侵害人民的(3)_____,在公道和爱护的范围内行使(4)_____。

⑤ 我说了不少关于"团体格局"中道德体系的话,目的是在陪衬出中国乡土

社会格局中道德体系的特点来。从它们的差别上看去,很多地方是刚刚相反的。在以自己作中心的社会关系网络中,最主要的自然是"克己复礼","壹是皆以修身为本。"

⑥ 从己向外推以构成的社会范围是一根根私人联系,每根绳子被一种道德要素维持着。社会范围是从"己"推出去的,而推的过程里有着各种路线,最基本的是亲属:亲子和同胞,相配的道德要素是孝和悌。"孝悌也者,其为仁之本欤。"向另一路线推是朋友,相配的是忠信。"为人谋而不忠乎?与朋友交而不信乎?""主忠信,无友不如己者。"孔子曾总结说:"弟子入则孝,出则悌,谨而信,泛爱众,而亲仁。"

⑦ 在这里我得一提这比较复杂的观念"仁"。依我以上所说的,在乡土基本格局中并没有一个超乎私人关系的道德观念,这种超己的观念必须在团体格局中才能发生。但是孔子却常常提到那个仁字。论语中对于仁字的解释最多,但是也最难捉摸。一方面他一再地要给仁字明白的解释,而另一方面却又有"子罕言利,与命与仁。"孔子屡次对于这种道德要素"欲说还止"。

⑧ 司马牛问仁。子曰,"仁者其言也讱。"曰,"其言也讱,斯谓之仁已乎?"子曰,"为之难,言之得无讱乎?"

⑨ 孔子的困难是在"团体"组合并不坚强的中国乡土社会中并不容易具体地指出一个笼罩性的道德观念来。仁这个观念只是逻辑上的总合,一切私人关系中道德要素的共相,但是因为在社会形态中综合私人关系的"团体"的缺乏具体性,只有一个广被的"天下归仁"的天下,这个和"天下"相配的"仁"也不能比"天下"观念更为清晰。所以凡是要具体说明时,还得回到那些私人关系中的道德要素。正等于要说明"天下"时,还得回到"父子、昆弟、朋友"这些具体的伦常关系。不但在我们传统道德系统中没有一个像基督教里那种"爱"的观念——不分差序的兼爱;而且我们也很不容易找到个人对于团体的道德要素。

⑩ 团体道德的缺乏,在公私的冲突里更看得清楚。就是负有政治责任的君王,也得先完成他私人间的道德。孟子《尽心上篇》有:桃应问,"舜为天子,皋陶为士,瞽瞍杀人,则如之何?"孟子曰:"执之而已矣。""然则舜不禁与?"曰:"夫舜恶得而禁之,夫有所受之也。""然则舜如之何?"曰:"舜视弃天下,犹弃敝屣也。窃负而逃,遵海滨而处,终身诉然,乐而忘天下。"——这是说舜做了皇帝,不能用对其他国民一样的态度去对待他的父亲。孟子所回答的是这种冲突的理想解决

法,他还是想两全,所以想出逃到海滨不受法律所及的地方去的办法。

⑪ 中国的道德和法律,都因之得看所施的对象和"自己"的关系而加以程度上的伸缩,一切普遍的标准并不发生作用,一定要问清了,对象是谁,和自己是什么关系之后,才能决定拿出什么标准来。

(改编自《乡土中国·维系着私人的道德》)

1. 第①段加横线处填写合适的一项是(　　)

   A. 家族制度　　　B. 乡土本色　　　C. 差序格局　　　D. 礼治秩序

2. 依次填入第②段文字中加横线处的语句,与上下文衔接最恰当的一组是

   (　　)

   ① 社会结构格局的差别引起了不同的道德观念。

   ② 它的内容是人和人关系的行为规范,是依着该社会的格局而决定的。

   ③ 它包括着行为规范,行为者的信念和社会的制裁。

   ④ 道德观念是在社会里生活的人自觉应当遵守社会行为规范的信念。

   A. ①③④②　　　B. ①④③②　　　C. ④①③②　　　D. ④①②③

3. 第④段加横线处填写合适的一项是(　　)

   A. 权利　权利　权力　权力　　　B. 权利　权力　权利　权力

   C. 权力　权力　权利　权利　　　D. 权利　权力　权力　权利

4. 分析第⑧段"司马牛问仁"的故事与其所阐述的观点的关系。

5. 本文通篇运用了对比论证的方法,请任选一处分析其在论证中的作用。

(二)

材料一

① 以"己"为中心、像石子一般投入水中,和别人所联系成的社会关系,不像团体中的分子一般大家立在一个平面上的,而是像水的波纹一般,一圈圈推出

去,愈推愈远,也愈推愈薄。在这里我们遇到了中国社会结构的基本特性了。我们儒家最考究的是人伦,伦是什么呢? 我的解释就是从自己推出去的和自己发生社会关系的那一群人里所发生的一轮轮波纹的差序。

② 伦重在分别,在《礼记·祭统》里所讲的十伦:鬼神、君臣、父子、贵贱、亲疏、爵赏、夫妇、政事、长幼、上下,都是指差等。"不失其伦"是在别父子、远近、亲疏。伦是有差等的次序。在我们传统的社会结构里最基本的概念,这个人和人来往所构成的网络中的纲纪,就是一个差序,也就是伦。《礼记·大传》里说:"亲亲也,尊尊也,长长也,男女有别,此其不可得与民变革者也。"意思是这个社会结构的架格是不能变的,变的只是利用这架格所做的事。

③ 孔子最注重的就是水纹波浪向外扩张的"推"字。他先承认一个己,推己及人的己,对于这己,得加以克服于礼,克己就是修身。顺着这同心圆的伦常,就可向外推了。"本立而道生。""其为人也孝弟,而好犯上者鲜矣,不好犯上而好作乱者,未之有也。"从己到家,由家到国,由国到天下,是一条通路。《中庸》里把五伦作为"天下之达道"。因为在这种社会结构里,从己到天下是一圈一圈推出去的,所以孟子说他"善推而已矣"。

④ 在这种富于伸缩性的网络里,随时随地是有一个"己"作中心的。这并不是个人主义,而是自我主义。个人是对团体而说的,是分子对全体。在个人主义下,一方面是平等观念,指在同一团体中各分子的地位相等,个人不能侵犯大家的权利;一方面是宪法观念,指团体不能抹煞个人,只能在个人所愿意交出的一分权利上控制个人。这些观念必须先假定了团体的存在。在我们中国传统思想里是没有这一套的,因为我们所有的是自我主义,一切价值是以"己"作为中心的主义。

⑤ 孔子的自我主义具有相对性和伸缩性,孔子是会推己及人的,可是尽管放之于四海,中心还是在自己。子贡曰:"如有博施于民,而能济众、何如? 可谓仁乎?"子曰:"何事于仁,必也圣乎! 尧舜其犹病诸? 夫仁者,己欲立而立人,己欲达而达人,能近取譬,可谓仁之方也已。"孔子的道德系统里绝不肯离开差序格局的中心,"君子求诸己,小人求诸人"。

(改编自《乡土中国·差序格局》)

材料二

① 在以自己作中心的社会关系网络中,最主要的自然是"克己复礼","壹是皆以修身为本"。——这是差序格局中道德体系的出发点。

② 从己向外推以构成的社会范围是一根根私人联系,每根绳子被一种道德要素维持着。社会范围是从"己"推出去的,而推的过程里有着各种路线,最基本的是亲属:亲子和同胞,相配的道德要素是孝和弟。"孝弟也者,其为仁之本欤。"向另一路线推是朋友,相配的是忠信。"为人谋而不忠乎,与朋友交而不信乎?"孔子曾总结说:"弟子入则孝,出则悌,谨而信,泛爱众,而亲仁。"

③ 在这里我得一提这比较复杂的观念"仁"。依我以上所说的,在差序格局中并没有一个超乎私人关系的道德观念,这种超己的观念必须在团体格局中才能发生。孝、悌、忠、信都是私人关系中的道德要素。但是孔子却常常提到那个仁字。《论语》中对于仁字的解释最多,但是也最难捉摸。

④ 孔子有不少次数说"不够说是仁",但是当他积极的说明仁字是什么时,他却退到了"克己复礼为仁","恭宽信敏惠"这一套私人间的道德要素了。他说:"能行五者于天下为仁矣。——恭则不侮,宽则得众,信则人任焉,敏则有功,惠则足以使人。"

⑤ 孔子的困难是在"团体"组合并不坚强的中国乡土社会中并不容易具体的指出一个笼罩性的道德观念来。"仁"这个观念只是逻辑上的总合,一切私人关系中道德要素的共相,但是因为在社会形态中综合私人关系的"团体"的缺乏具体性,只有一个广被的"天下归仁"的天下,这个和"天下"相配的"仁"也不能比"天下"观念更为清晰。所以凡是要具体说明时,还得回到"孝弟忠信"那一类的道德要素。正等于要说明"天下"时,还得回到"父子、昆弟、朋友"这些具体的伦常关系。

⑥ 一个差序格局的社会,是由无数私人关系搭成的网络。这网络的每一个结附着一种道德要素,因之,传统的道德里不另找出一个笼统性的道德观念来,所有的价值标准也不能超脱于差序的人伦而存在了。团体格局的社会里,在同一团体的人是"兼善"的,就是"相同"的。孟子最反对的就是那一套。他说"夫物之不齐,物之情也,子比而同之,是乱天下也"。墨家的"爱无差等",和儒家的人伦差序,恰恰相反,所以孟子要骂他无父无君了。

（改编自《乡土中国·维系着私人的道德》）

1. 根据材料一,下列理解不正确的一项是(　　　)

A. 中国社会结构是以"己"作中心的具有差序特性的社会关系网络。

B. 儒家主张"不失人伦",有助于维持差序层次的社会结构的稳定。

C. 孔子"善推",表现在对有差序的道德系统的有效建构。

D. "自我主义"体现出乡土社会中自私自利的价值观念。

2. 根据材料二,下列对"差序格局中道德体系"的理解与分析,不正确的一项是(　　)

　A. 道德体系的出发点是作为社会关系网络中心的"我"要克己、修身。

　B. 沿着亲属关系从己向外推,最基本的道德要素是孝悌。

　C. 沿着朋友关系从己向外推,最基本的道德要素是忠信。

　D. 道德体系的最高境界是"爱无差等"。

3. 根据材料一与材料二,下列理解与推断,不正确的一项是(　　)

　A. 团体格局中,团体里的成员是平等关系。

　B. 差序格局里,社会结构里的成员是差等关系。

　C. 团体格局中,不存在超乎私人关系的道德观念。

　D. 差序格局里,所有的价值标准体现在具体的人伦。

4. 根据材料一、材料二,下列理解不正确的一项是(　　)

　A. 有子曰:"其为人也孝弟,而好犯上者,鲜矣;不好犯上,而好作乱者,未之有也。君子务本,本立而道生。孝弟也者,其为仁之本与!"

　　——儒家社会关系存有差序,首先应着眼于同心圆的中心和内圈。

　B. 子贡曰:"如有博施于民,而能济众,何如? 可谓仁乎?"子曰:"何事于仁! 必也圣乎! 尧舜其犹病诸! 夫仁者,己欲立而立人,己欲达而达人。能近取譬,可谓仁之方也已。"

　　——因为善推,孔子主张牺牲自己以成全他人。

　C. 颜渊问仁。子曰:"克己复礼为仁,一日克己复礼,天下归仁焉。为仁由己,而由人乎哉?"颜渊曰:"请问其目。"子曰:"非礼勿视,非礼勿听,非礼勿言,非礼勿动。"

　　——道德体系的出发点,建立在做好推己及人的己。

　D. 子张问仁于孔子。孔子曰:"能行五者于天下为仁矣。""请问之。"曰:"恭、宽、信、敏、惠。恭则不侮,宽则得众,信则人任焉,敏则有功,惠则足以使人。"

　　——仁是一切私人关系中道德要素的共相。

5. 本文认为,儒家最考究的是人伦。考究,有重视和力求完美的意思。请根据材料一与材料二,说说儒家对人伦的"考究"体现为哪些内容。

(三)

材料一

中国没有像基督教或伊斯兰教那样的宗教。对人格神,许多士大夫知识分子经常处于似信非信之间,采取的似乎仍然是孔老夫子"敬鬼神而远之""祭如在,祭神如神在"的态度。在民间,则表现为某种多元而浮浅的信仰和崇拜。其对象,可以是关公、妈祖、观音菩萨、玉皇大帝等等,不仅因人因地不同,常常改变;而且大都是为了求福避祸,祛灾治病,有着非常现实的世间目的。重要的是,即使在这种多元而浮浅的民间宗教中,奇迹宣讲也并不突出,主要的部分仍然是在倡导儒学的人伦秩序和道德理念。记得有一次我乘坐台北市的计程车,那位计程车司机向我津津乐道地宣讲他所信仰的佛祖,并特地给我看了他经常诵读的佛经读本。我仔细看了,发现其中绝大部分是地道的儒学教义,即孝顺父母,友爱兄弟,照顾亲族,和睦邻里,正直忠信,诚实做人,等等等等。真正佛家的东西并不太多。这也使我想到,尽管中国历史上有过儒释道三教的激烈争辩,甚至发生"三武之祸",但毕竟是少数事例;相反,"三教(儒、释、道)合一"倒一直是文化主流。孔子、老子、释迦牟尼三大神圣和平共存、友好相处,既出现在近千年前的宋代文人的画卷中,也仍然保存在今日民间的寺庙里。中国从来没有真正的宗教战争,便是世界文化史上的一大奇迹。之所以能如此,我以为与儒学的包容性有很大关系。儒学不重奇迹、神秘,却并不排斥宗教信仰;在"三教合一"中,它不动声色地渗入其他宗教,化为它们的重要内容和实质成分。而儒学之所以能如此,其原因又在于它本身原来就远不止是"处世格言""普通常识",而具有"终极关怀"的宗教品格。它执着地追求人生意义,有对超道德、伦理的"天地境界"的体认、追求和启悟。从而在现世生活中,儒学的这种品德和功能,可以成为人们(个体)安身立命、精神皈依的归宿。它是没有人格神、没有魔法奇迹的"半宗教"。

同时,它又是"半哲学"。儒学不重思辩体系和逻辑构造,孔子很少抽象思辩和"纯粹"论理。孔子讲"仁"讲"礼",都非常具体。这里很少有"什么是"(what

is)的问题,所问特别是所答(孔子的回答)总是"如何做"(how to)。但这些似乎非常实用的回答和讲述,却仍然是一种深沉的理性思索,是对理性和理性范畴的探索、论证和发现。例如,"汝安则为之",是对伦理行为和传统礼制的皈依论证;"逝者如斯夫,不舍昼夜",是对人生意义的执着和追求;"吾非斯人之徒与而谁与",是对人类主体性的深刻肯定。而所有这些都并非柏拉图式的理式追求,也不是黑格尔式的逻辑建构,却同样充分具有哲学的理性品格,而且充满了诗意的情感内容。它是中国实用理性的哲学。

(改编自李泽厚《〈论语今读〉前言》)

材料二

《论语》中对于"仁"字的解释最多,但是也最难捉摸。一方面,他一再地要给"仁"字明白的解释,而另一方面却又有"子罕言利,与命与仁"。孔子屡次对于这种道德要素"欲说还止"。孔子有不少次数说:"不够说是仁。"但是当他积极地说明"仁"字是什么时,他却退到了"克己复礼为仁""恭宽信敏惠"这一套私人间的道德要素了。他说:"能行五者于天下为仁矣。——恭则不侮,宽则得众,信则人任焉,敏则有功,惠则足以使人。"

(改编自《乡土中国·维系着私人的道德》)

材料三

中国哲学的原著,比如《论语》《孟子》,我们进入这些著作是在读什么?是不是像读康德、黑格尔的哲学著作一样?不是。你进入康德的著作、黑格尔的著作,你是进入了严密的范畴的演绎和概念的推论。但我们进入本民族的哲学著作时,不是做这些事的。

我们都在这个世界上生活过一段时间了,每个人都积累起自己的生命感受,但从来还没有机会去读过它。我们从来不读,于是我们的生命感受是散漫的,不成境界的。通过阅读中国哲学典籍,我们获得了一个机会,把我们的生命感受放进去,再把它领出来,让我们的生命感受提升为生命的境界。中国哲学原著的文字,是生命情感本真的表达。

(改编自王德峰《中西思想必修课·如何真正进入中国哲学典籍的世界》)

1. 下列对材料相关内容的理解和分析,不正确的一项是(   )

A. 在中国,士大夫知识分子与民间对人格神的态度是不太一样的,一般来说,前者似信非信,后者浮浅的崇信主要出于实用。

B. 中国的民间宗教不太重视奇迹宣讲,儒学的人伦秩序和道德理念是这些民间宗教倡导的主要内容。

C. 中国没有过真正的宗教战争,与儒学并不排斥宗教信仰,能够渗入其他宗教,化为它们的重要内容和实质成分有重要关系。

D. 因为儒学有"终极关怀"的宗教品格,所以它是"半宗教";又因为儒学不重与理性有关的思辨体系和逻辑构造,所以它是"半哲学"。

2. 根据材料内容,下列说法正确的一项是( )

A. 民间寺庙里的孔子、老子、释迦牟尼三大神圣和平共存、友好相处,说明了民间信仰崇拜的多元而浮浅,可以因人因地而改变。

B. 孔子很少去解答"什么是仁"的问题,却以"克己复礼""恭宽信敏惠"等私人间的道德原则指出如何做到"仁"。

C. 以柏拉图、黑格尔为代表的西方哲学更强调思辨体系和逻辑构造,而中国哲学更在意诗意的情感内容,二者的理解方式是不一样的。

D. 在阅读中国哲学典籍时融入自己的生命感受,就能真正理解它们,最终让生命感受不再散漫,升华为生命的境界。

3. 结合材料内容,下列选项中最能支持材料一中"儒家具有'终极关怀'的宗教品格"这一观点的一项是( )

A. 佛教的证严法师赞赏病人可以死在有亲属在旁的家中,而不必死在医生、护士等陌生人手里,这与以亲子为核心的儒学人际关怀相似。

B. 于丹讲解《论语》中的"岁寒,然后知松柏之后凋也",认为这意味着一个人的涵养决定了他能否临大事不乱,能否战胜风险。

C. 孔子不是柏拉图,他的哲学不是空中楼阁,他的哲学要求并且已经在广大人们生活中直接起现实的作用。

D.《子路、曾皙、冉有、公西华侍坐》中孔子对曾皙"浴乎沂,风乎舞雩,咏而归"的赞同,体现了他对于人生和乐状态的追求。

4. 材料一中,作者是如何得出"儒家是半宗教"的结论的?请梳理其思路。

5. 当下,越来越多的人们开始重新意识到儒学的价值。请根据三则材料,概括儒学的特点,并谈谈我们该如何对待儒学。

一、基础篇

1. C("但最接近公共的道德观念"说法错误。结合原文"在差序格局中并没有一个超乎私人关系的道德观念","孝、悌、忠、信都是私人关系中的道德要素"可知,"忠"并不是最接近公共的道德观念,而是针对与君王私人间的关系。)

2. ①差序格局中并没有一个超乎私人关系的道德观念;②孔子的"仁",是私人间的道德要素;③在中国乡土社会中并不容易具体地指出一个笼罩性的道德观念来。

3. (1)√ (2)√ (3)√

4. A 礼俗 B 差序 C 调解 D 地缘

5. 礼俗社会——法理社会 团体道德——维系着私人的道德 面对面社群(文盲社会)——借助文字的社会 团体格局——差序格局

二、进阶篇

1. 道德观念:依据某种社会格局,用道德这种合规的形式来制约人的行为的一种信念。

2.

全人类生来都平等,他们都有天赋不可夺的权利。(《独立宣言》)	差序格局中道德的社会范围是从"己"推出去的,最基本的是亲属,向另一路线推是朋友,相配的是忠信。
为人谋而不忠乎? 与朋友交而不信乎?(《论语》)	仁是一套私人间道德要素的总和。
亲亲也,尊尊也,长长也,男女有别,此其不可得与民变革者也。(《礼记》)	团体道德的缺乏,在公私冲突里更看得清楚。负有政治责任的君王,也得先完成他私人间的道德。
能行五者于天下为仁矣。——恭则不侮,宽则得众,信则人任焉,敏则有功,惠则足以使人。(《论语》)	每个团体分子和团体的关系是相等的。团体不能为任何人所私有。
万章曰:"象至不仁,封之有庳。有庳之人奚罪焉? 仁人固如是乎? 在他人则诛之,在弟则封之。"曰:"身为天子,弟为匹夫,可谓亲爱之乎?"(《孟子》)	中国传统社会里最基本的概念,人际往来所构成的网络中的纲纪,就是一个差序,也就是伦。

3. (1)中国的家扩大的路线是单系的,就是只包括父系这一方面。

(2)我们的家是个绵续性的事业社群,它的主轴是在父子之间,在婆媳之间,是纵的,不是横的。夫妇成了配轴。

(3)在乡村里,夫妻之间感情的淡漠也是日常可见的现象。有说有笑,有情有意的是在同性和同年龄的集团中。

(4)直接靠农业来谋生的人是黏着在土地上的。

(5)差序格局范围的大小依据中心势力的厚薄而定,具有伸缩功能。

4.《论语》片段中倡导的群己关系是在克己修身的前提下,推己及人,以己利群,以己安群,从而与周围人形成良性关系,这是一种更完美的道德关系。

5. (1)俗语背后体现了差序格局原理。乡土社会中的人情关系是根据远近亲疏来区别轻重厚薄,具有伸缩性,人们办事时,总是希望攀附某一层级的关系,相对于关系生疏和没有关系的人找到优势。

不良影响:①导致乡土社会中的人际关系不平等;②社会公德被维系私人关系的道德替代;③对人们的法律意识形成冲击。

(2)①相较于传统乡土社会,"互联网+"背景下的当代乡村,血缘意识淡化,地缘意识增强,这是乡村"熟人经济"模式得以推行的重要基础;②而当代乡村依然保有的相对稳定的人际关系和道德礼法,又为乡村"熟人经济"模式的推行提供了有效保障。

6. (1)新闻中的女儿报警劝阻父亲高架上开车打电话的违法行为,明显是拥有现代社会结构格局下的道德观点,而非乡土社会那套道德体系,乡土社会差序格局中的道德体系是得看所约束的对象和"自己"的关系而加以程度上的伸缩,而女儿的做法不再为满足道德元素"孝"而罔顾法律,在今天的法治社会中,她的举动是值得肯定和推广的。

(2)我认为,家乡要想建设得更美丽,首先要排除"自私"的因素。这是一个较为严重的弊病,"事不关己,高高挂起""个人自扫门前雪,莫管他人瓦上霜",这些充满"生活智慧"的俗语,其实展现出我们对于公共事务、集体事务的不热心。家乡要想发展,必须要聚集所有人的力量,团结一致。其次,要杜绝"关系户"。在乡村,我们往往讲的是攀关系,讲交情,任人唯亲,却忽略了要"任人唯贤"。这样自然会影响事务的正常开展。

三、提升篇

(一)1. C(根据横线前原文可以推出解释对象是"中国乡土社会的基层机构",抓住横线后面句中"网络""这种格局"等关键词,可以推出此处应该填写关于某种"格局"的类型。再结合第1段中"在一个安居的乡土社会,每个人可以在土地上自食其力地生活时,只在偶然的和临时的非常状态下才感觉到伙伴的需要",可见应该选择"差序格局"。)

2. B(第①段最后在阐释"格局"这一概念,按照话题的一致性,第①句应该放在句首承接,与上文衔接恰当,可排除CD两项;第①句后面谈到了"道德观念",后面应该接④,解释什么是"道德观念",排除A项。)

3. B("权利"指公民或法人依法应享有的权力和利益;"权力"指职责范围内的指挥或支配力量。第一处横线,由后文语境"团体对个人也必须保障这些个人的权利"可知应该选择"权利";第二处横线,"滥用"应该和"权力"搭配,指超越了"团体代理人"职责范围内的力量;第三处横线根据上文语境"国家可以要求人民的服务",强调是人民的义务,"权利"与"义务"相对,国家要求人民,履行义务,也要保障人民权利;第四处横线,"在公道和爱护的范围内行使"这句话主语是承前省略的"国家",意思为国家可以在一定范围内行使指挥或支配力量,应用"权力"。)

4. 在司马牛与孔子的问答中,孔子描述了"仁"的一个表象,即"有仁德的人,说话慎重","仁"很难做

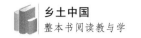

乡土中国
整本书阅读教与学

到。这段引用反映出"仁"的内涵难以清晰界定,只能落于具体的伦常关系中,成为私人间的道德要素。这则材料论证了在"团体"组合并不坚强的中国乡土社会中并不容易具体地指出一个笼罩性的道德观念来。

5. 示例1:第①段中将现代西洋的"团体格局"与中国乡土社会的"差序格局"作对比,前者很可能是从"部落"形态中传下来的,一群人在山林里求生必须相互依赖,后者的形成是因为在一个安居的乡土社会中,每个人可以自食其力而很少需要伙伴,从而引出下文对在不同格局下道德体系不同的阐述。

示例2:第③到⑪段将"团体格局"中的道德体系与"差序格局"中的道德体系进行对比,前者道德的基本观念建筑于团体和个人的关系上,这种道德观念受到宗教观念的影响,强调"平等和公道",后者道德体系的出发点是"克己""修身",没有笼罩性的道德观念,没有个人对团体的要素,根据对象与自己的关系确定标准而没有普遍道德标准。

(二) 1. D(结合材料一"在我们中国传统思想里是没有这一套的,因为我们所有的是自我主义,一切价值是以'己'作为中心的主义"分析可知,"自我主义"只是一切价值是以"己"作为中心,并不代表自私自利。)

2. D(根据材料二"墨家的'爱无差等',和儒家的人伦差序,恰恰相反"可知,"爱无差等"是墨家的观点,不是差序格局中道德体系的观点。)

3. C(根据材料二"在差序格局中并没有一个超乎私人关系的道德观念"可知,不存在超乎私人关系的道德观念的是在差序格局中,而不是在团体格局中。)

4. B(B项,子贡说:"如果一个人能广泛地给民众以好处,而且能够帮助众人生活得很好,这人怎么样?可以说他有仁德了吗?"孔子说:"哪里仅仅是仁德呢,那一定是圣德了!尧和舜大概都难以做到!一个有仁德的人,自己想树立的,同时也帮助别人树立;自己要事事通达顺畅,同时也使别人事事通达顺畅。凡事能够推己及人,可以说是实行仁道的方法了。"对话中孔子强调自己先做好,然后推己及人,去成全别人,并没有说要牺牲自己。)

5. ① 儒家重视差等的次序,认为社会结构的等级架构是不能变的,变的只是利用这架构所做的事。② 孔子最注重的就是水纹波浪向外扩张的"推"字,他强调推己及人。孔子的道德系统里绝不肯离开差序格局的中心。③ 儒家重视"仁",最主要的是做到"克己复礼""壹是皆以修身为本",以此作为差序格局中道德体系的出发点。

(三) 1. D("因为儒学不重与理性有关的思辨体系和逻辑构造"强加因果。儒学之所以是"半哲学",不是因为它不重思辨体系和逻辑构造,而是因为它虽有这方面特质,却仍然是一种深沉的理性思索,是对理性和理性范畴的探索、论证和发现,同样充分具有哲学的理性品格,而且充满了诗意的情感内容。)

2. B(A选项"说明了民间信仰崇拜的多元而浮浅,可以因人因地而改变"错误。根据材料一"相反,'三教(儒、释、道)合一'倒一直是文化主流"和"孔子、老子、释迦牟尼三大神圣和平共存、友好相处,既出现在近千年前的宋代文人的画卷中,也仍然保存在今日民间的寺庙里"的前后关系可知,文章列举三大神圣和平共存、友好相处是为了说明三教合一是文化主流,而并非说民间信仰多元和浮浅。C选项"中国哲学更在意诗意的情感内容"说法有误。材料一说"而所有这些都并非柏拉图式的理式追求,也不是黑格尔式的逻辑建构,却同样充分具有哲学的理性品格,而且充满了诗意的情感内容",只是说儒家思想充满诗意的情感内容,而并非其主观地去在意这方面。D选项"就能真正理解它们"说法过于绝对。材料三中"通过阅读中国哲学典籍,我们获得了一个机会,把我们的生命感受放进去,再把它领出来,让我们的生命感受提升为生命的境界",只是说"获得了一个机会",是或然,不是必然。故选B。)

3. D(材料一提到的"终极关怀"是人类在追求物质发展的同时,越来越重视寻求精神上的慰藉。A选项"以亲子为核心的儒学人际关怀",讨论的是儒学的人伦秩序内容,并非个人的精神追求。B选项"一个人的涵养决定了他能否临大事不乱,能否战胜风险",谈论的是个人的涵养品格对其是否能实现精神追求的作用,并非人的精神需求本身。C选项阐释孔子不重视抽象思辩和"纯粹"论理,而是作非常实用的回答和讲述,并不能体现"终极关怀"的内容。故选 D。)

4．作者首先从人格神和奇迹宣讲两方面,指出了儒家不同于宗教的一面。接着,又以"儒家的包容性"为发端,指出儒家思想核心中"终极关怀"、精神皈依等方面与宗教精神实质相同,说明其相同于宗教的一面。至此,作者在语段最后得出结论:它是没有人格神、没有魔法奇迹的"半宗教"。

5 儒学特点:①儒学是一种没有人格神、没有魔法奇迹,但具有"终极关怀"和引导精神皈依的"半宗教";②儒学是一种不重思辩体系和逻辑构造,很少抽象思辩和"纯粹"论理,却仍然具备深沉的理性思索的实用主义"半哲学";③最关注"仁",但对"仁"等道德概念不给出明确具体的定义。

如何对待儒学:①既关注到其深入现实的一面,又关注到其超脱于现实、高于现实的一面;既可从中获取"如何做"的方法论,也可从中获取精神皈依;②在阅读儒学著作时,不过分关注严密范畴演绎和概念推论,而是把自己积累的生命感受放进去,与其中的精神共鸣,获得生命情感本真的感受。

7 《家 族》

章 节 解 读

段落大意

第 1 段　回顾前文的行文逻辑,辨明并区别"差序格局"与"团体格局"两个概念的内涵,为后文行文论述做铺垫。

第 2 段　过渡段,解释上一段论述的原因,并引出对"家"的论述。

第 3 段　作者认为我们乡土社会中,"家"准确应该称作"小家族"。

第 4 段　过渡段,陈述"小家庭"与"大家庭"区别大小的因素,即家庭结构的复杂度。

第 5 段　引用并解释"家庭"这个概念及其基本功能之生育。

第 6 段　承接上一段,继续论述"家庭"也有着其他的功能,但是这些功能并非主要的,主要的仍旧是"生育功能"。

第 7 段　"家庭"在西洋社会和中国乡土社会中的不同。

第 8 段　作者解释使用"小家族"这一概念的原因。

第 9 段　"家族"和"家庭"两个概念的联系和区别。

第 10 段　"家族"与"家庭"在功能上的不同,表明在我们乡土社会中"家庭"必然演变为"家族"。

第 11 段　家族根据事业大小而变化,它是一个事业组织。

第 12 段　西洋社会中家的主要特点。

第 13 段　与上一段构成对比论证,论述我们乡土社会中家的主要特点是一切事业都不能脱离效率的考虑。求效率就得讲纪律,纪律排斥私情的宽容。

第 14 段　承接上一段,论述了乡土社会中夫妇男女之间情感的隔离,成为下一篇文章论述"男女有别"的开端。

思维导图

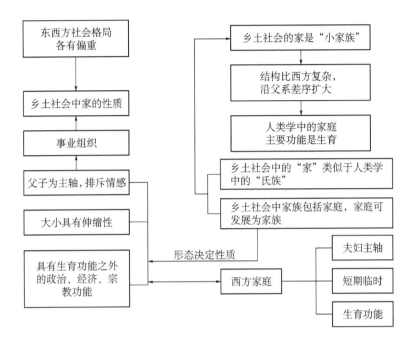

概念解释

家庭：这是个亲子所构成的生育社群。（人类学概念）

《生育制度》：作者另一本著名的学术论著，主要讨论社会家庭的生育问题。

氏族：根据单系亲属原则所组成的社群。（人类学概念）

《美国人性格》：作者另一本著名的学术著作，主要分析了美国的文化，并且对比了中国的文化。

三从四德：三从是"未嫁从父，既嫁从夫，夫死从子"；四德是"妇德、妇言、妇容、妇功"。

阈：门槛，门限。

内容导读

家庭这个概念在人类学上有明确的界说：这是个亲子所构成的生育社群。亲子（父母-孩子）指的是它的结构，生育指的是它的功能。从生育这个角度来说，抚育孩子的目的终究会有结束的一天，因此家庭的功能是暂时性的，它不像

国家、学校这样的社群功能是长期性的。但是在任何文化中，夫妇之间的合作都不可能因儿女的成长而结束，所以家庭这个社群总是还赋有生育之外的其他功能，夫妻之间还经营着经济的、感情的、两性的合作。

费孝通称中国的"家"为"小家族"，是因中国的"家"具备着"族"的性质，如绵续、父系传承、无严格团体界限、承担更多功能等。也因着"族"的性质，家庭内成员关系也发生了变化。乡土社会的家庭中，夫妻关系是配轴，父子关系才是主轴。

有人提出质疑：乡土社会中也有团体，家庭、氏族、邻里、街坊、村落，皆可算作团体。费孝通回应：前文所述的团体，是狭义的团体，可理解为有明确界限的团体，而非上述广义的团体。乡土社会中广义的团体，可称之为"社会圈子"。当然，差序格局中也可有团体，团体格局中也可有差序，不过是各有偏胜。

把家称作"小家族"，是因为乡土社会的家具有"族"的性质，这也是乡土社会与团体社会中家的最大不同。乡土社会中家是绵续的，并依着父系传承，而团体社会是暂时的。乡土社会中家承担着更多社会功能，而团体社会主要承担生育功能以及部分夫妻能力范围之内的事物，较多人合作的事务则需由其他社群来经营。

乡土社会中的家族承担更多的社会功能，比如家有生育功能，也有教育功能，如《红楼梦》中贾家子弟皆入族中私塾上学。而团体社会中，一夫一妻也能承担部分的教育功能，但无法应付完全，故必须交由学校完成。现今社会，中国家族之间只保留走亲访友的关系，已无力组织社会公共事务。实际上，家族已经解体。家族解体的后果，是公权力与个人之间失去缓冲，公权力将更为膨胀。

团体社会中家的主要关系在夫妻之间，是横的。而乡土社会中家是个绵续性的事业社群，故其主要关系在父子、婆媳之间，是纵的。所以"一切事业都不能脱离效率的考虑……在中国的家庭里有家法，在夫妇间得相敬，女子有着三从四德的标准，亲子间讲究负责和服从。这些都是事业社群的特色"。又，"不但在大户人家，书香门第，男女有着闺内闺外的隔离，就是在乡村里，夫妇之间感情的淡漠也是日常可见的现象"。乡土社会中夫妻之间有无爱情？若无爱情，是否就意味着不幸？若是不幸，离开家族自由恋爱，是否就意味着幸福？以上问题，均无法用是与非来解答。

之所以会出现这种现象，在费老看来是由于把生育之外的很多功能拉入到家庭这社群之后所引起的结果。中国人在感情上不像西洋人那样在表面上流露，正是在这种社会结构中所养成的性格。

专 项 训 练

一、基础篇

1. 为什么说"家庭"这个社群是暂时性的?

2. 为什么说"中国的家是一个事业组织"?

3. "这些标记并没有使我完全满意,而且也有容易引起误会的地方"中的"完全"和"容易"能否删除? 为什么?

4. 能否把下面句子中的"不能说它不存在"改写为"它存在"? 为什么?

但是包括在家族中的家庭只是社会圈子中的一轮,不能说它不存在,但也不能说它自成一个独立的单位,不是一个团体。

5. 西洋家庭和中国家庭有什么不同?

6. 文章的最后一个自然段主要运用了对比论证的方法,举例分析具体是从哪些方面进行对比的。

二、进阶篇

1.《家族》一章开头,作者解释了"提出这新名词来的原因"。下列说法不符合文意的一项是(　　)

　　A. 表明已有词汇里没有确当指称的概念。

　　B. 生疏的概念可以更清楚地被读者认知。

　　C. 把内在结构不同的几类概念进行区分。

　　D. 帮助读者获得对社会结构切实的了解。

2. 根据《家族》一章内容,将下表补充完整。

	西方小家庭	中国大家庭
功能	生育	①_____
存续	临时性	②_____
主轴	③_____	父子、婆媳(纵向)
结构	亲子	④_____
基础	⑤_____	纪律、宗法(排斥私情)
结构原则	⑥_____	⑦_____

3.《乡土中国》第四至七章之间有着怎样的内在联系?它们在全书中处于怎样的地位?

4. **材料一**　2021 年 5 月 31 日,中共中央政治局召开会议,为进一步优化生育政策,实施一对夫妻可以生育三个子女政策及配套支持措施,积极应对少子老龄化。

　　材料二　2021 年 9 月 1 日小学生入学,课本封面引发网友关注,五年级上册是爸爸妈妈带着两个孩子,一家四口正在下围棋。而六年级上册的则是妈妈带着三个孩子在画画。有网友打趣道:"爸爸不见了,估计是为了养家,努力加班赚钱去了。"虽是趣说,却反映了当下年轻人的生育焦虑。

对于生育的态度,两则材料似有冲突,请联系《家族》中的内容,分析这一现象产生的原因。

5. 下面两段文字,有一个共同点,就是介绍人物先介绍其祖先。这与现代人一样吗?为什么?

《三国演义》第三十六回中,徐庶这样介绍诸葛亮:"此人乃琅邪阳都人,复姓诸葛,名亮,字孔明,乃汉司隶校尉诸葛丰之后。其父名珪字子贡,为泰山郡丞,早卒。亮从其叔玄。玄与荆州刘景升有旧,因往依之,遂家于襄阳。后玄卒,亮与弟诸葛均躬耕于南阳。"

《旧唐书·杜甫传》是这样开头的:"杜甫,字子美,本襄阳人,后徙河南巩县。曾祖依艺,位终巩令。祖审言,位终膳部员外郎,自有传。父闲,终奉天令。"

三、提升篇

阅读下面的材料,完成题目。

(一)

家族虽则包括生育的功能,但不限于生育的功能。依人类学上的说法,氏族是一个事业组织,再扩大就可以成为一个部落。氏族和部落赋有政治、经济、宗教等复杂

的功能。我们的家也正是这样。我的假设是中国乡土社会采取了差序格局,利用亲属的伦常去组合社群,经营各种事业,使这基本的家,变成氏族性了。一方面我们可以说在中国乡土社会中,不论政治、经济、宗教等功能都可以利用家族来担负;另一方面也可以说,为了要经营这许多事业,家的结构不能限于亲子的小组合,必须加以扩大。而且凡是政治、经济、宗教等事物都需要长期绵续性的,这个基本社群决不能像西洋的家庭一般是临时的。家必须是绵续的,不因个人的长成而分裂,不因个人的死亡而结束,于是家的性质变成了族。氏族本是长期的,和我们的家一般。我称我们这种社群作小家族,也表示了这种长期性在内,和家庭的临时性相对照。

中国的家是一个事业组织,家的大小是依着事业的大小而决定。如果事业小,夫妇两人的合作已够应付,这个家也可以小得等于家庭;如果事业大,超过了夫妇两人所能担负时,兄弟伯叔全可以集合在一个大家里。这说明了我们乡土社会中家的大小变异可以很甚。但不论大小上差别到什么程度,结构原则上却是一贯的、单系的差序格局。

以生育社群来担负其他很多的功能,使这社群中各分子的关系的内容也发生了变化。在西洋家庭团体中,夫妇是主轴,夫妇共同经营生育事务,子女在这团体中是配角,他们长成了就离开这团体。在他们,政治、经济、宗教等功能有其他团体来担负,不在家庭的分内。夫妇成为主轴,两性之间的感情是凝合的力量。两性感情的发展,使他们的家庭成了获取生活上安慰的中心。我在《美国人性格》一书中曾用"生活堡垒"一词去形容它。

在我们的乡土社会中,家的性质在这方面有着显著的差别。我们的家既是个绵续性的事业社群,它的主轴是在父子之间、在婆媳之间,是纵的,不是横的。夫妇成了配轴。配轴虽则和主轴一样并不是临时性的,但是这两轴却都被事业的需要而排斥了普通的感情。我所谓普通的感情是和纪律相对照的。一切事业都不能脱离效率的考虑。求效率就得讲纪律,纪律排斥私情的宽容。在中国的家庭里有家法,在夫妇间得相敬,女子有着"三从四德"的标准,亲子间讲究负责和服从。这些都是事业社群里的特色。

（改编自《乡土中国·家族》）

1. 下列关于中国乡土社会"家的性质"的理解,不正确的一项是(　　　)

　　A. 中国乡土社会中,家作为一种事业社群,具有绵续性,而西方的家庭无需担负政治、经济、宗教等功能,一般具有临时性。

  B. 氏族作为事业组织,不因个人的长成而分裂,不因个人的死亡而结束,这种长期性同样是中国乡土社会中的家庭所具备的。

  C. 家庭关系的主轴在纵向的父子、婆媳之间,而不是在横向的夫妇之间,这一显著特点是由中国乡土社会中家的性质决定的。

  D. 中国乡土社会的家庭注重绵续性,求效率,讲纪律,排斥私情的宽容,只有夫妻间的相敬如宾,没有两性之间的情感安慰。

2. 下列理解和分析,不符合原文意思的一项是( )

  A. 依据人类学上的说法,部落是由氏族扩大形成的。部落和氏族都具备事业组织的特点,在这一点上中西方是相同的。

  B. 中国乡土社会中,家的大小根据事业的大小可以存在很大的差别,这些事业可以包括政治、经济、宗教等诸多方面。

  C. 社群中各分子的关系的内容发生变化,跟该社群担负的功能有关。西洋家庭担负生育功能,中国家庭担负事业功能。

  D. 作者在《美国人的性格》一书中曾用"生活堡垒"一词形容夫妻间的两性情感。这种情感可以在生活上安慰夫妻双方。

3. 根据原文内容,下列理解和分析不正确的一项是( )

  A. 中国乡土社会采取差序格局作为结构原则,这仅是作者的假设,由此得出的基本的家具有氏族性的判断并没有客观依据。

  B. 中国乡土社会中,家的结构如仅限于亲子的小组合而不加以扩大,就会影响家的长期绵续性,也就不利于经营复杂性事业。

  C. 中国的家法和"三从四德"的道德标准,讲究负责和服从的纪律性,追求事业维系和发展的效率,冲淡了家人间的亲情。

  D. 在论述"中国的家"的特点时,作者一再强调"乡土社会"这一概念,表明这些特点的形成与乡土社会的性质密切相关。

 4. 节选文字多处运用对比手法,试列举两例,并简析作者想要通过这些对比表达什么观点。

（二）

材料一

我在上一篇里说明了乡土社会的一个特点就是这种社会的人是在熟人里长大的。用另一句话来说，他们生活上互相合作的人都是天天见面的。

（改编自《乡土中国·文字下乡》）

历世不移的结果，人不但在熟人中长大，而且还在熟悉的地方上长大。熟悉的地方可以包括极长时间的人和土的混合。祖先们在这地方混熟了，他们的经验也必然就是子孙们所会得到的经验……他们个别的经验，就等于世代的经验。经验无需不断累积，只需老是保存。

（改编自《乡土中国·再论文字下乡》）

家族虽则包括生育的功能，但不限于生育的功能。依人类学上的说法，氏族是一个事业组织，再扩大就可以成为一个部落。氏族和部落具有政治、经济、宗教等复杂的功能。我们的家也正是这样。我的假设是中国乡土社会采取了差序格局，利用亲属的伦常去组合社群，经营各种事业，使这基本的家，变成氏族性了。一方面我们可以说在中国乡土社会中，不论政治、经济、宗教等功能都可以利用家族来担负；另一方面也可以说，为了要经营这许多事业，家的结构不能限于亲子的小组合，必须加以扩大。而且凡是政治、经济、宗教等事物都需要长期绵续性的，这个基本社群决不能像西洋的家庭一般是临时的。家必须是绵续的，不因个人的长成而分裂，不因个人的死亡而结束，于是家的性质变成了族。氏族本是长期的，和我们的家一般。我称我们这种社群作小家族，也表示了这种长期性在内，和家庭的临时性相对照。

中国的家是一个事业组织，家的大小是依着事业的大小而决定的。如果事业小，夫妇两人的合作已够应付，这个家也可以小得等于家庭；如果事业大，超过了夫妇两人所能担负时，兄弟伯叔全可以集合在一个大家里。这说明了我们乡土社会中家的大小变异可以很甚。但不论大小上差别到什么程度，结构原则上却是一贯的、单系的差序格局。

（改编自《乡土中国·家族》）

材料二

"聚落"一词，在我国最早出现于《汉书·沟洫志》，最初是"村落"的意思。而现代广义的"聚落"，指人类各种聚居方式，且涵盖生产、生活、政治、经济、文化等诸多因素。

每个聚落空间一般都有一个中心。以浙江省楠溪江地区的乡村聚落为例，周宅村的中心由土地庙和一个长方形广场组成；塘湾村的中心由郑氏宗祠、五桂祠及松房祠组成，宗祠也兼做戏台；芙蓉村的中心由主街南侧的芙蓉池和芙蓉亭组成，芙蓉池西邻宗族子弟读书的芙蓉书院。这些聚落中心体现了乡土社会农耕文明的特点。

聚落中的家家户户，不仅体现为空间上的紧密相邻，更体现为文化、制度、血缘等因素的共同联结。浙江兰溪的诸葛村，是迄今发现的诸葛亮后裔人数最多的聚居地。诸葛村有六七百年的历史，村中很多人从事中医药业，如今四代以上的中药世家就有十四家。地处八座小山合抱中的诸葛村，以"钟池"为聚落中心，从"钟池"向四面八方延伸出八条主巷。主巷间的住户星罗棋布，并派生出许多连环交错的窄弄堂，外人进村犹如走迷宫。有趣的是，数百年来，诸葛后人浑然不觉身在"八阵图"，直到有人揭出"八卦阵"布局的奥秘。有学者认为，这种聚落空间布局，有利于一呼百应，从四面八方打击来犯之敌，这既是对祖先的特殊纪念，也是对诸葛亮"八阵图"的变相保存。

世界其他地区也曾出现过许多以血缘、家族为纽带组成的聚落。比如十五世纪的意大利城市聚落佛罗伦萨，曾聚居了四百多个家族派别。这些家族派别之间的关系错综复杂甚至相互敌对，于是，强势家族修筑塔楼，聚族而居，追随者则聚居于塔楼周围，以增强各自家族派别的势力，彼此防御抗衡，因此当时的佛罗伦萨塔楼林立。

工业革命以后，很多乡村聚落发展为城市聚落；城市聚落则从以血缘为基础的身份社会，发展为以法理为基础的契约社会。

1. 根据材料一，下列表述不正确的一项是（　　　）

   A. 由于历世不移，在乡土社会生活的人大多相熟。

   B. 由于历世不移，每代人的生活环境都大体相似。

   C. 由于历世不移，祖先的有效经验可以世代重复。

   D. 由于历世不移，个人要为家族去经营各种事业。

2. 根据材料一，下列对中国乡土社会中"家族"的理解，不正确的一项是

                                          （　　　）

   A. 家族可以担负的社会功能，不仅限于生育。

   B. 家族的结构，可以从亲子扩大到邻里乡亲。

C. 家族的大小,取决于它担负的事业的大小。

D. 家族无论大小,原则上是差序格局的结构。

3. 根据材料二,下列理解与推断,不正确的一项是(　　)

A. 聚落不仅表现为空间上的聚居关系,同时也包含了文化、血缘等社会关系。

B. 楠溪江地区的乡村聚落中心,体现出农耕文明重视礼制、耕读传家等特点。

C. 佛罗伦萨曾塔楼林立,有利于聚居的四百多个家族派别一呼百应共同迎敌。

D. 很多现代城市聚落由乡村聚落发展而来,并形成了以法理为基础的契约社会。

4. 兰溪的诸葛村体现出乡土社会哪些方面的特点?请综合以上两则材料简要说明。

(三)

王忠夫妇墓志(节选)

[明]李东阳

① 公讳忠,字以诚,陕之西安人也。少习经史大义,尤工楷法,素孝友。父丧终慕,奉母甚谨。母好施,值邻族贫者,或倾囊给之,公极意承顺,略无靳色。母安其养,年至八十有七而卒。兄疾革,公问所欲,曰:"吾生不能给汝,今且死,敢以儿女望汝乎!"公泣曰:"吾兄之子,犹子也,某不敢负。"后抚其子政及二女,皆为婚嫁。有二姊:一嫁林氏,家中衰,衣食殡殓皆其手出;一嫁叶氏,早寡,并育其子于家。咸党俞教谕春有遗孤,亦留为娶妇。一门三姓,同爨而居,人以为难。公性本严毅,不苟合,而厚伦尚义乃如此。初事举业,夺于家政,则以付敞曰:"汝为我成之。"忽遘疾卒,年五十有二而已。

②娶袁氏,甫期而卒,继娶于张,是为太恭人。凤闲礼度,奉姑外不敢与姒齿居。恒以俭勤佐家,公甚赖之。公卒,二甥者皆去,太恭人独专阃政,慈幼抚下,老不自佚。少子敝早逝,教敝尤切。敝自有禄秩,迎养京邸十有余年。太恭人每夜五鼓辄趣使入朝,与二三邻姬谈笑为乐。比其婿叶森为京卫武学训导,岁时燕会,子婿妇女举觞称寿。太恭人年益高,而动履日裕,怡然若居其乡。大夫士登堂而拜者相与叹羡至为歌诗颂之年八十有三而卒。

③呜呼!王氏再世失怙,而母皆老寿以成其子之贤,至是尤显。然其培植之厚,仪型之正,于公之德不亦益可验哉!

1. 写出下列加点词在句中的意思。

(1) 素孝友(　　　　　　　　　)

(2) 太恭人每夜五鼓辄趣使入朝(　　　　　　　　　)

2. 结合上下文,为下列句中加点词选择释义正确的一项。

(1) 公极意承顺,略无靳色(　　　)

　　　A. 阻拦　　　　B. 吝惜　　　　C. 固执　　　　D. 耻笑

(2) 凤闲礼度,奉姑外不敢与姒齿居(　　　)

　　　A. 悠闲　　　　B. 伺候　　　　C. 娴熟　　　　D. 参与

3. 把第①段画线句译成现代汉语。

兄疾革,公问所欲,曰:"吾生不能给汝,今且死,敢以儿女望汝乎!"

4. 对第②段画浪线部分断句正确的一项是(　　　)

　　　A. 大夫士登堂而拜者/相与叹羡至/为歌诗颂之/年八十有三而卒

　　　B. 大夫士登堂/而拜者相与叹羡/至为歌诗颂之年/八十有三而卒

　　　C. 大夫士登堂而拜者/相与叹羡/至为歌诗颂之年/八十有三而卒

　　　D. 大夫士登堂而拜者相与/叹羡至为/歌诗颂之/年八十有三而卒

5. 下面是《乡土中国·家族》一章中对中国乡土社会家族"绵续"特点的描述,请据此分析上文中王忠夫妇是怎样担负家族责任、促进家族绵续的。

一方面我们可以说在中国乡土社会中,不论政治、经济、宗教等功能都可以利用家族来担负……家必须是绵续的,不因个人的长成而分裂,不因个人的死亡而结束,于是家的性质变成了族。

6. 李东阳为王忠夫妇写墓志主要是看重其子王敞,简析王敞哪些行为令李东阳嘉许。

一、基础篇

1. 家庭既以生育为功能,在开始时就得准备结束。抚育孩子的目的就在于结束抚育。

2. 家的大小是依着事业的大小而决定的,但不论大小上差别到什么程度,结构原则上却是一贯的、单系的差序格局。

3. 不能删除。"完全"和"容易"这两个修饰性的副词使表述更加准确、严谨,体现了论文的科学性。

4. 不能。因为原句采用双重否定句,语气比肯定句更为强烈,加强了表达的效果。而且与后面"也不能说它"句式一致,照应紧密,更加顺畅。

5. (1)在西洋,家庭是团体性的社群,有严格的团体界限,这个社群经营的事务很少,以生儿育女为主。在中国的乡土社会中,家并没有严格的团体界限,不限于亲子,可以顺着父系扩大,在结构上是一个氏族。它是一个事业组织,具有政治、经济、宗教等复杂的功能。家的大小依着事业的大小决定。(2)在西洋家庭中,夫妇是主轴,共同经营生育事务,子女是配角。中国的家是个连绵延续的事业社群,它的主轴是在父子之间、婆媳之间,是纵的,夫妇成了配轴。讲究事业的效率,排斥夫妇之间的私情。

6. (1)大户人家、书香门第内的男女与乡村里的夫妇对比;(2)夫妻关系与同性别、同年龄的人之间的关系对比;(3)中国人与西洋人在感情生活上的表现对比。

二、进阶篇

1. B(原文第1段:"我知道这些生疏的名词会引起读者的麻烦"。所以新概念的出现并不会让读者更清楚地认知。)

2. ①事业(政治、经济、宗教等);②长期绵续性;③夫妇(横向);④沿单系(父亲)差序扩大形成的亲属群;⑤两性感情;⑥团体格局;⑦差序格局。

3. ①第四章揭示了乡土社会中人与人之间的关系是"差序格局",而第五、六、七章则深入探讨了在这一格局下的道德特点,作为乡土社会中最基本的社群——家族的特点及两性关系。②这部分探究了乡土社会的结构特点——差序格局,以及作为乡土社会的基本社群——家族及两性关系,是全书的核心,上接社会特点——乡土,下连后面几章的社会治理。

4. 材料一中"三胎"政策的放开是为解决当前少子老龄化的问题,也为实现多子多福的传统观念提供了政策的合法性,同时也试图为多子家庭提供相应的配套支持。但传统乡土社会由夫妻构成的小家庭主要承担生育功能,后续其他事务由家族来经营。而现代社会孩子的生育、成长等事务全部由以夫妻为主轴的小家庭来承担,尽管国家在不断努力出台相关支持政策,但年轻父母依然会觉得生育负担沉重,所以当代年轻人有生育焦虑。

5. 现代人一般直接介绍人物自身,比如毕业学校,从事何种工作等。古人介绍祖先源于他们的一种观念:家承载着历史宗族的传统,个人是祖先的延续。古人将自己放在家族中考虑,现代人将自己当作一个独立的个体。这折射出家庭观的差异。

三、提升篇

(一)1. D("只有夫妻间的相敬如宾,没有两性之间的情感安慰"表述过于绝对。原文只是说"在中国的家庭里有家法,在夫妇间得相敬,女子有着'三从四德'的标准,亲子间讲究负责和服从",不能推测出"只有夫妻间的相敬如宾,没有两性之间的情感安慰"。)

2. C("中国家庭担负事业功能"错,根据第一段"家族虽则包括生育的功能,但不限于生育的功能"可知,中国家庭同样包括生育功能。)

3. A项(文中"假设"的是可以用"差序格局"这一理论术语来概括中国乡土社会的特点,而不是"利用亲属的伦常去组合社群,经营各种事业"这一客观特点本身。)

4. (1) ①把夫妻关系与同性别、同年龄的人之间的关系对比;②中国与西洋人在感情生活上的表现对比;③夫妻之间分工不同的对比。(2)通过这些对比,作者表达了乡土社会在两性感情上是矜持、保留甚至是冷漠的。

(二)1. D(依据"利用亲属的伦常去组合社群,经营各种事业"可知,是依亲属伦常关系组合成的社群要为家族去经营各种事业。)

2. B(根据"家必须是绵续的,不因个人的长成而分裂,不因个人的死亡而结束,于是家的性质变成了族"可知,乡土社会中"家族"具有绵续性,不能扩大到邻里乡亲。)

3. C("有利于聚居的四百多个家族派别一呼百应共同迎敌"错误,原文是"这些家族派别之间的关系错综复杂甚至相互敌对,于是,强势家族修筑塔楼,聚族而居,追随者则聚居于塔楼周围,以增强各自家族派别的势力,彼此防御抗衡",佛罗伦萨曾塔楼林立是因彼此防御抗衡。)

4. ①诸葛亮后裔聚居于诸葛村,体现出乡土社会往往以血缘为纽带、聚族而居的特点;②诸葛村历史悠久,体现出乡土社会聚村而居历世不移的特点;③诸葛村有许多中医药世家,体现出乡土社会中的家族往往是事业组织,并具有绵续性的特点;④诸葛村民浑然不觉身在"八阵图",体现出乡土社会中的人们在熟悉的环境里长大,世代保存传递祖先经验智慧的特点。

(三)1. (1)友,名词作动词,对兄弟友爱 (2)趣,通"促",催促

2. (1)B (2)C

3. 哥哥的病情危重,王忠问他有什么愿望,哥哥说:"我活着的时候不能供养你,现在就要死了,怎么敢指望你照顾我的儿女呢!"

4. C(句意:登堂拜见的士大夫一起叹息羡慕,以至于写诗歌赞颂她,八十三岁去世。"者"是定语后置的标志,其后断开,排除BD;"相与"作"叹羡"的状语,"相与叹羡"省略主语,是完整的主谓结构,应在"叹羡"后断开,排除A。故选C。)

5. 王忠在父亲早逝的情况下承欢安养母亲;抚育兄长的子女,安置好两位姐姐的生活,照顾亲戚的遗孤,"一门三姓"传为佳话;王忠继夫人张氏孝敬婆婆,勤俭持家,在王忠过世之后培养儿子王敞成才,维持和睦家风,自己也得到后代孝养,"老寿以成其子之贤"。

6. 能孝养安葬父母;能继承父辈之志;能光耀门楣,使淳厚高尚的家风世代传承。

8 《男女有别》

章 节 解 读

 **段落大意**

第1段 由上篇《家族》的话题和纪律与私情的关系"再引申发挥一下",引出本篇的核心内容。

第2段 从文化角度提出"感情定向"的定义,并引出生理学与社会学两层阐述视角。

第3段 借由 William James 的学说,从生理学层面解释"感情"概念。

第4段 感情对社会关系具有破坏和创造作用,要维持稳定的社会关系,就要选择纪律,排斥"私情"。

第5段 进一步阐发社会关系的稳定依靠"了解",而非激动性的"感情"。

第6段 介绍 Oswald Spengler 在《西方陆沉论》里提出的两种文化模式:阿波罗式和浮士德式。

第7段 用两种文化模式解释传统的乡土社会与现代社会在社会生活上的区别。

第8段 乡土社会靠亲密和长期的共同生活来配合各个人的相互行为,人们亲密而熟习,空间距离和年龄差异并不会从根本上阻碍人们相互了解。

第9段 乡土社会中真正阻碍人们了解彼此的是男女的两性差别。

第10段 在以充分了解来配合人们相互行为的社会中,性别的鸿沟是基本的阻碍,而宗教从理想层面试图将它抹去。

第11段 性别分化是为了生育,生育却又规定男女结合,这一结合基于差异而存在。在差异的基础上充分了解,就要在创造中求统一,这是浮士德式的企图。

第 **12** 段　浮士德式的两性恋爱是一种对未知的探索,重在过程而非结果,它使社会关系不能稳定,甚至可能破坏生育这社会事业。

第 **13** 段　"男女有别"的原则认定男女不必求同,在生活上加以隔离,它有助于乡土社会消弭两性间激动性的感情,寻求稳定的社会关系。

第 **14** 段　乡土社会以"家族"代替"家庭",体现出同性原则高于异性原则的特点。

第 **15** 段　"男女有别"使中国传统感情定向的发展侧重于同性方面。

第 **16** 段　乡土社会缺乏两性间求同的努力,具有现世色彩,人们对生活的态度是以克己来迁就外界,属于阿波罗式文化模式。

第 **17** 段　男女有别的鸿沟来自对社会稳定秩序的维持。

思维导图

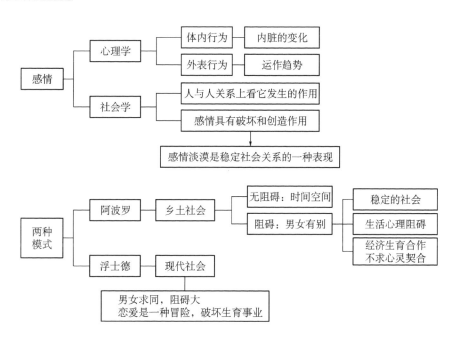

概念解释

阿波罗式:西方古典精神的代表,认为有一个超然的稳定秩序,人只需要去维持就可以。

浮士德式:现代文化精神的代表,认为冲突才是社会的根本,人需要在不断克服冲突中实现创造自我。

冯小青：中国古代的一个才女,很有才华,但嫁给了一个富贵人家做妾,所以每天自怨自艾,顾影自怜,最后因此病逝。

内容导读

在上一章的探讨中,作者深刻指出了家族在"事业社群"中的特殊定位,即纪律高于私情,私情在某种程度上是被排斥的。这一观点引发了我们对中国传统"感情定向"的深入思考。为了进一步阐述这一主题,作者巧妙地引入了 Oswald Spengler 提出的阿波罗式(Apollonian)与浮士德式(Faustian)两种文化模式,用以对比分析现代西方社会与乡土社会中男女关系在家庭内部的不同表现。费孝通先生首先从"感情定向"这一概念的内涵入手,强调了感情的激动在社会关系中的破坏和创造作用。他进一步指出,在乡土社会中,纪律与感情在维系稳定社会关系中的作用差异显著,尤其是男女之间的私情,对于社会稳定的破坏性尤为明显。这种破坏性主要源于私情可能引发的情感波动,进而对社会秩序产生冲击。

为了更深入地解释为什么中国传统的感情定向偏向同性方面发展,费孝通先生引入了阿波罗式与浮士德式两种文化模式。阿波罗式文化重视稳定,而浮士德式文化则更加注重浪漫。在阿波罗式的乡土社会中,长期、亲密的共同生活使得人与人之间能够充分了解,无论年龄、空间等差别都无法成为障碍。这种充分了解使得乡土社会表现出天然的稳定性和纪律性。然而,生理上的男女差别以及异性之间的心理隔膜,却成为彼此了解的障碍。

因此,在乡土社会中,为了生育而结合的两性关系,往往不得不放弃浮士德式的两性恋爱模式。这是因为男女间感情的激动可能会对家族的经济事业和生育事业产生不利影响。为了维护家族的稳定和发展,乡土社会依据"男女有别"的原则来安排男女关系,这在一定程度上导致了男女在生活上的隔离和心理上的疏远。

费孝通先生认为,这种"感情定向"的发展特点,不仅体现了乡土社会对稳定性的需求,也预示着"家族代替了家庭"的趋势。在中国乡土社会中,这种实用的精神赋予了现世生活以丰富的色彩。这种色彩不仅体现在家族成员之间的相互依赖和支持上,还体现在家族对个体行为的规范和引导上。通过家族的力量,乡土社会得以在保持稳定的同时,不断发展壮大。

通过对阿波罗式与浮士德式两种文化模式的引入和分析,费孝通先生为我们揭示了乡土社会中男女关系的特点及其背后的深层次原因。这种分析不仅深化了我们对中国传统"感情定向"的理解,也为我们研究乡土社会的其他方面提供了有益的启示。同时,这一章的内容与上一章的主题形成了紧密的呼应,是对上一章的补充和深化,使得整体论述更加完整和深入。

专 项 训 练

一、基础篇

1. 下列有关《乡土中国》的内容,叙述不正确的一项是(   )

  A. 乡土社会中的家族大小受人数多少而决定。由父母和四个孩子组成的家族要大于公、婆、儿、媳所构成的家族

  B. 西洋社会中,家庭的主要功能是作为生育抚育组织,因此主轴在夫妇之间,两性之间的感情是凝合的力量

  C. 在追求稳定的乡土社会中,两性关系这一可能造成破坏的因素必须要被遏制,因此有了"男女有别"的现象。

  D. 乡土社会的基本社群是小家族,中国的家是一个事业组织,是个"绵续性的事业社群",具有多种不同特色。

2. 在《男女有别》中,作者提出稳定社会关系的力量不是感情,而是_____。中国乡土社会的文化模式是阿波罗式的,而现代社会是_____式的。

3. 阅读全文,完成以下表格。

论证方法	对比论证	
社会	乡土社会	现代社会
感情定向	阿波罗式	①
两性关系	②	不断探索两性差异,并无穷止地求同,以克服差异
社会结构	③	以边界清晰的家庭作为基本社群,夫妻为主,子女为辅
行为目的	④	不以实用为目的,是生命意义的创造

乡土中国
整本书阅读教与学

4. 阅读以下材料,并结合文章内容,分析感情(激情)对社会关系的作用。

美狄亚,在希腊神话中,她是科奇斯岛会施法术的公主,也是日神赫利俄斯的后裔。她与来到岛上寻找金羊毛的伊阿宋王子一见钟情。

美狄亚用自己的法术帮助伊阿宋完成了他父亲定下的不可能完成的任务,拿到了金羊毛,条件是伊阿宋要和她结婚。取得金羊毛后,美狄亚和伊阿宋一起踏上返回希腊的旅程。美狄亚的父亲听到她逃走的消息,派她的弟弟前往追捕。美狄亚杀死了自己的弟弟,并将弟弟的尸体分割成碎段,抛在山上各处,让父亲和追赶的士兵忙于收尸,以此拖延时间和伊阿宋一行人离开。

伊阿宋回国后,美狄亚用计杀死了伊阿宋篡夺王位的叔叔。伊阿宋取回王位,但也开始忌惮美狄亚的法术和残酷。后来伊阿宋移情别恋,美狄亚由爱生恨,将自己亲生的两名稚子杀害,同时也用下了毒的衣服杀死了伊阿宋的新欢。最后,美狄亚逃离,伊阿宋也抑郁而亡。

二、进阶篇

1.《差序格局》《维系着私人的道德》《家族》《男女有别》内容上有怎样的逻辑关联?

2. 阅读材料,回答问题。

材料一

依现代文化来看,男女间感情激动的发达已使生育的事业摇摇欲坠。

(《乡土中国·男女有别》)

材料二

2021年5月31日,中共中央政治局召开会议,为进一步优化生育政策,实施一对夫妻可以生育三个子女政策及配套支持措施,积极应对少子老龄化。

材料一中,费孝通先生在七十多年前就已经预料到了如今少子化的情况,他做出这一预言的依据是什么?

3.（我）只得带着那些妇女,给他们换一件干净衣裳,有些还得解开他们的衣服,给他们拭洗身上的污泥血迹。做这种工作,一些妇女又羞又怕,就是放不开手来,特别是那新媳妇。我跟她说了半天,她才红了脸,同意了。

……

新媳妇轻轻移过一盏油灯,解开他的衣服,她刚才那种忸怩羞涩已经完全消失,只是庄严而虔诚地给他拭着身子,这位高大而又年轻的小通讯员无声地躺在那里。

（节选自茹志鹃《百合花》）

课文《百合花》中新媳妇的举动前后对比鲜明,请用《男女有别》中的观点分析她行为变化令人感动的原因。

4. 阅读下面的材料,完成练习。

材料一

却说张飞引数十骑直到盱眙,来见玄德,关公曰:"嫂嫂安在?"飞曰:"皆陷于城中矣。"玄德默然无语。关公顿足埋怨曰:"今日城池又失了,嫂嫂又陷了,如何是好!"张飞闻言,惶恐无地,掣剑欲自刎。

玄德向前抱住,夺剑掷地曰:"古人云:'兄弟如手足,妻子如衣服。衣服破,尚可缝;手足断,安可续?'吾三人桃园结义,不求同生,但愿同死。今虽失了城池家小,安忍教兄弟中道而亡?贤弟一时之误,何至遽欲捐生耶!"

（节选自《三国演义》第十五回）

材料二

(79)刘备一看，急忙抱住张飞，夺下宝剑丢在地上说："我们三人当初曾经发过誓：不求同生，但愿同死。今天虽然失了城池和家小，也算不了什么，贤弟何必自寻短见？"

（节选自上海人民美术出版社连环画《三国演义》第十章）

连环画中删去了刘备的"经典台词"："兄弟如手足，妻子如衣服。衣服破，尚可缝；手足断，安可续？"这种改编体现了从传统乡土社会到现代社会的变迁，请做简要分析。

三、提升篇

阅读下面的材料，完成题目。

（一）

材料一

《周易·家人·彖辞》说"女正位于内，男正位于外"，这是男女居处隔离规范的思想基础。后世的思想家在论述男女关系时，每每流露出这一思想的痕迹。《内则》说："礼，始于谨夫妇，为宫室，辨内外。男子居外，女子居内……男不入，女不出。"这大致说出了男女的不同活动范围。古人还经常引用《周易》来论证这个理论。《左传·昭公元年》："近女室，疾如蛊……女惑男，风落山，谓之'蛊'。"从一些细微的地方，如饮食、洗浴、出行等也可以看出两性的隔离，《内则》说，"七年，男女不同席，不共食"；"外内不共井，不共浴。不通寝席，不通乞假。男女不通衣裳"；"男子入内，不啸不指，夜行以烛，无烛则止。女子出门，必拥蔽其面，夜行以烛，无烛则止"。另外，由居处的隔离推延至言论上的隔离，如"内言不出，外言不入。外言不入阃，内言不出阃"，它指男子事务不让女子知道，这与早期社会中常见的"男子会社"可能有着密切的关系。在那里，为了保守属于男子的秘密，女子很自然地就被排斥在外了。

性别隔离还表现为男女"授受不亲"。这一原则最先见于《孟子·离娄上》，《礼记·坊记》则从礼制的层面对"男女授受不亲"作了规范。前面我们在谈到两性初期教育时，已经知道"七年，男女不同席，不共食"，《坊记》所说还可以看到这一原则在现实中的强大束缚力和贯穿两性始终的精神，其中说："姑、姊妹、女子已嫁而反，男子不与同席而坐。"这是就常时、常事而言，在一些特殊的情况下，礼制又有特殊的规定。《坊记》就说："礼，非祭，男女不交爵。"《内则》所言与之相类："非祭非丧，不相授器。"从《内则》所记女子的教育中我们看到，女子可以"观于祭祀"，可以"礼相助奠"。也正是在祭祀时，男女才有合法接触的可能。非礼即为越礼。

男女之防，著于叔嫂。礼书中特别对叔嫂之间的接触作了明确而严格的规定。如《礼记·杂记》："嫂不抚叔，叔不抚嫂。"《礼记·曲礼》："叔嫂不通问。"《礼记·奔丧》："无服而为位者，唯叔嫂。"考《仪礼·丧服》，家庭同辈成员如兄弟、兄弟姊妹、娣姒之间，死后皆有相应服制，唯叔嫂无服。古代人死大殓，哭者必以手抚尸，而《杂记》所说是人虽死，彼此不得接触。淳于髡与孟子的问答有助于我们进一步理解男女之"授受不亲"。《孟子·离娄上》：淳于髡曰："男女授受不亲，礼与？"孟子曰："礼也。"曰："嫂溺，则援之以手乎？"曰："嫂溺不援，是豺狼也。男女授受不亲，礼也；嫂溺，援之以手者，权也。"权者，权衡也，权而得中。在遵循礼制精神的同时，可以对礼的某些教条作出变通，这在孟子看来，并非越礼之举。但淳于髡与孟子的对话正好说明了在正常的情况下，"男女授受不亲"的礼制还是应该遵循的。可见，这种观念在当时来说，仍然对两性的接触有着规范作用。

（改编自肖发荣《"男女有别"观念探源》）

材料二

Oswald Spengler 在"西方陆沉论"里曾说西洋曾有两种文化模式，一种他称作阿波罗式的（Apollonian），一种他称作浮士德式的（Faustian）。阿波罗式的文化认定宇宙的安排有一个完善的秩序，这个秩序超于人力的创造，人不过是去接

受它,安于其位,维持它;但是人连维持它的力量都没有,天堂遗失了,黄金时代过去了。这是西方古典的精神。现代的文化却是浮士德式的。他们把冲突看成存在的基础,生命是阻碍的克服;没有了阻碍,生命也就失去了意义。他们把前途看成无尽的创造过程,不断的变。

这两种文化观很可以用来了解乡土社会和现代社会在感情定向上的差别。乡土社会是阿波罗式的,而现代社会是浮士德式的。这两套精神的差别也表现在两种社会最基本的社会生活里。

男女生理上的分化是为了生育,生育却又规定了男女的结合。这一种结合基于异,并非基于同。在相异的基础上去求充分了解,是困难的,是阻碍重重的,是需要不断地在创造中求统一,是浮士德式的企图。浮士德是感情的象征,是把感情的激动,不断的变,作为生命的主脉。浮士德式的企图也是无穷止的,因为最后的统一是永远不会完成的,这不过是一个求同的过程。不但这样,男女的共同生活,愈向着深处发展,相异的程度也愈是深,求同的阻碍也愈是强大,用来克服这阻碍的创造力也更需强大,在浮士德的立场说,生命力也因之愈强,生活的意义也因之愈深。

把浮士德式的两性恋爱看成是进入生育关系的手段是不对的。恋爱是一项探险,是对未知的摸索。这和友谊不同,友谊是可以停止在某种程度上的了解,恋爱却是不停止的,是追求。这种企图并不以实用为目的,是生活经验的创造,也可以说是生命意义的创造。恋爱的持续依赖于推陈出新,不断地克服阻碍,也是不断地发现阻碍,要得到的是这一个过程,而不是这过程的结果。从结果说可以是毫无成就的。非但毫无成就,而且使社会关系不能稳定,使依赖于社会关系的事业不能顺利经营。依现代文化来看,男女间感情激动的发达已使生育的事业摇摇欲坠。

在乡土社会中这种精神是不容存在的。它不需要创造新的社会关系,社会关系是生下来就决定的,它更害怕社会关系的破坏,因为乡土社会所求的是稳定。它是阿波罗式的。男女间的关系必须有一种安排,使他们之间不发生激动性的感情。那就是男女有别的原则。"男女有别"是认定男女间不必求同,在生活上加以隔离。这隔离不只是有形的,所谓"男女授受不亲",而且还是在心理上的,男女只在行为上按着一定的规则经营分工合作的经济和生育的事业,他们不向对方希望心理上的契洽。

在社会结构上，因之发生了同性间的组合。中国乡土社会里，家族取代家庭，以家族为基本社群，是同性原则较异性原则更为重要的表示。

（改编自《乡土中国·男女有别》）

1. 下列对材料相关内容的理解和分析正确的一项是(　　)

    A. 男女有别是男女居处隔离规范的思想基础，它影响着后世思想家对男女关系的论述。

    B. 古代男女不仅居处隔离，言论上也是隔离的，男子事务不让女子知道，事实上女子事务男子也不知道。

    C.《内则》所言："非祭非丧，不相授器。"言下之意是在祭祀和丧事时，男女就可以直接接触。

    D. 材料一引用孟子与淳于髡的对话主要是为了证明特殊情况下可以对礼的教条作出变通。

2. 根据材料内容，下列说法不正确的一项是(　　)

    A. 从浮士德文化观来看，两性恋爱的目的不是结婚生子，而是生活经验和生命意义的创造。

    B. 乡土社会的社会关系是阿波罗式的，它追求稳定，拒绝破坏，所以它不欢迎激动的、热烈的感情。

    C. 在中国乡土社会里，家族取代家庭，成为基本社群，表明当时人们认可同性原则比异性原则更为重要。

    D. 阿波罗式的文化认为宇宙安排了一个完善的秩序，人可以适当改变它，但更重要的是接受它、维持它。

3. 根据材料，下列分析推断不正确的一项是(　　)

    A. 现代社会的生育率持续走低、离婚率不断升高，从中均可看出社会在由传统的阿波罗式向浮士德式转变。

    B. 男女的结合基于异，在此基础上求相互充分了解就困难，而且男女的共同生活，越向着深处发展，相异的程度愈深。

    C. 没有推陈出新，恋爱便难以为继。"恋爱是一项探险"便是对这一观点的形象表达。

    D. 乡土社会为了社会的安稳，采取两性隔离的方式，隔离产生距离，甚至筑下鸿沟。这是对个性的抹杀，作者对此深恶痛绝。

乡土中国
整本书阅读教与学

4. 简述材料一的论证思路。

5. 结合材料,分析浮士德文化和阿波罗文化对如今"男子休产假照顾孩子"这一做法可能持有的不同看法。

(二)

材料一

毫无疑问,从乡村生活到城市生活,从乡村秩序到城市秩序,本身确实是一个从传统到现代的过程。你看《清明上河图》那幅长长的画卷,好像就是一个从疏落的乡村,渐渐地往繁华城市过来,这是一个连续过程。可以肯定地说,当传统的乡村向现代的城市发展,现代城市越来越大,改变了人们政治、文化和生活的时候,这就是一个国家逐渐现代化的过程。

大家都知道,乡村秩序是传统中国占主流的意识。费孝通《乡土中国》曾经讲中国本质上是"乡土中国",中国的乡村秩序比如差序格局、家族、系统、男女有别的礼制就是中国的"社会秩序"。可是,这一切在逐渐发展的近代城市里面都变了。

大家可以看到近代城市里面,不再仅仅是地主和农民,各种行业、各种身份、各种角色的人,都生活在同一个城市里面。原来乡村秩序里家庭、家族、宗族的密切关系,在城市里面被打破了。过去父子主轴的家族里面那种礼制是不能够建立城市里的生活秩序的,城市里面生活的秩序不可能再靠以前"上下有序、男女有别"的礼仪制度管理,只能改用"人人平等"的法律制度来治理。

在时间分配的关系上,过去日出而作、日落而息,黑夜白天非常分明的时间观念,在城市里面也被打破了。当照明条件改变了,生产方式改变了,生活方式也改变了,这种日夜分明的简单乡村秩序也被破坏了。

城市商业也一样,从最初的商店到大百货公司,再到现在的超级市场,已经改变了过去农村里面贸易和交换的形式,人们越来越不需要自己生产生活必需品了,一切都可以在商店里面买到。

现代城市对传统乡村的中国人带来很大震撼。大家看一些文学作品就知道，茅盾《子夜》里吴荪甫的老太爷一进城，看到五光十色、光怪陆离，马上就晕倒了。这种震撼在古代也有，唐诗里面就有"昨日入城市，归来泪满巾。遍身罗绮者，不是养蚕人"。但是，这并不是批判现代城市，在现代化过程中，城市代表了新方向。

（改编自葛兆光《中国城市的文化史研究》）

材料二

在现阶段，我国城市更新往往是政府自上而下推行的一种宏观层面的城市改造运动，且具有强烈的计划性、目的性和功利性色彩，其典型特点至少体现在以下四个方面。

一是过于强调城市更新中的物质化、技术化过程，忽视了人的主体性和人的社会化、现代化过程。城市更新的根本目的是在为城市居民生活创造更好、更有效的生存环境，因此，其出发点和落脚点都在于作为主体的"人"上了。我们不是为了城市而进行城市更新，"城市"只是我们城市更新的客观对象，而作为城市主体的"人"才是行动的根本目的。所以，作为主体的"人"应该是城市更新中的"核心"。城市更新过程实际上是人类完善自我的过程，是"人化"的过程。

二是过于强调物质层面上的城市更新，忽视了文化层面上的城市更新。城市更新本身应该包括物质与技术层面、文化与制度层面两个维度，但在实际操作过程中，我们并不是按照城市更新的两个维度平衡发展的要求同步进行的，其结果在宏观层面上造成了物质与技术层面的城市更新快速发展与文化层面的城市更新相对不足的严重失衡，或者干脆只有物质与技术层面的城市更新而没有文化层面的城市更新。

三是过于强调城市更新中的表面特征，忽视了城市更新的本质与内涵。比如，过于追求土地、资金、建筑、道路等"数量"上的扩张，而对城市更新中的"质量"重视不够；比较重视城市各项基础设施等物质方面的"硬件"改造，而在城市精神文明、人文素质等"软件"方面的配套改造严重不足。城市从本质上看是人类为了满足自身的生存和发展需要而创造的人工环境。城市更新应该体现以民为本的人文精神、服务精神。

四是过于强调城市更新中政府部门及其领导的推动作用，忽视了广大社区居民的参与性和能动性。其表现主要体现在自上而下的行政指令多，自下而上

的城市居民、社会组织参与管理和建设少。有些为加快城市更新而进行的"土地运动",严重损害郊区农民的利益。一些城市旧城区的改造,客观地造成了许多社会文化空间和居民日常生活结构的破坏。

城市更新可以改变居民原有的客观生活环境,但无法还原已有的生活结构。如果城市的更新,给居民在物质或是精神上带来负担,我们就需要做出改变。

(改编自文军《城市更新的社会文化基础及其张力》)

1. 下列对材料相关内容的理解和分析,正确的一项是(　　)

　　A. 国家不断走向现代化,因此带来了城市规模的增大,人们政治、生活、文化等全方面的改变,但这是一个渐进的过程。

　　B. 诗句"遍身罗绮者,不是养蚕人",反映了城市的进步改变了商品经济社会原有的商品交换方式,对人产生重大影响。

　　C. 现代化的城市更新应该以政府为主导,在做好宏观规划、强调物质提升的同时,也要兼顾微观设计、人文环境的营造。

　　D. 不少原有的乡村秩序在城市发展过程中不断地被打破,但注重"人"这一主体始终应该是城市发展过程中重点的关照。

2. 根据材料内容,下列说法不正确的一项是(　　)

　　A. 现代社会在物质与技术层面的不断进步,是打破传统乡村秩序的前提,城市的生产方式就可以不受时间的限制。

　　B. 因为文学可以反映现实生活,所以我们想了解中国古代城市的情况,可以通过一些描写城市生活的文学作品来获得。

　　C. 近年来,不少城市在更新过程中,都更加注重收集普通百姓的意见,尊重老百姓的主体体验,这体现城市发展的初心。

　　D. 城市建设要高度重视历史文化保护,注重人居环境改善,让人们更幸福地生活,政府在其中起着举足轻重的作用。

3. 根据材料内容,下列各项中不能证明"城市更新"的一项是(　　)

　　A. 《清明上河图》中所描绘的繁华城市的风貌。

　　B. 久居乡下的老人来到城市后感到极度的不适。

　　C. 某城区在建设时增加了公众使用的文化场所。

　　D. 脱离土地的居民搬入了为他们建设的安居房。

4. 你认为在城市更新的过程中,我们需要接受哪些观念?请结合材料简要分析。

5. 吉庆街,位于武汉的老城区,古老却破旧。政府通过一系列微改造,不但保留了原有古建筑,更增添了休闲、娱乐、商业、文化等元素,使其华丽变身为网红打卡点,同时获得国家4A级景区挂牌。请你结合材料,说说其改造的特点。

(三)

乡土性滋生孕育了传统乡村文化,尽管其中也存在着文化的封闭性、依附性、滞后性、等级性等缺陷,但这并不影响我们对传统乡村文化思想价值的认知。传统乡村文化的思想优势主要体现在其注重实际、重义轻利、勤劳节俭以及长幼尊卑等方面,对传统国家的社会发展和文化价值观培育发挥了重要作用。

传统乡村文化倡导的注重实际是对农耕生活的"一分耕耘一分收获"的务实劳作思想的提炼与总结。中国农民有着天然的脚踏实地、勤奋劳作的精神,在长期的生产生活中更加深刻地意识到"利无幸至,力不虚掷,说空话于事无补,做实事必有收获"的道理。传统乡村文化的这种注重实际、务实劳作的精神也感染了社会中的其余人群,成为古代贤达人士重要的为人准则。正如章太炎所说:"国民常性,所察在政事日用,所务在工商耕稼,志尽于有生,语绝于无验。"这比较准确地反映了中国农民注重实际、脚踏实地的性格特征,为中国传统乡村文化的发展注入了精神因子。

自古以来,对于义利关系的正确处理体现了社会传统文化的价值导向。传统乡村文化主张"重义轻利""义以为上"的价值准则,这里的"义以为上"思想并不是要求人们主动放弃对利益的追求,而是倡导"真君子仁中取利,大丈夫义内求财"的思想境界。可以说,传统乡村文化的"重义轻利"思想是与"见利忘义"的错误思想相对立的。重义轻利思想中"义"的至上性和优先性观念,反映了古代村民群体普遍存在着诚信朴实的心态。由重义轻利思想引发的农民的"戒骄戒躁""谦虚谨慎"等优良品质对中国农民的道德观念产生了重要影响,成为农民的

传统文化美德。

传统社会自给自足的小农经济生产方式,将广大农民束缚在特定的土地之上,农民按时耕作,勤劳节俭是其固有的观念。村民们最大的愿望就是在自己的土地上从事周而复始的农业生产,这正是《礼记》中所称道的"乐天安土知命"的思想反映。他们以耕读传家自豪,渴望追求生活的安宁与社会的稳定,对各类战争与侵略行为感到厌恶。同时,由于古代农业生产方式的简陋、农业生产效益的低下,再加上缺乏对自然灾害的抵御能力,故广大民众将生产所得视为上天对自己的"恩赐"。这一切都促使他们摒弃对利益的占有,形成了安贫乐道、勤劳节俭的文化品质。

传统乡村文化渗透着浓厚的宗族文化色彩,它强调按照血缘关系的亲疏远近来安排尊卑长幼的顺序,从而明确各自的责任与义务。具体来说,家庭中辈分地位高的年老者是家庭事务的决策者和制定者,地位辈分低的年轻晚辈是决策的服从者和支持者,即使同辈之间也非常讲究长幼有序、男女有别。对此,费孝通先生形象地指出了我国这种传统乡村文化中血缘性家族观念强的特点。他认为:"在乡土中国,地缘不过是血缘的投影。人们在家族中秉承着长幼尊卑、尊老爱幼、孝敬长辈的传统。"这种传统乡村文化孕育的长幼尊卑思想,不仅有效维护了社会的稳定秩序,而且也对家庭生产和家族管理产生了重要作用。

(改编自沈费伟《传统乡村文化重构:实现乡村文化振兴的路径选择》)

1. 下列关于原文内容的理解和分析,不正确的一项是(　　)

　　A. 传统乡村文化的注重实际源于生产生活,成为古代贤达人士重要的为人准则。

　　B. "义以为上"的价值准则不反对人们主动追求利益,但要注重取利时的道德观。

　　C. 把生产所得视为天赐,不仅因小农经济的自给自足性,更因其生产效率的低下。

　　D. 传统乡村家庭事务的决策者为辈分地位高的年老者,年轻晚辈是服从者和支持者。

2. 下列对原文论证的相关分析,不正确的一项是(　　)

　　A. 文章采用先总后分的结构,论证了传统乡村文化在文化思想上四方面的优势。

B. 文章在论证义与利的关系时,采用了层层递进的结构,逻辑严谨,有说服力。

C. 文章引用《礼记》中称道的"乐天安土知命",证明村民对安逸生活的追求。

D. 文章阐述分论点时,语言准确易懂,同时也不失逻辑上的科学性,读之流畅。

3. 根据原文内容,下列说法正确的一项是(　　)

A. 存在乡土性的传统乡村文化,在新时代需要区别对待,这样才能振兴其文化。

B. 传统美德使"重义轻利"的思想沉淀形成为优良的品质,这无疑是一种进步。

C. 作者积极肯定重义轻利和勤劳节俭等优势,充分显示出其对乡村文化的自信。

D. 费孝通认为传统乡村文化中的宗族文化既维护社会稳定,又能管理家庭生产。

一、基础篇

1. A(A项理解有误,家族的大小不受人数限制,而是由结构决定。)

2. 了解　浮士德

3. ① 浮士德式　② 男女间不发生激情,不必求同,生活上、心理上隔离,事业上合作　③ 边界模糊,父子为主、夫妻为辅　④ 维持、接受现有秩序

4. 费孝通先生在《乡土中国》中讨论"感情"时提到,动了情,甚至说动了火,这动的势和紧张的状态,说明感情在社会关系上是具有破坏和创造双重作用的。感情的激动改变了原有的关系。美狄亚对伊阿宋感情的冲动不仅使她原有的家庭关系受到影响,而且也使国与国之间的关系受到影响,不利于社会的稳定。

二、进阶篇

1. "差序格局"阐释了中国基层社会的格局是以己为中心推出去的私人联系的网络,这一结构决定了社会道德也只在私人联系中发生意义。运用道德与法律,得看对象与"己"的关系而加以伸缩,这是从群己关系上讨论社会结构。从群体关系上,以同样原则构成的家族是乡土社会的事业社群。由此引出"家"中"男女有别"这一必然存在的现象。作者由差序格局步步深入,介绍了中国乡土社会的秩序,以及秩序的维持。这四章的论述可以说是从外而内,层层深入。

2. 费先生做出这一预测是基于乡土社会和现代社会在感情定向上的差别:乡土社会男女间的情感是稳定的阿波罗式,以熟习引起的亲密感觉作为相濡以沫的基石。而现代社会是不稳定的浮士德式,恋爱的持续依赖于推陈出新,不断求同而不得,非但毫无成就,而且使社会关系不能稳定。依赖于社会关系的生育事业也就不能顺利经营。

3. 新媳妇开始着于给伤员拭洗身上的污泥血迹,是因为乡土社会的农民恪守"男女有别"的传统交往规则,费孝通先生据此给出了社会学的解释:"在乡下,有情有义的是在同性的集团中,男的和男的在一起,女的和女的在一起,除了工作和生育事务上,性别之间保持着很大的距离。"所以男女授受不亲的观念根深蒂固。而当新媳妇听到通讯员牺牲的消息后,一改忸怩羞涩,庄重虔诚地为他擦拭身体。这里因为听到通讯员为救老乡而献出年轻的生命,一个年轻生命的逝去感动了另一个年轻的灵魂,这使她冲破了旧观念的束缚。战士的革命行为打破了普通民众的旧有思想,是令人感动的重要因素之一。

4. 传统乡土社会中,家族是以同性为主、异性为辅的单系组合。男女性别上的鸿沟让他们在生活中隔离,从不向对方希望的心理上去契合,也缺乏两性间求同的努力。尤其在乡土社会中,结义性的组织,"不愿同日生,但愿同日死"的亲密结合,表示了感情方向走入同性关系的程度很深。刘关张桃园结义就是这种深厚的兄弟情义,这胜过夫妻关系。罗贯中也是深受该思想的影响,所以才做出如此比喻。现代社会则更注重以夫妻关系为基础的小家庭,夫妻之情更为深厚,所以删去这句话更易被现代读者接受。

三、提升篇

(一)1. B(A项,由第一段"'女正位于内,男正位于外',这是男女居处隔离规范的思想基础。后世的思想家在论述男女关系时,每每流露出这一思想的痕迹",可以得出"女正位于内,男正位于外"是"男女居处隔离规范的思想基础";C项"男女就可以直接接触"错,材料一原文第三段为"《内则》所言与之相类:'非祭非丧,不相授器。'从《内则》所记女子的教育中我们看到,女子可以'观于祭祀',可以'礼相助奠'。也正是在祭祀时,男女才有合法接触的可能";D项,由材料一第四段"淳于髡与孟子的问答有助于我们进一步理解男女之'授受不亲'"及"但淳于髡与孟子的对话正好说明了在正常的情况下,'男女授受不亲'的礼制还是应该遵循的"可知,引用孟子与淳于髡的对话,不是为了证明特殊情况下可以对礼的教条作出变通,而是证明应该遵循"男女授受不亲"的礼制。)

2. D("人可以适当改变它"于文中无据,材料二原文仅仅是说"人不过是去接受它,安于其位,维持它"。)

3. D("作者对此深恶痛绝"错,作者并非对此深恶痛绝,而是在作理性客观的分析。)

4. 首先,作者指出礼制规定的男女性别隔离体现在居处隔离及言论隔离上;接着,论证性别隔离还表现为"男女授受不亲";最后,论证男女之防,著于叔嫂。

5. ①"男子休产假照顾孩子",阿波罗文化是绝对不能接受这一做法的。因为阿波罗文化主张将男女从生活到心理加以隔离,男子做了女人该做的事就是对稳定社会关系的破坏,这是离经叛道。②"男子休产假照顾孩子"是浮士德文化所认可和欢迎的。浮士德文化追求男女对彼此的充分了解,男人去做平常女人做的事就是了解女人的途径之一;浮士德文化喜新,求创造,认为生命的价值和意义在于不断地创新,而"男子休产假照顾孩子"也可以说是一项"创举"。

(二)1. D(A项曲解文意。依据原文"可以肯定地说,当传统的乡村向现代的城市发展,现代城市越来越大,改变了人们政治、文化和生活的时候,这就是一个国家逐渐现代化的过程",并非"全方面的改变",而是"改变了人们政治、文化和生活"。B项曲解文意。依据原文"城市商业也一样,从最初的商店到大百货公司,再到现在的超级市场,已经改变了过去农村里面贸易和交换的形式,人们越来越不需要自己生产生活必需品了,一切都可以在商店里面买到",并非"改变了商品经济社会原有的商品交换方式",而是"改变了过去农村里面贸易和交换的形式"。C项曲解文意。依据原文"四是过于强调城市更新中政府部门及其领导的推动作用,忽视了广大社区居民的参与性和能动性",并非"更新应该以政府为主导",因为已经"过于强调城市更新中政府部门及其领导的推动作用"。)

2. A(曲解文意。依据原文"在时间分配的关系上,过去日出而作、日落而息,黑夜白天非常分明的时间观念,在城市里面也被打破了。当照明条件改变了,生产方式改变了,生活方式也改变了,这种日夜分明的简单乡村秩序也被破坏了",并非"城市的生产方式就可以不受时间的限制",而是"这种日夜分明的简单乡村秩序也被破坏了"。)

3. B(B项说的是乡下和城市的差异,和城市更不更新可能没关系。)

4. 城市变化是一个渐进的过程,涉及生活的方方面面;人是城市更新中的核心;文化更新应该成为城市更新的重要内容;注重人文环境等软件的建设;注重政府的作用。

5. 政府主导改造,充分发挥政府的作用;为居民更好生活打造良好环境,突出了"人"的核心地位;增加了各种社会功能,建设了良好的人文环境。

(三)1. C(原文第四段的表述是"传统社会自给自足的小农经济生产方式……同时,由于古代农业生产方式的简陋、农业生产效益的低下,再加上缺乏对自然灾害的抵御能力,故广大民众将生产所得视为上天对自己的'恩赐'",可见"小农经济的自给自足性"与"生产效率的低下"没有递进关系。)

2. C("证明村民对安逸生活的追求"错误,文章第四段引用《礼记》中称道的"乐天安土知命"是证明"村民们最大的愿望就是在自己的土地上从事周而复始的农业生产"。)

3. C(A项"这样才能振兴其文化"错误,原文第一段说"乡土性滋生孕育了传统乡村文化,尽管其中也存在着文化的封闭性、依附性、滞后性、等级性等缺陷,但这并不影响我们对传统乡村文化思想价值的认知。传统乡村文化的思想优势主要体现在其注重实际、重义轻利、勤劳节俭以及长幼尊卑等方面,对传统国家的社会发展和文化价值观培育发挥了重要作用",可见在新时代,我们需要区别对待传统乡村文化,但并未说这样"才能"振兴其文化。B项"传统美德'重义轻利'的思想沉淀形成更为优良的品质"错误,原文第三段的表述是"由重义轻利思想引发的农民的'戒骄戒躁''谦虚谨慎'等优品质对中国农民的道德观念产生了重要影响,成为农民的传统文化美德",可见应是"重义轻利"使得一些"传统美德"沉淀形成为优良的品质,选项是主客倒置。D项"费孝通认为……"错误,依据原文最后一段可知,"传统乡村文化中的宗族文化既维护社会稳定,又能管理家庭生产"是作者的观点,选项张冠李戴。)

9 《礼治秩序》

章 节 解 读

 段落大意

第 1 段　明确"法治"内涵——人依法而治。

第 2 段　在实际应用时,法治绝不能缺少人的因素。

第 3 段　"人治"社会也需要以规范为依据。

第 4 段　人治和法治,依靠的力量和规范的性质不同。

第 5 段　有些人误认为乡土社会"无需规律"。

第 6 段　乡土社会是个"无法"但"礼治"的社会。

第 7 段　礼治社会并非文质彬彬,礼可能是野蛮和残忍的。

第 8 段　礼是社会公认合式的行为规范,依靠传统来维持。

第 9 段　传统能帮助人们完成社会任务,满足生活需要。

第 10 段　任何社会都有传统,乡土社会里传统的效力更大。

第 11 段　传统在乡土社会中是生活的保障,因为生活缺少变化,人们"抄袭"前人的生活经验即可。

第 12 段　以昆明乡下医治新生儿牙病的例子,证明传统的有效性。

第 13 段　传统会使人产生敬畏之感。

第 14 段　传统中融入要恪守的信念,就成为按着仪式做的礼。

第 15 段　礼不靠外在权力推行,礼是经教化过程而成为主动性的服膺于传统的习惯。

第 16 段　礼治是人们主动服从社会成规而形成的秩序。

第 17 段　礼治的前提是传统可以有效地应付生活问题。

第 18 段 礼治是乡土社会的特色,不能在变迁很快的社会里出现。

思维导图

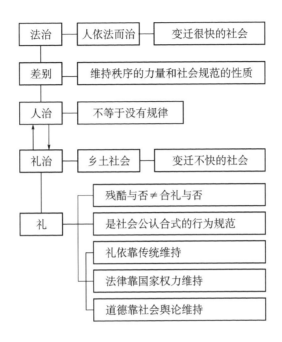

概念解释

人治:个人或少数人因历史原因掌握了社会公共权力,以军事、经济、政治、法律、文化、伦理等物质的与精神的手段,对社会绝大多数的其他成员进行等级统治的社会体制。

法治:以民主为前提和基础,以严格依法办事为核心,以制约权力为关键的社会管理机制、社会活动方式和社会秩序状态。

礼治:用社会公认合式的行为规范——传统作为维持社会治安的力量,不需要用有形的权力机构来维持。

小国寡民:老子《道德经》中的思想,一个国家,疆域不要太大,人口要少。

看不见的手:18 世纪英国经济学家亚当·斯密在《国富论》中提出的命题。最初的意思是,个人在经济生活中只考虑自己利益,受"看不见的手"驱使,即通过分工和市场的作用,可以达到使国家富裕的目的。后来,"看不见的手"便成为表示资本主义完全竞争模式的形象用语。这种模式的主要特征是私有制,人人为自己,都有获得市场信息的自由,自由竞争,无需政府干预经济活动。

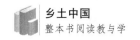
《镜花缘》：清代李汝珍历时三十余年创作的百回长篇志怪小说。前半部分写唐敖等人游历海外，得遇种种奇人异事；后半部分写百位才女舞文弄墨，尽显风流蕴藉。全书内容包罗万象，涉及琴、棋、书、画、医、卜、星相、灯谜等多个方面，其独特的女性视角和讽刺艺术尤其为人称道。

内容导读

法治社会中的法律如何运行？其背后还是要靠权力，靠人来执行，那么法治就变成了"人依法而治"。这种看法告诉我们所谓法治也不能缺乏人的因素。

那什么又是人治？望文生义地说，人治好像是有权力的人任凭一己的好恶来规定社会上人和人关系的意思。如果人治是这样，那这种人治是很难发生的。因为如果社会依照统治者的好恶来决定，而好恶也无法预测的话，那社会必然混乱，人们会不知道该怎么样行动，因此也就说不上"治"了。我们不妨把乡土社会中的"人治"看作是"礼"治。

乡土社会的秩序绝不是自发的，并不是说在鸡犬相闻、老死不相往来的小国寡民社会里，秩序仅凭每个人的本能或良知就能建立起来。秩序的建立一定是有一个外力来维持的，在法治社会当中当然是国家权力，而在传统的乡土社会是靠"礼"。

"礼"和"法"形式上很相似，他们之间的区别是在于维持秩序时所用的力量不同。法律是靠国家的权力来推行的，而"礼"却不需要这样有形的权力机构来维持，虽然封建王朝也有政治权力，但维持这种规范的是传统。

讲传统之前还有一点要说明：礼治社会并不是文质彬彬的如君子国一般的社会，"礼"也可以杀人，可以很野蛮。比如：印度有些地方，丈夫死了，妻子也要陪葬，这就是"礼"；缅甸有的地方，一个人成年时要出去杀几个人，才算完成了"成年礼"。的确"礼"的内容以现代标准看去可能很残酷，但是残酷与否并非合"礼"与否的问题。合于"礼"，就是说这些行为是做得对的，合乎规范的。就合乎规范这一点来说，"礼"和"法"都是行为的标准，但它们的区别上面已经说了，一个是靠外在权力，一个是靠社会传统。

所谓传统，就是社会所积累的经验。在一个各代人生活模式固定的社会，每个人出生之前，已经有人替他准备好了应付人生道路上所可能发生问题的方法，而且他可以完全信任父辈们的经验。比如生了病吃哪些草药，你不用管这些草药为什么有效,告诉你有效它就是有效,你不必去探究背后的学理。

像这一类的传统,不必知之,只要照办,生活就能得到保障的办法,自然也会随之产生一套价值观。依照做就有福,不依照就倒霉,于是人们也就有了对于传统的敬畏之感。

"礼"并不是靠一个外在的权力来推行,而是从教化中养成了个人的敬畏之感,使人服膺。因此我们说:法律是从外限制人的,而人服"礼"是主动的。一个不守法的人可以想办法逃脱法网,并会因逃脱而感到得意,但违背"礼"的人即便没有外在惩罚,也会备受内心煎熬,因为"礼"是靠着个人习惯所维持的。

人们之所以服"礼",并不是内心自发的,而是因为"礼"在传统社会可以有效地应付生活的问题。如果是在一个变迁很快的社会,传统的效力就无法保障,依着老法子就不能应付新问题,"礼"便不能再维持社会秩序了。要应付新问题,就需要保证大家在规定的办法下合作,就得有个力量再来控制每个人,这就是法治。

乡土社会是没有法治的,但是这并不影响社会的秩序,因为乡土社会是"礼治"社会。所谓礼治就是对传统规则的服膺。生活各方面,人和人的关系,都有着一定的规则。礼是社会公认合式的行为规范,是孔子两千多年来对中国社会的影响,而维持礼这种规范的是传统。传统是社会所积累的经验。行为规范的目的是在配合人们的行为以完成社会的任务,社会的任务是在满足社会各分子的生活需要。人们要满足需要必须相互合作,并且采取有效技术向环境获取资源。

文化本来就是传统,不论哪一个社会,绝不会没有传统的。衣食住行种种最基本的事物,我们并不要事事费心思,那是因为我们托祖宗之福——有着可以遵守的成法。但是在乡土社会中,传统的重要性比现代社会更甚,那是因为在乡土社会里传统的效力更大。如果我们对行为和目的之间的关系不加推究,只按着规定的方法做,而且对于规定的方法带着不这样做就会有不幸的信念时,这套行为也就成了我们普通所谓"仪式"了。礼是按着仪式做的意思,并不是靠一个外在的权力推行的,而是从教化中养成了个人的敬畏之感,人服于礼是主动的。因而礼治其实是主动地服于成规罢了,礼治社会必须有依礼可以有效应付生活问题的前提,而变迁不是很快的乡土社会满足了这一前提,因之它的秩序可以用礼来维持。

专 项 训 练

一、基础篇

1. 请结合《礼治秩序》一章内容判断下列表述的正误,正确的打√,错误的打×。

（1）法治的意思是说社会上人和人的关系是根据法律来维持的。　（　　）

（2）现代论法理的学者中有些极重视传统的因素。　（　　）

（3）乡土社会秩序的维持和现代社会秩序的维持是相同的。　（　　）

（4）礼是社会公认合式的行为规范。　（　　）

（5）传统是社会所积累的经验。　（　　）

（6）道德从表面看好像是人们行为不受规律约束而自动形成的秩序。

（　　）

2. 下图是《礼治秩序》一章有关"秩序维持"的图示,请将其转化成一段文字。要求内容完整,表述准确,语言连贯,不超过 90 字。

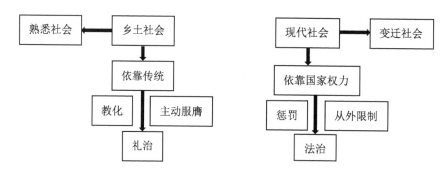

秩 序 维 持

3. 评点（评论圈点）是读书时常用的方法,即对作品的思想内容、谋篇布局和写作技巧等进行圈划和评论。借鉴材料一的评点形式,完成对材料二的评点。

原　文	评　点
材料一　乡土社会是安土重迁的，①生于斯、长于斯、死于斯的社会不但是人口流动很小，而且人们所取给资源的土地也很少变动。在这种不分秦汉，代代如是的环境里，个人不但可以信任自己的经验，而且同样可以信任若祖若父的经验。②一个在乡土社会里种田的老农所遇着的只是四季的转换，而不是时代变更。一年一度，周而复始。前人所用来解决生活问题的方案，尽可抄袭来作自己生活的指南。愈是经过前代生活中证明有效的，也愈值得保守。③于是"言必尧舜"，好古是生活的保障了。（节选自《礼治秩序》）	① 用排比句式，生动形象地说明乡土社会是安土重迁的观点。 ② 用亲切质朴的笔调、生动鲜活的例子来说明代代如是的环境和同样的经验。 ③ 总结全段，语言自然流畅。
材料二　但是在乡土社会的礼治秩序中做人，④如果不知道"礼"，就成了撒野，没有规矩，简直是个道德问题，不是个好人。一个负责地方秩序的父母官，维持礼治秩序的理想手段是教化，而不是折狱。如果有非打官司不可，那必然是因为有人破坏了传统的规矩。⑤在旧小说上，我们常见的听讼，亦称折狱的程序是：把"犯人"拖上堂，先各打屁股若干板，然后一方面大呼冤枉。父母官用了他"看相"式的眼光，分出那个"獐头鼠目"，必非好人，重加呵责，逼出供状，结果好恶分辨，冤也伸了，大呼青天。——这种程序在现代眼中，会感觉到没有道理；但是在乡土社会中，这却是公认正当的。⑥否则为什么这类记载，《包公案》《施公案》等等能成了传统的畅销书呢？（节选自《无讼》）	④ ＿＿＿＿＿＿＿＿＿＿＿＿＿＿＿＿＿＿＿＿＿＿＿＿＿＿＿＿＿＿＿＿＿＿＿＿ ⑤ ＿＿＿＿＿＿＿＿＿＿＿＿＿＿＿＿＿＿＿＿＿＿＿＿＿＿＿＿＿＿＿＿＿＿＿＿ ⑥ ＿＿＿＿＿＿＿＿＿＿＿＿＿＿＿＿＿＿＿＿＿＿＿＿＿＿＿＿＿＿＿＿＿＿＿＿

4. 分析本章段落论证

⑥ 可是乡土社会并不是这种社会，我们可以说这是个"无法"的社会，假如我们把法律限于以国家权力所维持的规则；但是"无法"并不影响这社会的秩序，因为乡土社会是"礼治"的社会。

⑦ 让我先说明，礼治社会并不是指文质彬彬，像《镜花缘》里所描写的君子国一般的社会。礼并不带有"文明"、或是"慈善"、或是"见了人点个头"、不穷凶极恶的意思。礼也可以杀人，可以很"野蛮"。譬如在印度有些地方，丈夫死了，妻子得在葬礼里被别人用火烧死，这是礼。又好像在缅甸有些地方，一个人成年时，一定要去杀几个人头回来，才能完成为成年礼而举行的仪式。我们在旧小说里也常读到杀了人来祭旗，那是军礼。——礼的内容在现代标准看去，可能是很残酷的。残酷与否并非合礼与否的问题。"子贡欲去告朔之饩羊。子曰，'赐也，尔爱其羊，我爱其礼。'"恻隐之心并没有使孔子同意于取消相当残忍的行为。

⑧ 礼是社会公认合式的行为规范。合于礼的就是说这些行为是做得对的，对是合式的意思。如果单从行为规范一点说，本和法律无异，法律也是一种行为

规范。礼和法不相同的地方是维持规范的力量。法律是靠国家的权力来推行的。"国家"是指政治的权力,在现代国家没有形成前,部落也是政治权力。而礼却不需要这有形的权力机构来维持。维持礼这种规范的是传统。

⑨ 传统是社会所累积的经验。行为规范的目的是在配合人们的行为以完成社会的任务,社会的任务是在满足社会中各分子的生活需要。人们要满足需要必须相互合作,并且采取有效技术,向环境获取资源。这套方法并不是由每个人自行设计,或临时聚集了若干人加以规划的。人们有学习的能力,上一代所试验出来有效的结果,可以教给下一代。这样一代一代地累积出一套帮助人们生活的方法。从每个人说,在他出生之前,已经有人替他准备下怎样去应付人生道上所可能发生的问题了。他只要"学而时习之"就可以享受满足需要的愉快了。

⑩ 文化本来就是传统,不论哪一个社会,绝不会没有传统的。衣食住行种种最基本的事务,我们并不要事事费心思,那是因为我们托祖宗之福,一一有着可以遵守的成法。但是在乡土社会中,传统的重要性比了现代社会更甚。那是因为在乡土社会里传统的效力更大。

⑪ 乡土社会是安土重迁的,生于斯、长于斯、死于斯的社会。不但是人口流动很小,而且人们所取给资源的土地也很少变动。在这种不分秦汉,代代如是的环境里,个人不但可以信任自己的经验,而且同样可以信任若祖若父的经验。一个在乡土社会里种田的老农所遇着的只是四季的转换,而不是时代变更。一年一度,周而复始。前人所用来解决生活问题的方案,尽可抄袭来作自己生活的指南。愈是经过前代生活中证明有效的,也愈值得保守。于是"言必尧舜",好古是生活的保障了。

(1) 选文是如何论证"乡土社会是礼治的社会"的?

(2) 选文综合运用了多种论证方法,请结合文本加以分析。

二、进阶篇

1. 阅读文中事例,回答下列问题

材料一

曾子易箦

曾子寝疾,病。乐正子春坐于床下,曾元、曾申坐于足,童子隅坐而执烛。童子曰:"华而睆,大夫之箦与?"子春曰:"止!"曾子闻之,瞿然曰:"呼!"曰:"华而睆,大夫之箦与?"曾子曰:"然。斯季孙之赐也,我未之能易也。元,起易箦。"曾元曰:"夫子之病革矣,不可以变。幸而至于旦,请敬易之。"曾子曰:"尔之爱我也不如彼。君子之爱人也以德,细人之爱人也以姑息。吾何求哉?吾得正而毙焉斯已矣。"举扶而易之。反席未安而没。

(《礼记·檀弓上》)

材料二

孔子哭吊

伯高死于卫,赴于孔子,孔子曰:"吾恶乎哭诸?兄弟,吾哭诸庙;父之友,吾哭诸庙门之外;师,吾哭诸寝;朋友,吾哭诸寝门之外;所知,吾哭诸野。于野,则已疏;于寝,则已重。夫由赐也见我,吾哭诸赐氏。"遂命子贡为之主,曰:"为尔哭也来者,拜之;知伯高而来者,勿拜也。"

(《礼记·檀弓上》)

(1) 思考曾子服礼的个人原因及社会原因。

(2) 思考孔子哭吊中的"合礼"的含义。

乡土中国
整本书阅读教与学

2. 阅读材料,回答下列问题

材料一

(杨时)又见程颐于洛,时盖年四十矣。一日见颐,颐偶瞑坐,时与游酢侍立不去,颐既觉,则门外雪深一尺矣。

(《宋史·杨时传》)

材料二

留侯张良者,其先韩人也。良尝闲从容步游下邳圯上,有一老父,衣褐,至良所,直堕其履圯下,顾谓良曰:"孺子,下取履!"良愕然,欲殴之。为其老,强忍,下取履。父曰:"履我!"良业为取履,因长跪履之。父以足受,笑而去。良殊大惊,随目之。父去里所,复还,曰:"孺子可教矣。后五日平明,与我会此。"良因怪之,跪曰:"诺。"五日平明,良往。父已先在,怒曰:"与老人期,后,何也?"去,曰:"后五日早会。"五日鸡鸣,良往。父又先在,复怒曰:"后,何也?"去,曰:"后五日复早来。"五日,良夜未半往。有顷,父亦来,喜曰:"当如是。"出一编书,曰:"读此则为王者师矣。后十年兴,十三年孺子见我济北,谷城山下黄石即我矣。"遂去,无他言,不复见。旦日视其书,乃《太公兵法》也。良因异之,常习诵读之。

(《史记·留侯世家》)

材料三

祁老太爷什么也不怕,只怕庆不了八十大寿。在他的壮年,他亲眼看见八国联军怎样攻进北京城。后来,他看见了清朝的皇帝怎样退位,和接续不断的内战;一会儿九城的城门紧闭,枪声与炮声日夜不绝;一会儿城门开了,马路上又飞驰着得胜的军阀的高车大马。战争没有吓倒他,和平使他高兴。逢节他要过节,遇年他要祭祖,他是个安分守己的公民,只求消消停停的过着不至于愁吃愁穿的日子。即使赶上兵荒马乱,他也自有办法:最值得说的是他的家里老存着全家够吃三个月的粮食与咸菜。这样,即使炮弹在空中飞,兵在街上乱跑,他也会关上大门,再用装满石头的破缸顶上,便足以消灾避难。

为什么祁老太爷只预备三个月的粮食与咸菜呢?这是因为在他的心理上,他总以为北平是天底下最可靠的大城,不管有什么灾难,到三个月必定灾消难满,而后诸事大吉。北平的灾难恰似一个人免不了有些头疼脑热,过几天自然会好了的。不信,你看吧,祁老太爷会屈指算计:直皖战争有几个月?直奉战争又有好久?

啊！听我的,咱们北平的灾难过不去三个月!

(老舍《四世同堂》)

(1)《乡土中国》第八章说:"维持礼这种规范的是传统。"中国有许多优良传统,请概述以上三则材料分别体现出来的"礼"具体指什么?

(2)《四世同堂》中的祁老太爷是一个思想封建,非常重视"礼"的老人。请结合材料,当下,我们要怎样去正确认识"礼"?

三、提升篇

阅读下面的材料,完成题目。

(一)

材料一

乡土社会可以说是个"无法"的社会,但是"无法"并不影响社会的秩序,因为乡土社会是"礼治"社会。礼是社会公认合式的行为规范。合于礼的就是做得对的,对是合式的意思。如果单从行为规范来说,这和法律无异,法律也是一种行为规范。礼和法不相同的地方是维持规范的力量不同。法律是靠国家权力来推行的,维持礼这种规范的是传统。传统是社会所累积的经验,不论哪一个社会,绝不会没有传统。衣食住行种种最基本的事务,我们并不要事事费心思,那是因为我们托祖宗之福,有着可以遵守的成法——传统。在乡土社会中,传统的重要性比现代社会更甚。那是因为在乡土社会里传统的效力更大。

(改编自《乡土中国·礼治秩序》)

材料二

所谓礼治就是对传统规则的服膺。生活各方面,人和人的关系,都有着一定规则。行为者对于这些规则从小就熟习,不问理由而认为是当然的。长期的教育已把外在的规则化成了内在的习惯。维持礼俗的力量不在身外的权力,而是在身内的良心。所以这种秩序注重修身,注重克己。理想的礼治是每个人都自动地守规矩,不必有外在的监督。但是理想的礼治秩序并不是常有的。

现代都市社会中讲个人权利,权利是不能侵犯的。国家保护这些权利,所以定下了许多法律。一个法官并不考虑道德问题、伦理观念,他并不在教化人。刑罚的用意已经不复"以儆效尤",而是在保护个人的权利和社会的安全。尤其在民法范围里,他并不是在分辨是非,而是在厘定权利。

中国正处在从乡土社会蜕变的过程中,原有对诉讼的观念还是很坚固地存留在广大的民间,也因之使现代的司法不能彻底推行。第一是现行法里的原则是从西洋搬过来的,和旧有的伦理观念相差很大。第二是新的司法制度推行下乡,让那些不容于乡土伦理的人物找到了一种新的保障,凭借一点法律知识的败类,在乡间为非作恶起来,法律还要去保护他。我也承认这是很可能发生的事实。现行的司法制度在乡间发生了很特殊的副作用,它破坏了原有的礼治秩序,但并不能有效地建立起法治秩序。法治秩序的建立不能单靠制定若干法律条文和设立若干法庭,重要的还得看人民怎样去应用这些设备。更进一步,在社会结构和思想观念上还得先有一番改革。

（改编自《乡土中国·无讼》）

材料三

礼治社会是乡土社会的特色,法治则适合于变迁很快的社会和时代。社会情态改变了,秩序类型也必然要发生变化。

在"礼治秩序"这一面,维系社会秩序的规范是礼,维持礼的力量则是传统和习惯;礼对于人的约束是内在的,即人通过教化而主动地服膺于礼;这种秩序注重修身和克己,依靠调解来解决纠纷;打官司被视为丑事,讼师更为众人所不齿;与这种秩序相配合的是一个缺少变化的社会,或者,用更加确定的说法,一个前现代的社会或传统社会。而在"法治"这一面,基本的规范是法律;法律靠了国家力量来实施,从外部对人加以约束;法律着眼于个人权利的保护,因此鼓励人们主张各自的权利,亦不以涉讼为耻,相反,专门的法律家,如律师,在这样的社会中占有重要位置;自然,与法治相配合的社会是一个变迁很快的社会,即我们所谓现代社会。

现代的司法制度已经引进并且推行下乡,乡土社会中人的组织、行为和观念却没有发生相应的变化。结果法治秩序的好处未得,而破坏礼治秩序的弊病却已先发生了。要解决这样的问题,除了把现代法律和法庭推行下乡之外,还应当在"社会结构和思想观念"上有一番改革。因为,归根到底,只有破坏了原有的乡土社会的传统,才可能使中国走上现代化的道路。

(改编自梁治平著《法律史的视界·从"礼治"到"法治"?》)

1. 结合材料内容,下列各项不能直接表现材料三划线内容的一项是(　　)

　　A. 在乡村里,所谓调解,其实是一种教育过程。打官司也成了一种可羞之事,表示教化不够。

　　B. 中国传统社会趋于静止,比较缺乏变化;且只见"社会"不见"国家",相应地,只有"礼俗"没有"法律"。

　　C. 明清时期,土地交易和土地的流转极为频繁,社会秩序单靠传统、习惯和礼俗尚不足以维系。

　　D. 地方官经常不得不倚重民间调解机制,并且把听讼变成教化,将技术问题转变为道德问题。

2. 下列对材料相关内容的理解与分析,正确的一项是(　　)

　　A. 乡土社会可以说是个"无法"的社会,但是"无法"并不影响社会的秩序,因为乡土社会是"礼治"社会,和"法治"一样都是依靠权力机构推行的。

　　B. 在乡土社会中,个人服膺于传统规则,注重修身,注重克己。每个人都自动守规矩,不必有外在的监督。

　　C. 礼并不是靠一个外在的权力机构来推行的,而是从教化中养成了个人的敬畏之感,使人服膺,人服礼是主动的。

　　D. 礼制社会中刑罚的用意是以儆效尤,并不是在分辨是非,而是在厘定权利,同时保护个人的权利和社会的安全。

3. 下列对材料相关内容的推断,不正确的一项是(　　)

　　A. 乡土社会负责地方秩序的父母官,维持礼治秩序的理想手段是教化,而不是折狱。而现代社会的法官不负责教化人,并不考虑道德问题和伦理观念。

  B. 现代都市社会讲个人权利且受国家保护,所以法律的效用只在于厘定权利,不在分辨是非。

  C. 法律还得靠权力来支持,还得靠人来执行,法治其实是"人依法而治",并非没有人的因素。

  D. 虽然现代社会变迁很快,更讲个人权利,需要法律保护个人权利和社会安全,但是礼治依然可以作为法治的辅助和补充。

  4. 请结合材料,分析乡土社会不需要"法律"和"诉讼",而现代都市社会却重视"法律"和"诉讼"的原因。

(二)

材料一

  普通常有以"人治"和"法治"相对称,而且认为西洋是法治的社会,我们是"人治"的社会。其实这个对称的说法并不是很清楚的。法治的意思并不是说法律本身能统治,能维持社会秩序,而是说社会上人和人的关系是根据法律来维持的。法律还得靠权力来支持,还得靠人来执行,法治其实是"人依法而治",并非没有人的因素。

  所谓人治和法治之别,不在"人"和"法"这两个字上,而是在维持秩序时所用的力量和所根据的规范的性质。

  乡土社会秩序的维持,有很多方面和现代社会秩序的维持是不相同的。可是所不同的并不是说乡土社会是"无法无天",或者说"无需规律"。不论在社会、政治、经济各个范围中,都有认为"无政府"是最理想的状态,当然所谓"无政府"决不是等于"混乱",而是一种"秩序",一种不需规律的秩序,一种自动的秩序,是"无治而治"的社会。

  可是乡土社会并不是这种社会,我们可以说这是个"无法"的社会,假如我们把法律限于以国家权力所维持的规则;但是"无法"并不影响这社会的秩序,因为乡土社会是"礼治"的社会。

  让我先说明,礼治社会并不是指文质彬彬,像《镜花缘》里所描写的君子国一般的社会。礼并不带有"文明",或是"慈善",或是"见了人点个头"、不穷凶极恶的意思。礼也可以杀人,可以很"野蛮"。譬如在印度有些地方,丈夫死了,妻子得在葬礼里被别人用火烧死,这是礼。

礼是社会公认合式的行为规范。合于礼的就是说这些行为是做得对的,对是合式的意思。如果单从行为规范一点说,本和法律无异,法律也是一种行为规范。礼和法不相同的地方是维持规范的力量。法律是靠国家的权力来推行的。"国家"是指政治的权力,在现代国家没有形成前,部落也是政治权力。而礼却不需要这有形的权力机构来维持。维持礼这种规范的是传统。传统是社会所积累的经验。

乡土社会是安土重迁的,生于斯、长于斯、死于斯的社会。不但是人口流动很小,而且人们所取给资源的土地也很少变动。在这种不分秦汉、代代如是的环境里,个人不但可以信任自己的经验,而且同样可以信任若祖若父的经验。一个在乡土社会里种田的老农所遇着的只是四季的转换,而不是时代变更。一年一度,周而复始。前人所用来解决生活问题的方案,尽可抄袭来作自己生活的指南。愈是经过前代生活中证明有效的,也愈值得保守。于是"言必尧舜",好古是生活的保障了。

礼并不是靠一个外在的权力来推行的,而是从教化中养成了个人的敬畏之感,使人服膺。人服礼是主动的。礼是可以为人所好的,所谓"富而好礼"。孔子很重视服礼的主动性。

这显然是和法律不同了,甚至不同于普通所谓道德。法律是从外限制人的,不守法所得到的罚是由特定的权力所加之于个人的。人可以逃避法网,逃得脱还可以自己骄傲、得意。道德是社会舆论所维持的,做了不道德的事,见不得人,那是不好;受人唾弃,是耻。礼则有甚于道德:如果失礼,不但不好,而且不对、不合、不成。这是个人习惯所维持的。十目所视,十手所指的,即是在没有人的地方也会不能自己。礼是合式的路子,是经教化过程而成为主动性的服膺于传统的习惯。

礼治的可能必须以传统可以有效地应付生活问题为前提。乡土社会满足了这前提,因之它的秩序可以用礼来维持。在一个变迁很快的社会,传统的效力是无法保证的。尽管一种生活的方法在过去是怎样有效,如果环境一改变,谁也不能再依着老法子去应付新的问题了。所应付的问题如果要由团体合作的时候,

就得大家接受个同意的办法,要保证大家在规定的办法下合作应付共同问题,就得有个力量来控制各个人了。这其实就是法律,也就是所谓"法治"。

(改编自《乡土中国·礼治秩序》)

材料二

"差序格局"的乡土社会排斥诉讼,即费孝通先生说的"无讼"。但这里的"无讼"并不是完全排斥诉讼这种解决问题的模式。乡土社会中,人们遇到的问题大概率是先辈们已经遇到过并且解决过的,因此只需沿用"传统"即可,不需要诉诸法律。同时,"差序格局"中的人际关系像是无数"水波纹"交织在一起,十分庞杂,因此要想通过法律来明确权利与义务就变得困难。这种模式下,要维护社会的稳定,就要依靠行为者"克己复礼"以及长辈的教化去解决现实中的纠纷。但这种"无讼"的环境,也不是在营造虚假的和谐,而是需要把矛盾纠纷化解在基层。并非所有争端都要走司法途径才能得以解决,一些并不复杂的矛盾纠纷不需要动用国家司法资源,若是能在乡土社会中自行解决,当事人在事后仍能维持正常的人际往来,何乐而不为呢?这种观念与"小事不出村,大事不出镇,矛盾不上交,就地化解"的"枫桥经验"不谋而合。这样的矛盾化解模式就是立足于我国的实际国情,既考虑到社会原本的状态,又结合时代的发展,在真切解决纠纷的基础上节约司法资源,达成人与人之间的和谐。

(改编自蔡欣雨《在乡土社会中推进法治中国建设》)

材料三

(故事前提:李寡妇将自家的地同时卖给了白嘉轩和鹿子霖,二人为争夺这块地大打出手。)

冷先生把白嘉轩和鹿子霖一起邀约到中医堂,摆下一桌酒席,俩人同时抱拳打拱,互致歉意谦词,然后举酒连饮三杯,重归于好而且好过以往。俩人谁也不好意思再要李家寡妇那六分地了,而且都慨然提出地归原主,白家和鹿家各自周济给李家寡妇一些粮食和银元,帮助寡妇渡过难关。冷先生当即指派药房伙计叫来李家寡妇,当面毁了契约。李家寡妇扑通跪到地上,给白嘉轩鹿子霖磕头,感动得说不出话只是流眼泪。

(改编自陈忠实《白鹿原》)

1. 下列对材料相关内容的理解和分析,正确的一项是(　　)

　　A. 礼和法律并无区别,二者都是一种行为规范,是用来规定社会上人与人的关系的。

    B. 人们能够主动服礼,是因为人的本能与良知让人们产生了个人的敬畏感,从而自觉地约束自己的行为。

    C. 乡土社会不是"无法无天""无需规律"的,它有一种不需规律的秩序,一种自动的秩序,是"无为而治"的社会。

    D. 法律还得靠权力来支持和人来执行,可见法治也有人的因素,"法治"和"人治"并不是完全对立的。

2. 根据材料一和材料二内容,下列说法不正确的一项是(　　)

    A. 礼治是按照历史积累形成的社会公认的合式的行为规范来维持社会秩序的一种治理方式。

    B. 法律是靠国家的权力来推行的一种行为规范,在现代国家没有形成之前不存在法律。

    C. "枫桥经验"是基层社会治理的中国模式,既节约了司法资源,又解决了民间纠纷。

    D. 社会积累的经验因为有效才值得保守,当维持礼的经验不能有效应对生活问题时,礼治就难以为继。

3. 下列各项中,不属于乡土社会礼治范畴的一项是(　　)

    A. 窥宫者膑,拾遗者刖。

    B. 父在,观其志;父没,观其行;三年无改于父之道,可谓孝矣。

    C. 冬则温,夏则凊。晨则省,昏则定。出必告,反必面。居有常,业无变。

    D. 未做过大夫的曾子在弥留之际发现自己躺在大夫专用的席子上,就命儿子把席子换掉。

    4. 孔子说:"道之以政,齐(齐:整治,规范)之以刑,民免(免:避免犯罪)而无耻。道之以德,齐之以礼,有耻且格(格:正,纠正)"。这一思想对构建现代和谐社会具有怎样的意义,请结合材料一加以分析。

5. 请结合材料一和材料二简要分析材料三中体现的乡土特色。

（三）

材料一

礼治社会并不是指文质彬彬，像《镜花缘》里所描写的君子国一般的社会。礼并不带有"文明"或是"慈善"，或是"见了人点个头"、不穷凶极恶的意思。礼也可以杀人，可以很"野蛮"。比如在缅甸有些地方，一个人成年时，一定要去杀几个人头回来，才能完成为成年礼而举行的仪式。我们在旧小说里也常读到杀了人来祭旗，那是军礼。——礼的内容以现代标准去看，可能是很残酷的。残酷与否并非合礼与否的问题。礼是社会公认合式的行为规范。合于礼的就是说这些行为是做得对的，"对"是"合式"的意思。如果单从行为规范这一点来说，本和法律无异，法律也是一种行为规范。礼和法不相同的地方是维持规范的力量。法律是靠国家的权力来推行的。"国家"是指政治的权力，在现代国家没有形成前，部落也是政治权力。而礼却不需要这有形的权力机构来维持。维持礼这种规范的是传统。

礼并不是靠一个外在的权力来推行的，而是从教化中养成了个人的敬畏之感，使人服膺；人服礼是主动的。礼是可以为人所好的，所谓"富而好礼"。孔子就很重视服礼的主动性。

这显然是和法律不同了，甚至不同于普通所谓道德。法律是从外限制人的，不守法所得到的罚是由特定的权力所加之于个人的。人可以逃避法网，逃得脱还可以骄傲、得意。道德是社会舆论所维持的，做了不道德的事，见不得人，那是不好；受人唾弃，是耻。礼则有甚于道德；如果失礼，不但不好，而且不对、不合、不成。这是个人习惯所维持的。十目所视，十手所指的，即使在没有人的地方也不会不能自己。礼是合式的路子，是经教化过程而成为主动性的服膺于传统的习惯。

礼治从表面看去好像是人们行为不受规律拘束而自动形成的秩序。其实自动的说法是不准确的，只是主动地服于成规罢了。孔子一再地用"克"字，用"约"字来形容礼的养成，可见礼治并不是离开社会，由于本能或天意所构成的秩序了。

礼治的可能必须以传统可以有效地应付生活问题为前提。乡土社会满足了这一前提，因之它的秩序可以用礼来维持。在一个变迁很快的社会，传统的效力是无法保证的。不管一种生活的方法在过去是怎样有效，如果环境一改变，谁也不能再依着老法子去应付新的问题了。所应付的问题如果需要团体合作的时候，就得有个大家都接受都同意的办法，要保证大家在规定的办法下合作应付共同问题，就得有个力量来控制各个人了。这其实就是法律，也就是所谓"法治"。

（改编自《乡土中国·礼治秩序》）

材料二

客观地讲，"礼治秩序"在特定的历史时期、特定的环境下，对维持社会的稳定起过一定的作用，正如梁漱溟先生在《中国文化要义》中所说，"旧日中国文明最使人惊异者，即是其社会秩序恒自尔维持，若无假乎强制之力"。而且，礼的作用不仅在于提供给人们一些行为规范以维持社会秩序，更在于通过这些外部的规范来起到教化的作用，启发和涵养人们内在的理性自觉，不断培育人们的道德心，从而提高人们的道德境界。当道德境界提升到一定高度后，人们的行为就会由礼的约束进为道德自觉，由他律进为自律，达此道德境界，人的内心高度自由，行为则于礼无不自然相合。在潜移默化中将人引向道德之途，于不知不觉中提高人的思想境界，培养人的道德自觉，这就是礼的教化之功，也是礼治所赖以运作的内在机制。正是这种代代相传的传统教化，使中华民族博大精深的文化精髓得以历经数千年而依然完好地保存流传下来，这是与中国同时代的其他文明古国无法做到的。而且，"礼"中的很多优秀合理的成分，如尊老爱幼、孝敬父母、谦虚礼让等好的传统直到今天依然对我们富有教育意义。这些都是"礼治秩序"的积极作用。但是，从整个历史发展、社会进化的角度来看，它的消极作用也是显而易见的。

首先，它阻碍社会的进步、科学的发展，尤其使中国近代科学的发展严重滞后。中国是世界文明古国之一，古代科学曾有过辉煌的成就，四大发明极大地促进了世界文明的发展。然而近四百年，欧洲近代科学取得了辉煌成就，我们却远远落后了。其中有个很重要的原因就是我们过于崇拜、依赖传统，因循守旧，躺在老祖宗的成果上睡大觉。

乡土中国
整本书阅读教与学

其次，"礼治"往往被封建统治者利用，成为反对变革、维护封建制度的屏障。从汉武帝开始，历代的封建统治者都极力推崇儒学，提倡礼教，尤其是到了皇权专制空前强化的明清时代。

再次，乡土社会的礼治秩序在无形中扭曲了人格，压抑了人性，容易使人形成一种畸形心理。礼治社会的另一个直接后果就是导致民主、法治意识的淡薄甚至可以说是缺失，人们只知道承担义务，不知道行使权利。

（改编自张路《乡土中国"礼治秩序"浅析》）

1. 下列对材料相关内容的理解和分析，正确的一项是（   ）

　　A. 礼是社会公认合式的行为规范，并不带有"文明""慈善"的意思，以现代标准去看，礼的内容是很残酷的。

　　B. 礼是从教化中养成了个人的敬畏之感，使人服膺；礼是由社会舆论所维持的，不需要外在的机构来维持。

　　C. 一直以来，在乡土社会中，因为传统可以有效地应付生活问题，所以乡土社会的秩序主要依靠"礼"来维持。

　　D. 只要我们不过于崇拜、依赖传统，不躺在已有的成果上睡大觉，我们中国近代科学的发展就一定不会严重滞后。

2. 根据材料一和材料二，下列说法不正确的一项是（   ）

　　A. 只要符合社会公认合式的行为规范，就算是残酷的行为或做法，也是符合礼治秩序的。

　　B. 材料二认为"礼"中有诸如尊老爱幼、孝敬父母、谦虚礼让等优秀合理成分，这与材料一中的礼可能是很残酷的观点矛盾。

　　C. 礼治秩序在特定的时期与环境下对维持社会的稳定和教化百姓有积极的作用，但在社会进步与科学发展方面也有一定的消极作用。

　　D. 鲁迅先生的小说《狂人日记》用"吃人"形象地表现出乡土社会的礼治秩序对人的压抑与扭曲。

3. 下列各项中，最不适合作为论据来支撑材料一观点的一项是（   ）

　　A. 在印度某些偏远部族，丈夫死了之后，在丈夫的葬礼上要用火烧死他的妻子。

　　B. 封建社会，上到帝王将相，下到普通百姓，在家族祭祀中都有比较严格的程序和要求。

C. 没有做过大夫的曾子在弥留之际发现自己躺在大夫专用的席子上，就命儿子把席子换掉。

D. 过人行横道时，行人红灯停、绿灯行，行驶的机动车辆遇行人过斑马线时停车礼让。

4. 材料一和材料二中使用了哪些论证方法？请简要说明。

5. 在传统的结婚习俗中，男方准备彩礼，女方准备嫁妆。随着社会经济的发展，许多地方出现了"天价彩礼"的现象，很多情侣因为彩礼问题而结束感情。现在《民法典》明确规定"禁止借婚姻索取财物"。对此你怎么看？请运用材料中"礼治"与"法治"的相关内容对上述现象进行简析。

参 考 答 案

一、基础篇

1. (1)√ (2)× (3)× (4)√ (5)√ (6)×

2. 乡土社会是熟悉社会，维持秩序主要依靠传统，在教化中使人主动服膺，继而实现礼治。现代社会是变迁社会，维持秩序主要依靠国家权力，通过惩罚从外限制人的行为，继而实现法治

3. ④"如果"一词，用假设的方式说理，更加委婉亲切，易拉近与读者的距离。

⑤举例论证，生动形象地说明了乡土社会的礼治秩序被认为是公认正当的。

⑥通过反问的方式论证乡土社会的礼治秩序这一观点，与段落开头形成了呼应，同时加强了论证效果。

4. (1)先指出乡土社会是个"无法"但"礼治"的社会；接着通过具体的例子阐述礼治社会并非文质彬彬，"礼"可能是野蛮和残忍的，得出"礼"是社会公认合式的行为规范，依靠传统来维持；在此基础上对"传统"进行阐释，指出"传统是社会所累积的经验"，能帮助人们完成社会任务，满足生活需要，乡土社会里传统的效力更大；最后通过分析乡土社会的不流动性，得出乡土社会靠前人的经验就可以解决生活问题的结论。

(2)第⑦段运用举例论证和引用论证，阐述"礼"可能是野蛮和残忍的；第⑧段运用对比论证，阐述了礼和法的不同，即法需要有形的权力机构来维持，礼需要传统来维持；第⑪段通过举例论证，阐释了乡土社会变化很小，人们依靠前人经验就可以解决各种生活问题。

二、进阶篇

1. (1) 社会原因：在"礼治"的乡土社会中，道德是由社会舆论所维持的，做了不道德的事，见不得人，那是不好；受人唾弃，是耻。礼则有甚于道德：如果失礼，不但不好，而且不对、不合、不成。

个人原因：作为社会中的一员，曾子经过长期教化已经养成主动服膺于传统的习惯，已经在潜移默化中主动将社会道德要求变成个人习惯，一言一行都符合"礼"的范式。十目所视，十手所指的，即是在没有人的地方也会不能自己。

(2) 人与人相处，有亲疏远近的不同，感情自然也有深浅厚薄的差异，所以相对的态度也应该有等差的区分。礼制的订定，其最显著的功用就是在于区分等差，能遵守这些礼制的规定，在行为举止上自会懂得分寸。孔子所考虑的，正是在于深浅厚薄之间如何才是合宜。而最后交代子贡的一段话，也是由于子贡只是暂时摄代的丧主，和伯高的家人为真正的丧主还是有所不同，所以告诉他如何应对答拜，这也是区分等差的意思。

2. (1) 材料一：程门立雪，表现出杨时对老师的尊重。材料二：张良捡回老人故意扔掉的鞋子并且态度恭敬地为老人穿上，体现出来的"礼"是尊老；在和老人约定见面的过程中，体现出来的"礼"是虚心受教、守时守信、尊敬老人。材料三：祁老太爷在兵荒马乱的年代依然将"八十大寿"挂在心上，体现出来的"礼"是他对岁月的珍惜和敬畏。

(2) 祁家老太爷是北平老派市民的典型，在他身上渗透着浓重的传统色彩。他虽然是城里人，骨子里仍是农民，是"乡土中国"的子民，他的身上负载着沉重的封建宗法思想的包袱。一方面，祁老太爷"逢节他要过节，遇年他要祭祖，他是个安分守己的公民，只求消消停停的过着不至于愁吃愁穿的日子"，表现出他对传统的规定的尊重和服从，有利于维护乡土社会的稳定性，这是积极的一面。但他在兵荒马乱的年代，不关心国家社会的前途和未来，"只怕庆不了八十大寿"，甚至"他的家里老存着全家够吃三个月的粮食与咸菜"，认为只要闭门不出三个月，就能顺利躲过战争，体现出他思想落后的一面，这也体现出礼治社会并不能在变迁很快的时代中出现，一出现新的局面，祁老太爷所信奉的那一套"传统"就都无济于事了。

当下社会中，"礼"确实对维护社会的稳定起到了一定的作用，例如尊老爱幼、诚实守信等传统让我们在生活中各安名位，遵守礼制。但随着时代的发展，生活中也出现了一些"合礼"却不"合理"的现象，例如不少农村的婚丧仪式中，依然保存着"三跪九叩"的传统"礼节"；有些商家抓住了人们在传统节日诸如中秋节、端午节"送礼"的传统，推出过分包装的"天价月饼""天价粽子"等商品，造成资源浪费的现象。因此，我们需要辩证地看传统社会中的"礼"，取其精华，去其糟粕。

三、提升篇

(一) 1. C(A项体现了"人通过教化而主动地服膺于礼"；B项体现了"与这种秩序相配合的是一个缺少变化的社会""维系社会秩序的规范是礼"；C项"单靠传统、习惯和礼俗尚不足以维系"与划线句内容"维持礼的力量则是传统和习惯""与这种秩序相配合的是一个缺少变化的社会"矛盾；D项体现了"人通过教化而主动地服膺于礼""依靠调解来解决纠纷"。)

2. C(A项，"和'法治'一样都是依靠权力机构推行的"错，不符合文意，由材料一中"礼和法不相同的地方是维持规范的力量不同。法律是靠国家权力来推行的，维持礼这种规范的是传统"可知，法律靠国家的权力来推行，礼则是依靠传统来维持。B项，"每个人都自动守规矩，不必有外在的监督"错，以偏概全，由材料二原文"理想的礼治是每个人都自动的守规矩，不必有外在的监督"可知，指的是"理想的礼治"这一特定环境。D项，"礼制社会中"张冠李戴，由材料二原文"刑罚的用意已经不复'以儆效尤'，而是在保护个人的权利和社会的安全。尤其在民法范围里，他并不是在分辨是非，而是在厘定权利"可知，指的是法治社会中法律的作用。)

3. B("所以法律的效用只在于厘定权利,不在分辨是非"错误,材料二原文为"尤其在民法范围里,他并不是在分辨是非,而是在厘定权利"强调"民法",选项以偏概全,过于绝对,并非所有法律效用都是如此。)

4. ①乡土社会是一个相对稳定的礼治社会,"无法"并不影响社会秩序。法治更适合于变迁很快的现代都市社会。②乡土社会中,传统(可以遵守的成法)的效力更大,重要性比现代社会更甚。③乡土社会的秩序主要靠礼法教化维护,而维持礼俗的力量是传统。都市社会是一个讲究个人权利的社会,需要法律和诉讼从外部对人加以约束。

(二)1. D(A项"礼和法律并无区别"错。由材料一原文"单从行为规范一点说,本和法律无异"的言外之意可知,礼和法律是有区别的。B项因果关系不成立,原文是"从教化中养成了个人的敬畏之感,使人服膺"。C项"乡土社会"错,张冠李戴。材料一第一段是"'无政府'绝不是等于'混乱',而是一种'秩序',一种不需规律的秩序,一种自动的秩序,是'无为而治'的社会",这里说的应该是"无政府",而不是选项说的"乡土社会"。)

2. B("在现代国家没有形成之前不存在法律"错。由材料一原文"礼和法不相同的地方是维持规范的力量。法律是靠国家的权力来推行的。'国家'是指政治的权力,在现代国家没有形成前,部落也是政治权力。而礼却不需要这有形的权力机构来维持"可知,在现代国家没有形成之前存在法律。)

3. A("窥宫者膑,拾遗者刖"属于法治。)

4. ①这句话的大意是:用政令来治理百姓,用刑罚来制约百姓,百姓可暂时免于罪过,但不会有廉耻之心;如果用道德来统治百姓,用礼教来约束百姓,百姓不但有廉耻之心,而且会纠正自己的错误。这体现了儒家在法治、德治、礼治方面的大智慧。②构建和谐社会必须与时俱进,必须依法治国,但礼的作用也不可忽视。③我们可从传统乡土社会的礼治秩序中吸取经验和智慧,辩证地看待礼治和法治两者之间的关系,积极推进现代和谐社会的构建。

5. ①乡土社会具有乡土性。乡村人离不开土地,以农为生的人是黏着在土地上的。无论是白嘉轩还是鹿子霖,费尽心思追求的是土地,体现出乡村人对土地的依赖。②乡土社会是礼治社会(礼俗社会)。白嘉轩和鹿子霖按照乡土社会公认合式的行为规范抱拳打拱,互致歉意谦词,地归原主,遵循了乡土社会礼治秩序的传统。③乡土社会是无讼无法的。白嘉轩和鹿子霖为争夺土地大打出手,最终却通过冷先生的调解重归于好,还共同帮助李家寡妇渡过难关。

(三)1. C(A项曲解文意。"礼的内容是很残酷的"错误。材料一"礼的内容以现代标准去看,可能是很残酷的"。B项"礼是由社会舆论所维持的"张冠李戴。材料一"道德是社会舆论所维持的"。D项说法过于绝对。材料二"其中有个很重要的原因就是我们过于崇拜、依赖传统,因循守旧,躺在老祖宗的成果上睡大觉",这是我国近代科学发展严重滞后的原因之一。没有这个原因,并不一定没有这个结果。)

2. B("这与材料一中的礼可能是残酷的观点矛盾"中"矛盾"表述错误。从材料一"礼的内容以现代标准去看,可能是很残酷的。残酷与否并非合礼与否的问题"可知,"礼可能是残酷的"与"礼中包含合理成分"并不排斥,这两个说法是从两个角度说明同一个观点——礼的内容是复杂的,所以这两种观点不矛盾。)

3. D(D项内容属于"法",不属于"礼",不能用来支撑材料一的观点。)

4. ①举例论证。以"缅甸有些地方通过杀人来完成成人礼""旧小说中的杀人祭旗"等为例,论证礼治社会并不是文质彬彬,也可以很野蛮。②对比论证。将"礼"与"法"进行比较,指出"礼并不是靠一个外在的权力来推行的,而是从教化中养成了个人的敬畏之感,使人服膺;人服礼是主动的",而"法"是"从外限制人的"。③引用论证。材料二引用梁漱溟先生在《中国文化要义》中的说法来说明礼治对于维系社会秩序的正面作用。

5. ①在过去的婚姻习俗中,男方准备彩礼,女方准备嫁妆,这种传统可以有效地应付嫁娶之后家庭生活问题。大家都遵循这一传统行事,这就是礼治。②礼治的可能必须以传统可以有效地应付生活问题为

前提。现代社会出现"天价彩礼",传统无法有效应对我们的现代生活,"天价彩礼"变成了"负担",是一种"畸形"的社会现象。③《民法典》做出"禁止借婚姻索取财物"的规定,就是要通过法律控制不良习俗,这就是法治。因此我们支持《民法典》的规定,要对"天价彩礼"现象说不,倡导现代婚礼的新风尚。

10 《无 讼》

章 节 解 读

 **段落大意**

第 1 段　乡土社会中的讼师没有地位,而现代社会中律师的地位很高。

第 2 段　与诉讼相关的一套专业名词的改变,反映了礼治社会向法治社会的转变。

第 3 段　都市生活中,普通人也需要咨询法律知识,律师因此变得重要。

第 4 段　乡土社会中守不守礼是个道德问题,维持礼治秩序的理想手段是教化。

第 5 段　用球赛类比,说明礼治秩序靠大家对传统规则自觉的信奉与遵守。

第 6 段　乡土社会的礼治是对传统规则的服膺,长期的教育已把外在的规则化成了内在的习惯,打官司就表示人受的教化不够,是可耻之事。

第 7 段　举例说明乡村里的调解人多是有社会地位的人,其调解过程多是一种教育过程。

第 8 段　举例说明乡村调解会动用整个伦理原则,把各方都教育一番。

第 9 段　孔子也期望"无讼"。

第 10 段　现代社会中法律的意义并不在于教化,而在于保护个人权利和社会安全。法官要在不断变动的环境中厘定各人的权利。

第 11 段　现代社会中法律与时俱新,律师成为重要的职业。

第 12 段　现代的司法原则和乡土社会中旧有的伦理观念差别很大,这使得现代司法制度在乡土社会不能彻底推行。

第 13 段　现行的司法制度在乡间破坏了原有的礼治秩序,又未能有效地建立起法治秩序,因此在推行中产生了很特殊的副作用。

思维导图

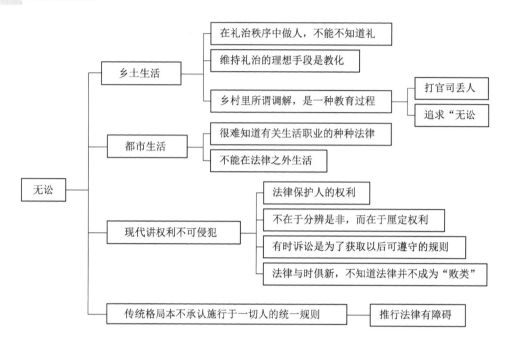

概念解释

刀笔吏：古人在简牍上写字，如有错讹，即以刀削掉错字，故古时的读书人常常随身带着刀和笔，以便随时修改错误，古代的文职吏员也就被称作"刀笔吏"。自宋元后，人们又将讼师、幕僚称作"刀笔吏"，谓其深谙法律规则，文笔犀利，用笔如刀。

折狱：判决诉讼案件。

Sportsmanship：运动员风范，体育精神（多指人在体育比赛中光明磊落、有气度）。

保长：当时国民政府规定，十户为一甲，十甲为一保，联保连坐。保长即一保的管理者。

分润：分享利益。

听讼，吾犹人也，必也使无讼：出自《论语·颜渊》，是孔子的话，大意为"审理诉讼案件，我同别人一样（没有什么高明之处）。重要的是使诉讼的现象消失"。

Test Case：可作为先例据以决案的法院判决。

调解：就是评理,常常由一位很会说话的乡绅或长老负责,采用教训、讲道理的方式,对矛盾双方进行教育,最终使其和解。

无讼：乡土社会的特色是没有诉讼之事。乡土社会中维持礼治秩序的理想手段是教化,是一种教育过程,而不是折狱。对于村民来说,在乡土社会中打官司表示教化不够,表示修身克己做得不好,成了一种可羞之事。

杂话：原指胡编乱造才子佳人的故事。例如《红楼梦》中便有:"这正是大家子的规矩,连我们也没有这些杂话叫孩子们听见。"

青天：原指青冥,蓝色的天空。这里指中国的清官,或光明美好的世界。如民间称历史上著名的清官包拯和海瑞为"包青天"和"海青天"。

内容导读

在上一章中,费孝通先生初步阐释了"法治和礼治是发生在两种不同的社会情态中"。本章,作者进一步厘清了乡土社会和现代社会中维护秩序的不同手段,即礼治与法治,展望了现代社会的法律观念在乡土社会中推行的前景。在乡土社会中,讼师是没有地位的。负责地方秩序的父母官用来维持礼治秩序的理想手段是教化,而不是折狱。乡村里的调解,其实是一种教育过程。维持礼俗的力量,不在身外的权力,而在身内的良心,所以礼治秩序更注重修身克己。在中国传统的差序格局之下,原本不承认有可以施行于一切人的统一原则,而现行法却是采用个体平等主义的。法官并不考虑道德问题、伦理观念,他并不在教化人,而是在厘定权利,很多时候,诉讼的目的是获得以后可以遵守的规则。但是,现行的司法制度破坏了原有的礼治秩序,却不能有效地建立起法治秩序。

本章解释为什么乡土社会追求"无讼"。乡土社会是礼治社会,礼治是对传统规则的服膺,理想的状态是每个人都自动地守规矩,不必有外在的监督。因此乡土社会中的调解实际是一种教化。在乡土社会中,理想的维持秩序的手段也是教化而非打官司。反观现代社会,法治的目的并非教化,而是厘定和保护权利。而在乡土社会向现代社会转变的过程中,现行的司法制度在乡间产生了很特殊的副作用,它破坏了原有的礼治秩序,却未能建立起有效的法治秩序。法治秩序的建立还需要社会结构与思想观念上的改革。

本章点明了在中国从乡土社会蜕变的过程中,法治秩序与礼治秩序的矛盾,

现行的司法制度在乡下发生了很多的副作用。上面说到了乡土社会当中没有法律，维持社会生活靠的是"礼"，那么村子里面出的事儿，总要有主持公道的人，一般是由族长或者是村里的长老担任。他们处事的原则当然不是根据法律规范讲究证据和独立人格，乡土社会中有很多"连坐"传统，比如"子不教父之过""家门不幸""以后出去别说我是你的老师"等等。此外，长老处理矛盾时，会把双方都臭骂一顿，痛斥这是丢了村子的脸，然后再把"应当怎么做"告诉他们，有时还会罚他们请一次客。

乡土社会处理案子有一个常用的理由："这孩子从小就不是个好东西。"这样的判断标准显然不利于分辨是非，长老处理案子往往都带有一个道德考虑。而现代法律给人的感觉是越来越剔除掉道德因素，法官判案子只会依据条文，法律只是一个工具，是中性的，并不能起到道德判断的作用，即便是坏人也可以根据法律去做坏事。

长期的教育把外在的规则化成内在的习惯。子曰："听讼，吾犹人也。必也使无讼乎。"意思就是说："我听讼和别人是没什么差别的，主要还是希望能够无讼啊。"在乡土社会中审理案件的人，主要目的是完成教化，使得礼的秩序得以维持。所以乡间是以折狱为羞，尽力避免闹到官府，官府的"各打五十大板"，是教化中的一种体罚。法理社会中的法治，不以教化为本，刑罚的用意不是以儆效尤，而是在厘定权利，在保护个人的权利和社会的安全。一个变动的社会，所有规则是不能不变动的。

文章开头，费孝通先生从"讼师"和"律师"两个概念入手，展现了两类人物分别在乡土社会和现代社会里的地位，借此揭示出"乡土社会中守不守礼是个道德问题，维持礼治秩序的理想手段是教化"这个道理。为了进一步阐释乡土社会礼治秩序的性质，费孝通先生用球赛进行类比，说明礼治秩序要靠大家自觉地对传统规则进行信奉与遵守，进而揭示出乡土社会的礼治是对传统规则的服膺，长期的教育已把外在的规则化成了内在的习惯。作者又举了自己受邀在乡下参加调解集会的例子，形象生动地再现了调解的教化过程及调解中动用整个伦理原则的过程。接着引用《论语》，引出核心问题的结论：调解是为了无讼。

文章最后将现代社会的法律与乡土社会的伦理教化进行对比，肯定了现代社会运用法律维护个人权利和社会安全的意义，但同时也指出，在人们思想观念还未改变的情况下，推行现代司法制度下乡可能会产生特殊的副作用。

本章内容紧承前面一章《礼治秩序》,在"礼"与"法"的对比中透视出乡土社会的传统礼治是怎样向着"无讼"的和谐努力的。学习时要注意,本章的阅读有很强的思辨性,一方面,对"无讼"社会的基石"礼治"的论述始终是在和"法治"的对照中展开的,主动服膺、内化于心的礼的教化,是乡土社会强大的思想传统基因,在解决纠纷辩讼问题上,有着不容小觑的力量;另一方面,要对"礼治"本身的利弊进行思辨,在复杂的现实语境中权衡考量。

在本章后半部分的阅读中,需要认识到在乡土社会蜕变的现代化过程中,需要法治来规范,保障社会安全。但"打官司是一件可羞之事"的"无讼"思想仍然坚固地留在民间,现代司法在乡土社会水土不服,产生了特殊的副作用,作者谈到,如何有效地建立起乡间的法治秩序,还需要在社会结构和思想观念上进行改革,这个问题直到今天还要继续追问和探讨。

本章的任务设计重点在思辨能力的培养:一、通过对比"礼治"和"法治"的概念内涵,明确"礼治"是"无讼"的基石;二、作者论述的展开,涉及复杂的社会语境,因此用了丰富的论证材料来佐证,要学会梳理材料和观点的关系,对"无讼"的利弊进行辨析;三、乡土中国的现代化进程还在继续,"无讼"的意义需要探讨;四、再造和谐社会,"无讼"的内涵需要重构。

专 项 训 练

一、基础篇

1. 将下列编号的语句依次填入语段的空白处,语意连贯的一项是(　　)

费孝通在《乡土中国》一书中提出,世代定居的传统中国社区本质上是熟人社会。在熟人社会中,人们做事靠的＿＿＿＿＿＿。在这个社会体系中出了案子,首先关乎的＿＿＿＿＿＿。乡绅会"先照例认为这是件全村的丑事":"这简直是丢我们村子里脸的事!你们还认了错,回家去。"费孝通说乡土中国的最高理想是"无讼",就好像足球比赛中每个人都能自觉遵守双方的规则,而犯规的代价＿＿＿＿＿＿。生活在这样的社会里,首要的技能＿＿＿＿＿＿。

① 不是金钱和利益,而是名声和面子

② 不单是被罚,更是整个团队的耻辱

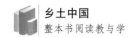

③ 不是赚钱致富,而是分辨善恶美丑

④ 不是商业和法治,而是道德和礼治

    A. ①③②④   B. ③②①④   C. ①④②③   D. ④①②③

2. 下列关于《礼治秩序》《无讼》两章内容的理解,不正确的一项是(   )

    A. 法治的意思并不是说法律本身能统治,能维持社会秩序,而是说社会上人和人的关系是根据法律来维持的,法治其实是"人依法而治",并非没有人的因素。

    B. 礼不是靠一个外在的权力来推行的,而是从教化中养成了个人的敬畏之感,使人服膺,所以礼源自道德,且不超越于道德。

    C. 费孝通认为,最理想的球赛是裁判员几乎形同虚设,球员谙熟规则,技艺要能做到从心所欲而不逾规的程度。这个譬喻可以用来说明乡土社会对于讼事的看法。

    D. 法治秩序的建立不能单靠指定若干法律条文和设立若干法庭,重要的还是得看人民怎么去应用这些设备。更进一步,在社会结构和思想观念上还得先有一番改革。

3. 填空题

(1) 在乡土社会里,一说起"讼师",大家就会联想到"_____"之类的恶行。

(2) 可是在都市里律师之上还要加个____字,报纸的封面可能全幅是律师的题名录。

(3) 在都市社会中一个人不明白法律,要去请教别人,并不是件_____之事。

(4) 但是在乡土社会的礼治秩序中做人,如果不知道"礼",就成了____,没有规矩,简直是个____问题,不是个____。

(5) 一个负责地方秩序的父母官,维持礼治秩序的理想手段是____,而不是____。

(6) 理想的礼治是_____,不必_____。打官司也成了一种_____之事,表示_____。

(7) 现代都市社会中讲个人_____,____是不能侵犯的。

（8）现代的社会中并不把____看成一种固定的规则，____一定得随着时间而改变其内容。

（9）乡间认为坏的行为却正可以是_____的行为，于是司法处在乡下人的眼光中成了一个_____的机构了。

（10）现行的司法制度在乡间发生了很特殊的副作用，它破坏了原有的_____，但并不能有效地建立起_____。

4．判断题

（1）在乡土社会里，讼师是没有地位的。　　　　　　　　　　（　　）

（2）在都市里，律师并不受人尊重，只是人们不得不需要他。（　　）

（3）在都市社会中，一个人不懂法是不正常的。　　　　　　（　　）

（4）一个负责地方秩序的父母官，维持礼治秩序的理想手段是教化和折狱。

　　　　　　　　　　　　　　　　　　　　　　　　　　　　（　　）

（5）乡土社会中，折狱的程序非常讲究证据。　　　　　　　（　　）

（6）作者用足球比赛中裁判官吹哨子、发球等说明法治社会的性质。（　　）

（7）维持法治秩序比维持礼治秩序更需要修身。　　　　　　（　　）

（8）在乡村里所谓调解就是一种惩罚而非教育的过程。　　　（　　）

（9）孔子说："听讼，吾犹人也，必也使无讼乎。"表达了对礼治社会的一种看法。　　　　　　　　　　　　　　　　　　　　　　　　（　　）

（10）现代都市社会中，刑罚的用意主要是"以儆效尤"。　　（　　）

（11）现代社会中，法律是一成不变的。　　　　　　　　　　（　　）

（12）现代的司法不能在乡土社会中彻底推行的主要是因为宣传不到位，加大宣传即可。　　　　　　　　　　　　　　　　　　　　　（　　）

（13）在社会结构和思想观念上进行一番改革，法律和法庭才可能有效推行下乡。　　　　　　　　　　　　　　　　　　　　　　　　（　　）

二、进阶篇

1．阅读下面的文字，完成下列小题。

在我们足球比赛时，裁判官吹了哨子，说那个人犯规，那个人就得受罚，用不到由双方停了球辩论。最理想的球赛是裁判员_____（除了做个发球或出界的信号员）。为什么呢？那是因为①裁判员是规则的权威。②而且都事先约定

根据双方同意的规则之下比赛,③每个参加比赛的球员都应当事先熟悉规则,④他的责任是在察看每个球员的动作不越出规则之外。一个有 Sportsmanship 的球员并不会在裁判员的背后,向对方的球员偷偷地打一暗拳。如果发生此类事情,不但这个球员,而且裁判员可以罚他,甚至全球队的名誉即受影响。球员对于规则,要_____,技艺要能做到_____而不_____的程度,他需要长期的训练。如果发生有意犯规的举动,就可以说是训练不良,也是指导员的耻辱。

(《乡土中国·无讼》)

(1) 文中画波浪线的句子,语序最恰当的一项是(　　)

    A. ①③②④　　B. ④①②③　　C. ③②④①　　D. ③②①④

(2) 依次填入文中横线上的词语,全都恰当的一项是(　　)

    A. 形同虚设　谙熟　称心如意　逾常

    B. 名存实亡　熟悉　称心如意　逾常

    C. 形同虚设　谙熟　从心所欲　逾规

    D. 名存实亡　熟悉　从心所欲　逾规

(3) 文中画横线的句子有语病,下列修改最恰当的一项是(　　)

    A. 如果发生此类事情,不但裁判员可以罚他,而且这个球员,甚至全球队的名誉即受影响。

    B. 因为发生此类事情,裁判员不但可以罚他,而且这个球员,甚至全球队的名誉即受影响。

    C. 因为发生此类事情,这个球员,不但裁判员可以罚他,甚至全球队的名誉即受影响。

    D. 如果发生此类事情,不但这个球员,裁判员可以罚他,甚至全球队的名誉即受影响。

2. 阅读下面的文字,完成下列各题。

礼治秩序中的礼,其内容既有成文仪式规范的部分,也有生活经验的知识积累。费孝通在《乡土中国》"无讼"这一篇讨论了很多"礼"是如何作为司法程序、判断证据、审判前提和制裁方式的。他①_____,指出两者的差异在于维持规范的力量,礼是不需要有形的权力机构来维持的。从表面上看,礼似乎接近于"文化",是人自动形成的秩序,依赖于人的道德修养。然而,这并不意味着礼没有强制力,相反,礼所背负的道德要求会形成强大的社会舆论,同时它本质上作为人与人之间规矩的反复衡量,在处理罪行的时候比法律从个人权利出发的考量要复杂得多,也苛刻得多。所谓"无讼",并不是一味压制争端,制造一种②_____,而是说大量基层纠纷不会通过官方司法机构,而倾向于③_____。"无为政治"所说的就是国家法权无法介入乡土社会的情况。

(1) 在上文横线处补写恰当的语句,使整段文字语意完整连贯,内容贴切,逻辑严密。每处不超过 15 个字。

(2) 请用三个否定句概括上文提及的费孝通《乡土中国》"无讼"篇中的重要观点。

3. 这一章的题目是"无讼",乡土社会真的没有诉讼吗? 对此你是如何理解的?

4. 本章所谈的"诉讼"和上一章所谈的"礼治秩序"有什么关系? 请梳理两章的内容,找出其相关联的地方。

5. 阅读下面的文字,完成下列小题。

费孝通将传统中国概念化为"乡土中国",源于他的"从基层上看去,中国社会是乡土性的"这一观察,熟人社会、差序格局、礼治秩序、无讼政治等是他对这一社会形态提出的一般化的主要概念。

经过近百年的结构变迁,中国的城乡关系终于在 2003—2010 年期间出现革命性的跃迁,进入"城乡中国"阶段。其依据是,农民与土地的关系以及农民与村

庄的关系从此发生根本变化,而牵引这场转变的是"农二代"——这批继续他们上一代离土、出村命运的农民,由于其工作和居住方式上的城镇化以及他们出村之前与土地和农业的生疏关系,大多数选择了不回村、不返农,由此带来人地关系、农地制度、农业经营制度、农业发展方式、村庄的演化与分化等方面的重大转变。这些新的特征昭示了我们向费孝通意义的"乡土中国"告别。

在城乡中国阶段,公共政策必须以城乡平等发展为基础,而不是以消灭乡村为结果,只有城乡的平等发展才能实现城乡两个文明的共生、共融、共荣。将城乡中国而非城市中国作为一个阶段,将允许城市与乡村良性互动,生产要素在城乡有效配置,这样更有利于抵达城市中国,将城乡中国作为一种范式和结构形态,不是固守和固化城乡二元分割形态。中国目前的城镇繁荣与乡村破败本身是城乡二元体制的结果。城乡规划、土地、融资、产业、公共品提供等方面的二元分割,造成乡村产业窄化、农民发展机会缺失,乡村成为没有希望和生机的地方,更加剧了乡村人口和劳动力的外流与生产要素的单向配置,把"城市中国"当成公共政策的唯一目标,是导致二元体制形成和长期维持的根源,越是单纯用城镇化来发展城市,就越是带来歧视乡村和城乡不平等发展。"城乡中国"这个阶段存在的意义和重要性,最关键的是以消除城乡二元体制来实现城乡融合发展。

城乡中国的提出,也是为了避免以乡土中国的公共政策惯性来处理城乡中国阶段的问题。由于中国长期处于乡土中国形态,加上在相当时长时期内的结构转变更加固化了乡土中国,乡土中国的治理思维和公共政策产生巨大的路径依赖,自觉或不自觉地以乡土中国时期的认识和措施来应对城乡中国阶段的问题,导致决策思维与政策应对滞后于结构变革的需求,影响城乡中国的演化与向城市中国的转变。

中国已经向乡土中国告别,中国已经处于城乡中国阶段,中国还需要经过相当长时期的努力,历经结构进一步深化和二元体制的障碍解除,实现中国的结构现代化和伟大转型。

(改编自刘守英、王一鸽《从乡土中国到城乡中国》)

(1)下列关于原文内容的理解与分析,不正确的一项是(　　)

A. "从基层上看去,中国社会是乡土性的",基于此,费孝通把传统中国的社会形态概括为"乡土中国"。

B. 从"乡土中国"到"城乡中国",中国的城乡关系发生了革命性的进步,这个变化历近百年才实现。

C. 农民与土地、村庄的关系发生根本变化,带来了农业经营制度、农业发展方式等方面的重大转变。

D. 大多数"农二代"之所以选择不回村、不返农,原因之一是他们出村之前与土地及农业的关系就不密切。

(2) 下列对原文论证的相关分析,不正确的一项是(　　)

A. 文章首先介绍费孝通"乡土中国"概念,引出下面自己提出的关于"城乡中国"的概念。

B. 文章接着谈论对于中国社会形态已进入"城乡中国"的判断依据及其重要特点。

C. 文章重点探讨了中国社会形态转型后公共政策安排出现的变化及其重要性。

D. 文章最后展望未来,提出中国将实现社会结构的现代化,但过程可能并不容易。

(3) 根据原文内容,下列说法正确的一项是(　　)

A. 熟人社会、差序格局等概念是费孝通研究、分析"乡土中国"时使用的重要概念。

B. 在乡土中国阶段,大多数农民也离土、出村,但他们大多仍选择了回村、返农。

C. 将"城市中国"作为中国社会结构形态的一个阶段是不合适的,也是不科学的。

D. 乡土中国的治理思维和公共政策落后,不符合社会发展规律,所以现阶段需矫正。

三、提升篇

阅读下面的文字,完成问题。

(一)

材料一

在乡土社会的礼治秩序中做人,如果不知道"礼",就不是个好人。一个负责地方秩序的父母官,维持礼治秩序的理想手段是教化,而不是折狱。如果非打官

司不可,那必然是因为有人破坏了传统的规矩。

打一个譬喻来说明:在我们比赛足球时,裁判官吹了哨子,说哪个人犯规,哪个人就得受罚,用不到由双方停了球辩论。为什么呢?那是因为每个参加比赛的球员都应当事先熟悉规则,而且都事先约定根据双方同意的规则之下比赛,裁判员是规则的权威。球员对于规则要谙熟,技艺要能做到从心所欲而不逾规的程度,他需要长期的训练。如果发生有意犯规的举动,就可以说是训练不良,也是指导员的耻辱。

这个譬喻可以用来说明乡土社会对于讼事的看法。所谓礼治就是对传统规则的服膺。生活各方面,人和人的关系,都有着一定的规则。行为者对于这些规则从小就熟习,不问理由而认为是当然的。长期的教育已把外在的规则化成了内在的习惯。维持礼俗的力量不在身外的权力,而是在身内的良心。所以这种秩序注重修身,注重克己。理想的礼治是每个人都自动地守规矩,不必有外在的监督,但是理想的礼治秩序并不常有的。一个人可以为了自私的动机,偷偷地越出规矩。这种人在这种秩序里是败类无疑。每个人知礼是责任,社会假定每个人是知礼的,至少社会有责任要使每个人知礼。所以"子不教"成了"父之过"。这也是乡土社会中通行"连坐"的根据。儿子做了坏事情,父亲得受刑罚,甚至教师也不能辞其咎。教得认真,子弟不会有坏的行为。打官司也成了一种可羞之事,表示教化不够。

在乡村里所谓调解,其实是一种教育过程。我记得一个很有意思的案子:某甲已上了年纪,抽大烟。长子为了全家的经济,很反对他父亲有这嗜好,但也不便干涉。次子不务正业,偷偷抽大烟,时常怂恿老父亲抽大烟,他可以分润一些。有一次给长子看见了,就痛打他的弟弟,这弟弟赖在老父身上。长子一时火起,骂了父亲。家里大闹起来,被人拉到乡公所来评理。那位乡绅,先照例认为这是件全村的丑事。接着动用了整个伦理原则,小儿子是败类,最不好,应当赶出村子。大儿子骂了父亲,该罚。老父亲不知道管教儿子,还要抽大烟,受了一顿教训。这样,大家认了罚回家。那位乡绅回头和我发了一阵牢骚:一代不如一代,真是世风日下。

子曰:"听讼,吾犹人也,必也使无讼乎。"——当时体会到了孔子说这话时的神气了。

现代都市社会中讲个人权利,权利是不能侵犯的。国家保护这些权利,所以定下了许多法律。一个法官并不考虑道德问题、伦理观念,他并不在教化人。刑罚的用意已经不复"以儆效尤",而是在保护个人的权利和社会的安全。尤其在民法范围里,他并不是在分辨是非,而是在厘定权利。在英美以判例为基础的法律制度下,很多时间诉讼的目的是在获得以后可以遵守的规则。

(改编自《乡土中国·无讼》)

材料二

在浙江嘉兴平湖市新埭镇星光村,村书记许强自豪地向记者举出三个数字:2017年星光村在平湖市法院涉诉纠纷39起,2018年下降到25起,2019年至今只有11起。

星光村涉诉纠纷走起了"下坡路",靠的正是平湖近年来探索推广的"无讼"工作——调和息讼,就地化解矛盾。这一基层社会治理新路子不仅从源头上有效减少矛盾纠纷产生,更推动了传统无讼文化与现代法治精神融合。

(改编自中国新闻网《浙江平湖"息事无讼":擦亮基层社会治理"无讼"品牌》)

材料三

今天,随着经济发展和社会转型,人们的权利意识日益增强,各类利益关系相互交织,各种社会纠纷也大量增加,诉讼案件数量逐年增长。然而,司法资源相对有限,司法机关面临着越来越大的压力。在此背景下,强调构建源头防控、排查梳理、纠纷化解、应急处置的社会矛盾综合治理机制,具有重要的时代价值和实践价值。这一模式与传统的"无讼"理念有许多相通之处。

当然,我们对"无讼"理念的借鉴,不能简单照搬历史上的某些做法。在社会主义市场经济条件下,社会纠纷的内容及复杂程度远异于前,而司法与其他矛盾纠纷解决方式的配合已有较好的制度基础和现实条件。我国正在健全矛盾纠纷多元化解机制,充分发挥调解、仲裁、行政裁决、行政复议等非诉解纷手段防范化解社会矛盾的作用,努力使大量纠纷化解在诉讼之前。

与此同时,要强化司法对于社会纠纷解决的引导作用,特别是通过司法案例明确司法对于各种社会行为的判断,引导当事人对纠纷解决结果形成合理预期,为非诉化解纠纷提供示范。通过这些具体措施,推动人们对诉讼形成理性认识,正确对待和行使自己的权利,自觉抑制滥用诉讼权利、浪费司法资源的行为,让"无讼"文化在法治中国建设中发挥更加积极的作用。

(改编自顾培东《认识传统社会"无讼"理念》)

1. 下列对材料相关内容的理解和分析,不正确的一项是( )

　　A. 在乡土社会打官司主要是因为有人破坏了传统的规矩,是一种教化不够的表现。

　　B. 现代都市社会的法律保护个人权利和社会安全,法官不用道德和伦理教化人。

　　C. 每个人都自动守规矩的情形只能出现在有理想礼治秩序的社会,所以孔子的"无讼"理想从来就没有真正成为现实。

　　D. 人们对诉讼形成理性认识,可以正确对待和行使自己的权利,自觉抑制一些错误行为。

2. 依据材料内容,下列说法不正确的一项是( )

　　A. 乡土社会非常注重教化,如果有人越出规矩,会被认为教化不够;如果有人打官司,也会被认为教化不够。

　　B. 乡土社会中人的利益关系相对简单,人们的权利意识也不够强,教化更多的是"以儆效尤"而不是获得规则。

　　C. 推行现代司法制度,能帮助人们树立法治思想、权利意识,改变其诉讼观念,因而能从根本上解决社会纠纷。

　　D. 矛盾纠纷多元化解机制的不断健全,各种非诉解纷手段充分发挥作用,让一些纠纷化解在诉讼之前成为可能。

3. 结合材料内容,下列选项与"无讼"无关的一项是( )

　　A. 孔子指出"导之以德,齐之以礼,有耻且格",用德政使人们富足,用礼教使人们知耻,人们就会自我约束,走上善道。

　　B.《儒林外史》中,"族长严振生,乃城中十二都的乡约"。乡约,即乡中小吏,主要负责传达政令,调解纠纷等。

　　C.《阿Q正传》中,阿Q调戏吴妈,被地保教训一通后,答应了地保所提出的包括到赵府赔罪在内的五项条件。

　　D. 卷入党派政治斗争的苏轼,被迫承认在诗中批评新政,从而平息事端,苏轼最终也被贬为黄州团练副使。

4. 材料一运用了多种与鲁迅《拿来主义》相同的论证方法,请分别指出并举例说明。

5. 某同学在阅读完以上三则材料后,认为"无讼"文化在现代法治社会还是有必要的。你是否认同他的观点,请根据这三则材料的内容,谈谈你的理由。

（二）

"无讼"概念源自孔子在《论语·颜渊》中的一句话:"听讼,吾犹人也,必也使无讼乎。"意思是我审判案件和别人没有什么不同,但是我的目标在于使人们不争讼。这体现了孔子对理想社会关系的追求。在以儒家文化为主流意识形态的两千多年的中国农业文明时代,"无讼"观念是调剂社会关系的美好愿景。在当今中国,尤其在广大的乡村社会,这种观念依然普遍存在,即在发生纠纷时,人们通常愿意用传统的伦理道德等观念来调解,而非直接诉诸法律。

在孔子看来,"仁"是社会的基础。每个人都做到"克己复礼",约束私利,天下就"归仁"了,个人也就成为"不忧不惧"的君子,从而构成"君子"社会。君子"既明且远",因而可以从政来治理社会。如何调解社会纠纷矛盾?诉讼必不可少,但诉讼的目的是止讼以至无讼,消除诉讼的社会根源。孔子反对以力服人的强暴统治,强调道德模范的引领,认为这是实现无讼的关键。以道德和榜样的力量来影响社会,"君子以文会友,以友辅仁",从而达到"仁者"爱人、识人、容人而无诉讼纷争的理想社会境界。

虽然孔子的"无讼"理想没能成为当时现实的社会场景,但这种社会治理理念贯穿于中华文明始终。

中国著名社会学家费孝通用"乡土社会"来概括中国社会的总体特征,称乡土社会是"礼治"的社会。在乡土社会的礼治秩序中做人,如果不知道"礼",就成了撒野,没有规矩,简直是个道德问题,不是个好人。一个负责地方秩序的父母官,维持礼治秩序的理想手段是教化,而不是折狱。如果有非要打的官司不可,

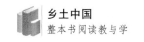

那必然是因为有人破坏了传统的规矩。费孝通称所谓"礼治"就是对传统规则的服膺。生活各方面,人和人的关系,都有着一定规则。行为者对于这些规则从小就熟习,不问理由而认为是当然的。长期的教育已把外在的规则化成了内在的习惯。维持礼俗的力量不在身外的权力,而是在身内的良心。所以这种秩序注重修身,注重克己。理想的礼治是每个人都自动地守规矩,不必有外在的监督。知礼是每个人的责任,社会假定每个人是知礼的,至少社会有责任要使每个人知礼。所以"子不教"成了"父之过"。这也是乡土社会中通行"连坐"的根据。打官司也成了一种可羞之事,表示教化不够。

近代以来从欲望到需求的文明转换,使乡土中国进入乡土重建。在乡间,普通人还是怕打官司的,但是新的司法制度却已推行下乡了。尽管当时中国已处在从乡土社会蜕变的过程中,但原有对诉讼的观念还是很牢固地存留在广大的民间,使现代的司法不能彻底推行。况且,依照现行法律去判决,时常会和地方传统不合。乡间认为坏的行为却是合法的行为,于是司法处在乡下人的眼中成了一个包庇作恶的机构,费孝通认为,法治秩序的建立不能单靠制定若干法律条文和设立若干法庭,要进一步在社会结构和思想观念上进行改革。如果在这些方面不加以改革,不但法治秩序效果不好,而且破坏礼治秩序的弊病就会先发生。

中华人民共和国成立后,在城乡分割背景下的基层社会构建中,如何化解发生在人民内部的社会矛盾?20世纪60年代初,浙江省诸暨市枫桥镇干部群众创造了"发动和依靠群众,坚持矛盾不上交,就地解决"的"枫桥经验",其实质是对无讼的追求。在当时的历史背景下,"枫桥经验"创造了依靠发动群众、进行说服教育、就地化解矛盾的基层社会管理方式,达到了"捕人少、治安好"的良好效果。

改革开放后,中国经济社会发展取得举世瞩目的成绩。社会发展从城乡分割走向城乡一体,社会运转方式发生相应变化。在城乡统筹发展背景下,党的十九大提出实施乡村振兴战略。城乡全面融合,乡村全面振兴,全体人民共同富裕逐步实现,社区治理的无讼思想无疑在此过程中得到了空前的提升。

在新时代,健全自治、法治、德治相结合的乡村治理体系,是实施乡村振兴战略的内在要求,同时也是实施乡村振兴战略的重要组成部分。我国许多地区发挥其主动性与创造性,开展了许多卓有成效的探索,取得了许多成功经验。四川省成都市大邑县,以"无讼社区"建设为抓手,以"诉调对接"为核心,以"息争止讼"为目标,针对快速城镇化、市场化、工业化带来的社会矛盾剧增的情况,运用人民调解、司法调解、律师调解、行政调解、公证调解、仲裁调解等方式,打造综合性调解平台,节约了诉讼资源;在平台上预约服务,将各个职能部门的工作制度化下沉社区,根据群众需要定时定点到社区办公服务,将绝大多数矛盾化解在基层,化解在萌芽状态。

"无讼社区"建设就是以自治增活力、以法治立规矩、以德治扬正气,最大限度地把制度优势转化为治理效能,倡导"和为贵"理念,主要针对民商事纠纷,本着当事人自愿的原则,人民调解前端介入,运用"诉调对接"方式,对调解结果进行司法确认,增加调解的权威性,达到"息争止讼"的目的。大邑县通过政治、法治、自治、德治、智治"五治"综合发力,打造人人有责、人人尽责的社会治理共同体,通过"无讼社区"建设,在基层社区进行社会主义治理体系和治理能力现代化的积极探索,是成功的,是可资借鉴的。

(改编自徐平《建设"无讼社区"实现有效基层治理》)

1. 下列对材料相关内容的理解和分析,不正确的一项是(   )

    A. 孔子认为,每个人都应该克己复礼,君子应发挥道德模范的引领作用,从而达到"无讼"的理想社会境界。

    B. 乡土社会是礼治社会,注重把传统规则内化成修身的习惯,重视教化的作用,而有些传统与现代法治不合。

    C. "枫桥经验"和"无讼社区"建设,都本着"息争止讼"的理念,重视调解的作用,是基层社会治理的有益实践。

    D. 从古至今,"无讼"的时代内涵始终如一,反映了中国人民内心的美好愿望,是中华文明的重要组成部分。

2. 根据材料内容,下列说法正确的一项是(   )

    A. 孔子的"无讼"理想在当时没成为现实场景,其原因在于每一个社会成员并不都是"克己复礼"的君子。

    B. 在乡土社会蜕变过程中,要缓解法治秩序和礼治秩序的矛盾,就必须在社会结构和思想观念上进行改革。

    C. 改革开放后,社会发展从城乡分割走向城乡一体,这一转变使社区治理的"无讼"思想得到了空前提升。

    D. 当代社会是法治社会,法治手段应该贯穿于"无讼社区"建设的各个环节,以此来增强调解的权威性。

3. 根据材料内容,下列各项中不属于"无讼"范畴的一项是(　　)

　　A. 某地派出所在宣传栏内张贴家训家规内容,悬挂"有理让三分,冤家也成亲"等宣传条幅,以传统文化助力平安治理。

　　B. 某镇居民自发成立"和事佬"协会,招募热心公益的退休人员,组成志愿调解员队伍,及时为群众提供公益调解服务。

　　C. 某电视台《生活帮》栏目与相关行政、执法部门建立联系,直面百姓生活中的盲点、疑点和难点,全力为百姓排忧解难。

　　D. 某市整合司法、行政、公证等多种资源,搭建综合性调解平台,通过线上、线下多种方式受理群众诉求,化解各类纠纷。

4. 请综合材料内容,为"无讼"下一个简要定义。

5. "无讼"理念在乡土社会和新时代所发挥的作用有何异同?请结合材料简要分析。

参 考 答 案

一、基础篇

1. D(本题考查句子的连贯能力。解答此类题,要把握段落的整体意思,然后联系上下文,先找是否有标志,如关联词、修辞等;如果没有,就看其意思。本题第3空,"足球比赛中犯规的代价"与②中"被罚""团队"联系紧密,第3空应选②,排除B项;第4空,与"首要的技能"联系密切的词语是"赚钱致富",第4空应选③,排除A;第2空上文语境是"出了案子",与之相关的是"金钱和利益",因此排除A。故选D。)

2. B(B项"所以礼源自道德,且不超越于道德"说法错误,强加因果,原文是"礼则有甚于道德"。)

3. (1)挑拨是非　(2)大　(3)可耻　(4)撒野;道德;好人　(5)教化;折狱　(6)每个人都自动地守规矩;有外在的监督;可羞;教化不够　(7)权利;权利　(8)法律;法律　(9)合法;包庇作恶　(10)礼治秩序;法治秩序

4. (1)√　(2)×　(3)×　(4)×　(5)×　(6)×　(7)×　(8)×　(9)√　(10)×　(11)×　(12)×　(13)√

二、进阶篇

1. (1) D(根据语意可判断①④两句涉及对象为裁判员,②③两句为球员,排除 A 项。且根据主语在前的原则,顺序为①④、③②,可排除 B、C 项。)

(2) C(形同虚设:形式上虽有,却不起作用。名存实亡:名义上还存在,实际上已消亡。结合"最理想的球赛是裁判员"及后面原因的分析,此处主要讲裁判员形式上是存在的,但不需要起作用,选用"形容虚设"。谙熟:意思是熟悉(某种事物)。熟悉:意思是了解得清楚,清楚地知道。此处强调球员非常熟悉规则,选用"谙熟"。从心所欲:完全顺随自己的心意去做事。称心如意:形容心满意足,事情的发展完全符合心意。结合"技艺"分析,此处讲技艺完全随心,符合要求,选用"从心所欲"。逾规:越轨。逾常:超过寻常。结合"技艺"分析,应该是不犯规,选用"逾规"。)

(3) A(原句有两处语病,都是语序不当。从关联词的位置看,前后分句主语不一致,故关联词"不但"应置于主语之前,排除 B 项。从逻辑顺序看,"不但……而且"表示递进关系,违反规则的影响越来越大,顺序应为:个人受罚,导致个人名誉及全球队名誉受影响,排除 C 和 D。)

2. (1) ①将礼与法律区分　②海晏河清的和平假象　③在乡土社会内部自行裁决

(2) ①礼不需要有形的权力机构来维持;②礼不是没有强制力;③"无讼"不是没有纠纷。

3. 乡土社会不是真的没有诉讼。人与人之间的纠纷难以避免,只是乡土社会强调礼治和教化,反感法治。这也就导致了乡土社会里的人们自觉守规矩,纠纷很少发生,并且就算纠纷发生,人们也会利用传统伦理道德进行调解,而不是通过诉讼的方式解决。这就是乡土社会的"无讼"。

4. ①"诉讼"和"礼治秩序"有相同之处,如它们的目的都是为了解决纠纷。②"诉讼"和"礼治秩序"有不同之处,如它们解决纠纷的方式不同,"诉讼"通过国家权力解决纠纷,"礼治秩序"会利用传统伦理道德,通过调解的方式解决纠纷。

5. (1) C(C 项错误,张冠李戴,由原文第二段"'农二代'——这批继续他们上一代离土、出村命运的农民,由于其工作和居住方式上的城镇化以及他们出村之前与土地和农业的生疏关系,大多数选择了不回村、不返农,由此带来人地关系、农地制度、农业经营制度、农业发展方式、村庄的演化与分化等方面的重大转变"可知,"带来了农业经营制度、农业发展方式等方面的重大转变"的是大多数"农二代"选择了不回村、不返农,而不是"农民与土地、村庄的关系发生根本变化"。)

(2) C(C 项错误,将未然当已然,作者在第三四段探讨的是中国社会形态转型后公共政策应该发生哪些变化,而不是已经发生变化。)

(3) A(B 项错误,无中生有,由原文第二段"经过近百年的结构变迁,中国的城乡关系终于在 2003—2010 年期间出现革命性的跃迁,进入'城乡中国'阶段。……而牵引这场转变的是'农二代'——这批继续他们上一代离土、出村命运的农民……大多数选择了不回村、不返农"可知,原文是说在"城乡中国"阶段,"农二代"离土、出村,大多数选择了不回村、不返农,而并未提及乡土中国阶段的具体情况。C 项错误,曲解文意,由原文第三段"将城乡中国而非城市中国作为一个阶段,将允许城市与乡村良性互动,生产要素在城乡有效配置,这样更有利于抵达城市中国",第四段"影响城乡中国的演化与向城市中国的转变"可知,"城市中国"是中国社会结构形态的更高级阶段。D 项错误,以偏概全,由原文第四段"城乡中

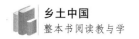

国的提出,也是为了避免以乡土中国的公共政策惯性来处理城乡中国阶段的问题。……乡土中国的治理思维和公共政策产生巨大的路径依赖,自觉或不自觉地以乡土中国时期的认识和措施来应对城乡中国阶段的问题,导致决策思维与政策应对滞后于结构变革的需求"可知,作者是说"以乡土中国时期的认识和措施来应对城乡中国阶段的问题"是滞后的,而不是乡土中国的治理思维和公共政策本身落后。故选A。)

三、提升篇

(一)1. C("从来没有真正成为现实"错,原文"理想的礼治秩序并不常有的","不常有"说明还是有,不是从来没有真正成为现实。)

2. C("从根本上解决社会纠纷"说法绝对。原文是"通过这些具体措施,推动人们对诉讼形成理性认识,正确对待和行使自己的权利,自觉抑制滥用诉讼权利、浪费司法资源的行为,让'无讼'文化在法治中国建设中发挥更加积极的作用",但没有说从根本上解决社会纠纷。)

3. D("无讼"指不打官司,选项是指苏轼被迫承认强加在自己身上的罪行,不符合"无讼"文化。)

4. ①比喻论证,材料一用足球比赛来说明乡土社会对于讼事的看法,《拿来主义》用对待大宅子的态度来比喻对待文化遗产的态度;②举例论证,材料一以调解父子抽烟一案为例,《拿来主义》列举送去主义的种种表现;③对比论证,材料一将乡土社会调解与现代社会的诉讼进行对比,《拿来主义》将拿来主义与送去主义对比。论证方法对应语句不唯一,言之成理即可。

5. 有。①"无讼"文化强调礼治,注重修养,服膺规则;②为构建社会矛盾综合处理机制提供借鉴;③节省司法资源,与现代法治形成有效补充。

(二)1. D("'无讼'的时代内涵始终如一"错误。第一段中"在以儒家文化为主流意识形态的两千多年的中国农业文明时代……这种观念依然普遍存在"及第三段中"这种社会治理理念贯穿于中华文明始终",说的都是"无讼"的观念始终存在,并未说其"时代内涵始终如一"。另外,从文中所举的"枫桥经验"和"无讼社区"建设两个典型例子来看,随着时代的发展,"无讼"的内涵也发生了一定的变化。)

2. B(A项因果关系不成立,原文说的是"在孔子看来……每个人都做到'克己复礼'……个人也就成为'不忧不惧'的君子,从而构成'君子'社会""孔子反对……无诉讼纷争的理想社会境界",由此可知,即便人人都成君子,也不一定能建成无讼的理想社会,因为在孔子看来"道德模范的引领"才是"实现无讼的关键"。C项"这一转变使社区治理的'无讼'思想得到了空前提升"错误,由"改革开放后,中国经济社会发展取得举世瞩目的成绩。社会发展从城乡分割走向城乡一体……社区治理的无讼思想无疑在此过程中得到了空前的提升"可知,原文只是叙述客观事实,并没有说"这一转变"使社区治理的"无讼"思想得到了空前提升。D项"法治手段应该贯穿于'无讼社区'建设的各个环节"错误,由最后一段中"本着当事人自愿的原则,人民调解前端介入,运用'诉调对接'方式,对调解结果进行司法确认,增加调解的权威性,达到'息争止讼'的目的"可知,原文是说人民调解前端介入,运用"诉调对接"方式,来增加调解的权威性。)

3. C("直面百姓生活中的盲点、疑点和难点,全力为老百姓排忧解难"侧重于为老百姓解决困难,而非调解纠纷,化解矛盾。不属于"无讼"范畴。)

4."无讼"是在乡土社会背景下产生的、通过调解而非诉诸法律来解决矛盾纠纷和调剂社会关系的一种社会治理理念。

5.相同点:都起到了化解社会矛盾、维持社会秩序的作用。不同点:在乡土社会,"无讼"理念维持了礼治秩序,阻碍了法治秩序的建立;在新时代,"无讼"理念有利于健全社会基层治理体系,实现社会治理能力现代化。

11 《无为政治》

章 节 解 读

段落大意

第 1 段　讨论权力的人可以分为"社会冲突"和"社会合作"两派,各有侧重。

第 2 段　有人从社会冲突的一面着眼,认为权力是冲突过程的持续或一种休战状态的临时性平衡,是在胜负双方的冲突过程中产生的。权力是维持这关系所必需的手段,它是压迫性质的,所以也叫"横暴权力"。

第 3 段　有人从社会合作的一面着眼,认为社会分工产生了权利和义务,为了保障这些权利和义务又产生了共同授予的权力。这种权力的基础是社会契约,是同意,所以也叫"同意权力"。

第 4 段　人类社会中横暴权力和同意权力同时存在,互相交融,错综混合。

第 5 段　权力具有"工具性",人们通过权力得到利益。

第 6 段　权力之所以诱人,最主要是因为它关系着经济利益。

第 7 段　农业社会中横暴权力的限制在于农业生产量除去消费量后剩余不多。

第 8 段　农业性的乡土社会是皇权的发祥地,但能支撑强大的横暴权力的基础不足,所以农业帝国是虚弱的。

第 9 段　中国历史是"有为"与"无为"的循环。

第 10 段　在历史的经验中,统治者们为了维持皇权,找到了"无为"的价值。

第 11 段　横暴权力由于经济条件的拘束,在乡土社会中的影响并不明显,在乡土人民的实际生活中是松弛和微弱的,是挂名的,是无为的。

思维导图

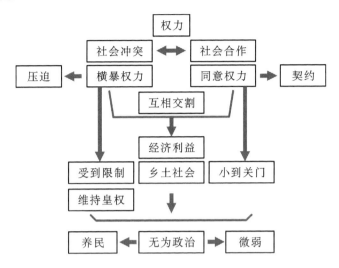

概念解释

与汝偕亡：出自《尚书·汤誓》："时日曷丧？予及汝偕亡！"大意为"这个太阳什么时候才能消失？我们宁可和你一起灭亡！"这是百姓借太阳咒骂暴君夏桀的话，表达了人民对暴君的痛恨。

横暴权力：从社会冲突方面着眼，表现在社会不同团体或阶层间的主从形态里的权力。这种权力是维持主从关系必需的手段，是压迫性的，是上下之别，只存在于阶级斗争的过程中。

同意权力：从社会合作方面着眼，以社会契约为基础的、共同授权的权力。各人都有维持各人的工作、维护各人可以互相监督的责任，得遵守着大家同意分配的工作，这就发生了共同授权的权力。社会分工愈复杂，这权力也愈扩大。

无为政治：横暴权力和同意权力均不发挥作用的乡土社会的权力结构特点。虽则名义上是"专治""独裁"，但在人民生活的实际上看，是松弛和微弱的，是挂名的，是无为的。

章节导读

费孝通先生在上一章阐释了现代社会中法律的意义不在于教化，而在保护个人权利和社会安全，从而引出了对"权力"一词的讨论。在本章开头，费孝通先生从社会冲突和社会合作两个方面，分别揭示了两种不同的权力类型即"横暴权

力"和"同意权力"产生的背景,从而阐释了人类社会中这两种权力的交融性。传统对权力的看法有两种:一是建立在社会冲突之上的"横暴权力",这种权力以阶级斗争为特点;二是建立在社会合作之上的"同意权力",这种权力以监督权利和义务与维持契约为特点。现实中的权力通常是以上两种权力的混合。而作者认为这两种权力在实际行使至基层的过程中,由于乡土社会自身农业社会的性质和小农经济的特点,会遇到诸多阻力,从而使乡土社会在历史的选择中形成了"无为政治"的特点。

文章的核心部分揭示权力之所以诱人,最主要的原因是它关系到经济利益。作者由甲团体和乙团体的假设说起,再列举自己去广西瑶山做调查时的见闻,以及"坑卒几万人"的历史记录,详细地分析和阐释了农业社会中横暴权力的限制在于农业生产量除去消费量后的剩余不多,从而指出农业性的乡土社会虽是皇权的发祥地,但其支持强大的横暴权力的基础不足,所以农业帝国是虚弱的。这就产生了中国历史上"有为"(横暴权力)和"无为"的循环。

从社会冲突一方面着眼,权力表现在社会不同团体或阶层间主从的形态里。在上的是握有权力的,他们利用权力去支配在下的,发施号令,以他们的意志去驱使被支配者的行动。冲突的性质并没有消弭,但是武力的阶段过去了,被支配的一方面已认了输,屈服了。但是他们并没有甘心接受胜利者所规定下的条件,非心服也。于是在两方面的关系中发生了权力。权力是维持这种关系的必要手段,它是压迫性质的,是上下之别。这种权力,作者称之为横暴权力。

从社会合作一方面着眼,社会分工使每个人减轻了生活担子,增加了享受,但同时也使每个人不能再独善其身,不能不管"闲事",因为如果别人不好好地安于其位地做他所分的工作,就会影响自己的生活。这时,为了自己,不能不干涉人家了,反之亦然。这样发生了权利和义务,从干涉别人一方面说是权利,从接受人家的干涉一方面说是义务。每个人都得遵守着大家同意分配的工作,如果有人不遵守,就要按照契约加以干涉,这就发生了共同授予的权力。这种权力,作者称之为同意权力。

在人类社会里这两种权力都存在,而且在事实层面,统治者、所谓政府总同时代表着这两种权力,不过是配合的成分上有不同。原因是社会分化不容易,至少以已往的历史说,只有合作而没有冲突。这两种过程常是互相交割,错综混合,冲突里有合作,合作里有冲突,不很单纯的。所以上面两种性质的权力是概念上的区别,不常是事实上的区分。

最终,费孝通先生得出结论:横暴权力由于经济条件的拘束,在乡士社会中的影响并不明显,在乡土人民的实际生活中"是松弛和微弱的,是挂名的,是无为的"。横暴权力是一种霸道的权力,往往属于一国君主或者战争中的胜利一方,但乡土社会的小农经济难以滋生强健的帝国,农业的剩余价值低,越是雄才大略的君主就越有可能产生暴政。例如,隋炀帝开凿大运河,从长远来看,这是一件利国利民的好事,但是这个政绩却给当时的人民带来了深重的苦难,缺乏储蓄的农业经济承受不了巨大的工程项目,频频对外战争也会掏空国家的家底。因此,为了皇权的长久维持,一种"无为而治"的思想就限制了横暴权力的发展。人们都更多地主张将关乎乡土社会中人民切身利益的公事交给同意权力去做,但是同意权力产生于发达的社会分工与合作体系,自给自足的小农经济缺乏分工的需要。最后一种时势权力则出现于社会极大变迁动荡之中,普通的乡土社会中既不需要也不希望有太多"乱世英雄"出现,因此在社会继替的过程中产生的这种既非横暴权力又非同意权力的教化权力就成为最适用于乡土社会的一种权力。被教化者没有选择的余地,他被迫进入这个规定好了的世界。这种权力是文化性的权力,是一种教化的过程。这种权力从亲子之间扩大到成人之间需要一种稳定的文化环境,稳定的文化传统是有效的保证。乡土社会正巧是一个变动缓慢的社会,在这种缺乏变动的社会之中,长幼之间就发生了社会的差序,德高望重的长老在很大程度上就能代表权威。这种长幼之序也点出中国亲属制社会的基本原则。

专 项 训 练

一、基础篇

1. 臧克家的诗《三代》:"孩子,在土里洗澡;爸爸,在土里流汗;爷爷,在土里葬埋。"适合用来阐释《乡土中国》中相关理论的篇章是(　　　)

　　A. 乡土本色　　　B. 礼治秩序　　　C. 男女有别　　　D. 无为政治

2. 下列选项中,不属于费孝通《乡土中国》目录内容的一项是(　　　)

　　A. 无为而治　　　　　　　　　B. 差序格局

　　C. 文字下乡　　　　　　　　　D. 维系着私人的道德

3. 下列对《乡土中国》有关内容的理解与分析,正确的一项是( )

   A. 《礼治秩序》一章认为,乡土社会是一种无为而治的社会,可以说一个没有法律的社会,假如我们把法律限于以国家权力所维持的规则;但是没有法律并不影响这社会的秩序,因为乡土社会是"礼治"的社会。

   B. 通常认为我们是法治的社会,以此有别于西洋法治的社会,其实这是一个"无法"的社会,也是礼治的社会。

   C. 费孝通先生曾有"各美其美,美人之美;美美与共,天下大同"的名言。这反映了中国古代哲学中孔子的"和而不同"的思想。

   D. 因为缺乏变化,礼在乡土社会中能够发挥更大作用。因为变化很快,礼在现代社会没有效力。

4. 依次填入下面一段文字横线处的语句,衔接最恰当的一组是( )。

在变化很少的社会里,文化是稳定的,很少新的问题,生活是一套传统的办法。_____。"为民父母"是爸爸式权力的意思。

   ① "苛政猛于虎"的政是横暴性的,"为政以德"的政是教化性的。

   ② 也是这种社会,人的行为有着传统的礼管束着。

   ③ 事实上固然并没有这种社会,但是乡土社会却是靠近这种标准的社会。

   ④ "为政不在多言""无为而治"都是描写政治活动的单纯。

   ⑤ 如果我们能想象一个完全由传统所规定下的社会生活,这社会可以说是没有政治的,有的只是教化。

   ⑥ 儒家很有意用思想形成一个建筑在教化权力上的王者,他们从没有热心于横暴权力所维持的秩序。

   A. ④①②⑤⑥③   B. ②⑥⑤③④①
   C. ⑤③④②⑥①   D. ⑤⑥③②④①

5. 下列对《乡土中国》中出现的概念阐释不恰当的一项是( )

   A. 差序格局——每个人都是他社会影响所推出去的圈子的中心,和别人所联系成的社会关系如同一轮一轮向外推的波纹,关系愈推愈远,人情也愈推愈薄。每个人与众人交往,这里的众人不是平等的地位,而有着亲疏远近的差别。

   B. 道德观念——一种在社会里生活的人自觉应当遵守社会行为规范的信念,它包括着行为规范、行为者的信念,它的内容是人和人关系的行为规范,是依着该社会的格局而决定的。

C. 同意权力——社会分工的结果使得人与人之间必须合作,于是发生了权利和义务。为了保障自己的权利,督促别人履行义务,这就发生了共同授予的同意权力。这种权力的基础是社会契约,社会分工愈复杂,这种权力也愈扩大。

D. 礼治秩序——礼是社会公认合式的行为规范。合于礼的就是说这些行为是做得对的,对是合式的意思。礼治秩序是指用礼来维持的社会秩序。礼不需要有形的权力机构(如国家)来维持,维持礼治秩序的力量是传统。

6. 下列关于费孝通《乡土中国》中选文的观点及内容表述不准确的一项是 （　　）

A. “礼治”根据的是礼,依靠传统的力量维持;“法治”则根据的是法律,依靠国家的力量维持。(《礼治秩序》)

B. 地缘是从商业里发展出来的社会关系,地缘是身份社会的基础,而血缘却是契约社会的基础。(《血缘和地缘》)

C. 横暴权力是从社会冲突中发生的,同意权力是从社会合作中发生的,长老权力是从社会继替中发生的。(《名实的分离》)

D. “欲望”是人类在取舍之间不自觉的本能反应,“需要”则是人类自觉的有计划的心理反应。(《从欲望到需要》)

7. 填空题

（1）论权力的人多少可以分成两派,两种看法:一派是偏重在_____的一方面,另一派是偏重在_____的一方面。

（2）从_____一方面着眼的,权力表现在_____的形态里。

（3）有人觉得权力本身是具有引诱力的,人有“_____”。这种看法忽略了_____。

（4）人们喜欢的是从权力得到的_____。

（5）甲团体想用权力来统治乙团体以谋得经济利益,必须有一前提:就是_____;说得更明白一些,_____,_____去引诱甲团体来征服他。

乡土中国
整本书阅读教与学

（6）同意权力却有着一套_____的限制。依我在上面所说的，同意权力是_____的产物。

8．判断题

（1）权力只分横暴权力和同意权力。　　　　　　　　　　　（　　）

（2）横暴权力只存在于冲突过程。　　　　　　　　　　　　（　　）

（3）横暴权力是为了维持支配与被支配关系的手段，它是压迫性质的，是上下之别。　　　　　　　　　　　　　　　　　　　　　　（　　）

（4）横暴权力的表现就是政府、国家组织的建立。　　　　　（　　）

（5）阶级消失了，横暴权力才会消失。　　　　　　　　　　（　　）

（6）同意权力是经济分工的表现。　　　　　　　　　　　　（　　）

（7）小国寡民是同意权力的一种反应。　　　　　　　　　　（　　）

（8）在事实层面，政府要么代表横暴权力，要么代表同意权力。（　　）

（9）美国只有同意权力。　　　　　　　　　　　　　　　　（　　）

（10）人们喜欢权力是因为权力本身。　　　　　　　　　　　（　　）

（11）一个只生产他生存必需的消费品的人有可能做别人的奴隶。（　　）

（12）乡土社会不能建立横暴权力。　　　　　　　　　　　　（　　）

（13）乡土社会没有能够支撑强大的横暴权力的基础。　　　（　　）

（14）中国历史是"有为"与"无为"的循环。　　　　　　　（　　）

（15）乡土社会中，横暴权力和同意权力都不强大。　　　　（　　）

9．名词解释

（1）横暴权力

（2）同意权力

二、进阶篇

1．阅读下面的文字，完成下面小题。

中国的历史可助证这个看法：一个雄图大略的皇权_____，筑城修河,不能说是什么虐政,正可视作一笔投资,和罗斯福造田纳西工程性质可以有相类之处,但是,缺乏储蓄的农业经济受不住这种工程的费用,于是百姓＿＿＿＿＿＿＿＿,与汝偕亡地和皇权为难了。(＿＿＿＿＿＿＿＿＿＿)。尽管如此,陈胜吴广之流仍＿＿＿＿＿＿,天下于是大乱。人民死亡遍地,人口减少,乱久必治,又形成一个没有比休息更能引诱人的局面,皇权力求无为,所谓养民。<u>养到一定程度,皇权逐渐笼络了一些力量,雄图大略又刺激了皇帝,循环又因而复始。</u>

横暴权力有着经济的拘束,于是在＿＿＿＿＿的背景下,乡土社会把人民切身的公事让给了同意权力去经营。可是同意权力却有着一套经济条件的限制,分工体系发达,这种权力才能跟着扩大。乡土社会是小农经济。在经济上,每个农家,除了盐铁之外,必要时很可能关门自给。于是我们很可以想象同意权力的范围也可以小到“关门”的程度。

(1) 依次填入文中横线上的词语,全都恰当的一项是(　　　　)

　　A. 开疆辟土 怨声载道 揭竿而起 天高皇帝远

　　B. 利欲熏心 怨声载道 铤而走险 民少相公多

　　C. 开疆辟土 民怨沸腾 铤而走险 天高皇帝远

　　D. 利欲熏心 民怨沸腾 揭竿而起 民少相公多

(2) 下列填入文中括号内的语句,衔接最恰当的一项是(　　　　)

　　A. 这种有为的皇权加强对内的压力,以维护皇权的统治

　　B. 这种有为的皇权不能不加强对内的压力,以维护皇权的统治

　　C. 这种有为的皇权把对内的压力加强,用来维护皇权的统治

　　D. 对内的压力被这种有为的皇权加强,从而维护皇权的统治

(3) 文中画横线的句子有语病,下列修改最恰当的一项是(　　　　)

　　A. 养到一定程度,皇权逐渐累积了一些力量,雄图大略又刺激了皇帝,又因而循环复始。

　　B. 养到一定程度,一些力量逐渐被皇权累积,刺激皇帝的雄图大略,又因而循环复始。

　　C. 养到一定程度,皇权逐渐笼络了一些力量,这力量又刺激皇帝的雄图大略,循环又因而复始。

D. 养到一定程度,皇权逐渐累积了一些力量,这力量又刺激皇帝的雄图大略,循环又因而复始。

2. 阅读下面的材料,完成各题

社会分工的结果,每个人都不能"不求人"而生活。A. 分工对于每个人都有利的,因为这是经济的基础,人可以较少劳力得到较多收获;劳力是成本,是痛苦的,人靠了分工,减轻了生活担子,增加了享受。享受( )是人所乐从的,但贪了这种便宜,每个人都不能自足了,不能( ),不能不管"闲事",因为如果别人不好好的安于其位的做他所分的工作,就会影响自己的生活。这时,为了自己,不能不干涉人家了。B. 同样的,自己如果不尽其分,也会影响人家,受着人家的干涉。这样发生了权利和义务,从干涉别人一方面说是权利,从自己接受人家的干涉一方面说是义务。各人有维持各人的工作、维持各人可以互相监督的责任。C. 没有人可以"任意"依自己高兴去做自己想做的事,而得遵守着大家同意分配的工作。可是这有什么保障呢?如果有人不遵守怎么办呢?这里发生共同授予的权力了。这种权力的基础是社会契约,是"同意"。D. 这权力愈扩大,社会分工也愈复杂。如果不愿意受这种权力的限制,只有回到"不求人"的境界里去做鲁滨生,那时才真的顶天立地。不然,也得"小国寡民"以减少权力。再说得清楚些,得抛弃经济利益,不讲享受,像人猿泰山一般回到原始生活( )上去。不然的话,这种权力也总解脱不了。——这种权力我们不妨称之为同意权力。

(1)填在原文( )里的词语恰当的一项是( )

A. 固然 独善其身 水准 B. 当然 独善其身 状态

C. 自然 坐视不管 水准 D. 虽然 坐视不管 状态

(2)与文中"同意权力"的发生比较一致的说法是( )

A. 鸟兽不可与同群,吾非斯人之徒与而谁与?(《论语·微子》)

B. 小国寡民。使有什伯之器而不用,使民重死而不远徙。(《老子·第八十章》)

C. 或劳心,或劳力。劳心者治人,劳力者治于人。(《孟子·滕文公上》)

D. 故必将有师法之化,礼义之道,然后出于辞让,合于文理,而归于治。(《荀子·性恶》)

(3) 结合上下文,文中 A、B、C、D 四处划线句子表达有错误的一项是

_____

3. 阅读下面的文字,完成下面的小题。

人之所以要有记忆,是他"当前"的生活必需有着"过去"所传下来。对于我们生活无关的,我们不关心,_____。我们的记忆也是如此。在一个乡土社会中生活的人所需记忆的范围和生活在现代都市的人是不同的。乡土社会是一个生活很安定的社会。向泥土讨生活的人是不能老是移动的。在一个地方出生的就在这地方生长下去,一直到死。不但个人不常_____,而且每个人住的地方常是他的父母之邦。"生于斯,死于斯"的结果必是世代的黏着。

历世不移的结果,(_____)。祖先们在这地方混熟了,他们的经验也必然就是子孙们所会得到的经验。经验无需不断累积,只需老是保存。

在一个每代的生活等于开映同一影片的社会中,历史也是多余的,有的只是"传奇"。都市社会里有新闻;在乡土社会,"新闻"是稀奇古怪、_____的意思,做人就得_____。这种社会用不上常态曲线,而是一个模子里印出来的一套。

(1) 下列填入文中括号内的语句,衔接最恰当的一项是(   )

    A. 人不是在熟人中长大,而是在熟悉的地方上生长大

    B. 人不是在熟悉的地方上长大,而是在熟人中生长大

    C. 人不但在熟悉的地方上长大,而且是在熟人中生长大

    D. 人不但在熟人中长大,而且还在熟悉的地方上生长大

(2) 依次填入文中横线上的词语,全都恰当的一项是(   )

    A. 熟视无睹 背井离乡 荒诞不经 循规蹈矩

    B. 置若罔闻 安土重迁 荒诞不经 亦步亦趋

    C. 置若罔闻 背井离乡 放浪形骸 亦步亦趋

    D. 熟视无睹 安土重迁 放浪形骸 循规蹈矩

(3) 文中画横线的句子有语病,下列修改最恰当的一项是(   )

    A. 人之所以要有记忆,是因为他"当前"的生活必需有着"过去"所传下来。

    B. 人之所以要有记忆,是他"当前"的生活必需有着"过去"所传下来的办法。

C. 人之所以要有记忆,是因为他"当前"的生活必需有着"过去"所传下来的办法。

D. 人之所以要有记忆的原因,是因为他"当前"的生活必需有着"过去"所传下来的办法。

4. 仔细观察下面这幅漫画,回答相关问题。

(1) 请介绍漫画内容。要求:运用第三人称,语言准确、连贯,不超过100字。

(2) 请概括漫画寓意。

5. 请对下面这段文字进行压缩,要求保留关键信息,句子简洁流畅,不超过60个字。

礼是社会公认合式的行为规范。合于礼的就是说这些行为是做得对的,对是合式的意思。如果单从行为规范一点说,本和法律无异,法律也是一种行为规范。礼和法不相同的地方是维持规范的力量。法律是靠国家的权力来推行的。"国家"是指政治的权力,在现代国家没有形成前,部落也是政治权力。而礼却不需要这有形的权力机构来维持。维持礼这种规范的是传统。传统是社会所累积的经验。不论哪一个社会,绝不会没有传统的。在乡土社会中,传统的重要性比现代社会更甚。

三、提升篇

阅读下面的文字,完成问题。

（一）

材料一

"新乡贤"文化建设以其深厚的历史传承和创新性的当代建构,成为社会主义核心价值观引领下的时代诉求。

在今天的"城乡一体化发展"战略进程中,"新乡贤"的时代角色十分突出。他们很多人出身于乡村,成就于城市;成长于乡土,弄潮于商海,在乡村与城市的内在关联上,具有天然独特的优势。在现代化进程的趋势中,从基层乡土去看中国社会或文化的重建问题,就是怎样把现代知识输入中国经济中最基本的生产基地乡村里去。作为输入现代知识必须的人这一媒介,"新乡贤"的社会建构,具有尝试破解百年中国乡村社会发展困境的珍贵价值。

传统中国文化深植于乡土之中,人和地在乡土社会中有着感情的联系,有着一种桑梓情谊——落叶归根的有机循环中所培养出的精神。在中国家族、乡土文化传承中,具有深厚的根系和广阔的脉系。乡土文化的有机循环,一如费孝通先生所言:"从农民一朝的拾粪起,到万里关山运柩回乡止,那一套所系维着的人地关联,支持着这历久未衰的中国文化。""新乡贤"文化建设无疑秉承和凸显着这一传统文化的底色。

（摘编自王先明《"新乡贤"的历史传承与当代建构》）

材料二

城镇化已经变成了一个滋味复杂的命题,近20年以来,它陆续将诸多治理困境呈现给了转型中的中国。在这当中,乡村空心化、乡村文化断裂、农村社会治理失效尤其令人忧心。人们的普遍感受是,中国乡村已经被一路高歌猛进的城镇化抛在了身后,正气喘吁吁地奔跑在它狭长的影子中。

稍微盘点一下就会发现,近年来以城镇化为关键词的农村报道少见正面的消息,浙江上虞"乡贤文化"确实是难得的例外。在这里,公共服务普及、基层民主建设与乡土文化的延续、公序良俗的形成有机地结合到了一起。一个兼具乡土性与现代性,既存续了人文精神,也展现了现代公共治理规律的新型乡村模式,呈现在人们眼前。

　　乡土社会是最能体现中国传统文化特征的地方,也是中国现代转型中最艰难的部分。费孝通先生曾言,"从乡土社会进入现代社会的过程中,我们在乡土社会中所养成的生活方式处处产生了流弊"。现代社会是法理社会,乡土社会是礼俗社会;现代社会崇尚契约精神,乡土社会通行伦理规矩,简单嫁接与拿来主义在这里是行不通的。成功的乡土社会治理,需要礼乐政刑综合为治,需要从现代公共治理和传统人文精神中找到双重支点。

　　上虞的"乡贤文化",正是对这两个方面的有机结合。乡贤是从乡村走出去的精英,他们回乡安度晚年,不仅能以自己的经验、学识、专长、技艺支援新农村建设,还能以自身的文化道德力量教化乡民、泽被故土。他们既了解乡土文化心理,又熟谙现代社会规则,既经历过传统文化熏陶,又具备了现代人文精神。他们离乡与返乡的过程,正是在文化意义上打通乡土社会与现代社会的过程,而他们返乡支援农村建设的过程,也是乡土社会启蒙和转型的过程。

　　因此,对乡村治理而言,发挥乡贤作用、培育乡贤文化要会用劲、用巧劲。上虞的做法有其地域特色,是地方政府有效探索的成果,但其所体现的"方法论",当是中国乡土社会转型和城镇化的必然选择。它以自身的成功再次重申了两个判断:一、中国传统文化能够为现代社会治理提供智慧;二、中国社会必须以自身文化为基点完成现代转型。今天我们所致力于探索的"治理体系与治理能力的现代化",需要以这两个判断为前提。

　　招商引资不算难,打造特色经济不算难,将某一地的 GDP 提升到某一数字也不难。对于城镇化中的乡村,最难的是继承和重塑乡土文化,重新找到自身角色,搭建一个"法情允谐"的基层治理构架,找到公共治理规则与传统礼俗的最佳平衡点。上虞的"乡贤回乡"提供了一个很好的样板,也为乡村治理命题设置了一个讨论层次,应该有更多的探索在这个层面上进行。

(改编自《浙江"乡贤文化"与乡村治理的采访和思考》)

材料三

　　"乡贤文化"要"新"在与核心价值观的契合上。"乡贤",过去多指有文化、有识见又善行乡邻的贤达之人。有史以来,乡贤就是维系中国乡村运转的重要力量,乡贤文化作为管理文化在中国乡土的一种表现形式,绵延不绝,显然有其相当的存在价值与现实意义。然而,也应看到,我们现在涵育的"乡贤文化",其主体不仅有别于旧时代乡贤,而且文化内涵既应传承过去见贤思齐、崇德向善的要素,更应有着契合并促进社会主义核心价值观的鲜明指向。况且,并不仅仅是有文化、能说会道的就是"新乡贤",根本是要紧密联系乡村实际,围绕核心价值观在农民群众中的确立与弘扬来干事情、做贡献。明乎此,"新乡贤"才具有适应时代需求的新目标,"乡贤文化"的涵育才能保障社会主义特质的新方向。

"新乡贤"的确立成长与"新乡贤文化"的培育涵养,并非一蹴而就,既需要在火热的新农村建设中锻炼提高,更需要在核心价值观的落细、落小、落实上构建养护,还需要以乡情、乡愁为纽带,吸引和凝聚社会贤达反哺桑梓、造福乡里,扶持"新乡贤",推介发展"新乡贤文化"。

(改编自姬建民《涵育"乡贤文化"贵在其"新"》)

1. 下列对材料相关内容的理解和分析,正确的一项是(　　)

A. "新乡贤文化"建设需要以中国乡土文化为底色,也需要以社会主义核心价值观的不断创新为引领。

B. 近年来农村在城镇化进程中出现了很多负面报道,这都是"乡贤文化"的作用没能充分发挥造成的。

C. 材料二在实践中为材料一提供了观察样板,这一样板可能具有个性,但也反映了一些共性问题。

D. 材料三对乡贤进行了符合时代价值观的定义,这里的"新乡贤"和材料一、二中"乡贤"的含义相同。

2. 根据上述材料,下列说法不正确的一项是(　　)

A. 想要破解百年中国乡村社会发展困境,需要大力发展经济,也需要培育更多"新乡贤"重建乡村。

B. 我国城镇化让人们滋味复杂,是因为城镇化给农村带来了许多治理困境,更因为其取得些成绩。

C. 只有落实好浙江上虞做法重申的两个判断,才能做到中国乡土社会治理体系与治理能力的现代化。

D. "新乡贤"的确立成长与"新乡贤文化"的培育涵养需要多方发力、多点突破,不能急功近利。

3. 下列说法中,可以作为论据来支撑材料二观点的一项是(　　)

A. 法治秩序的建立不能单靠制定若干法律条文和设立若干法庭,重要的是看人民怎么去应用这些设备。

B. 社会秩序范围着个性,为了秩序的维持,一切足以引起破坏秩序的要素都被遏制着。

C. 乡土社会里的权力结构"在人民实际生活上看,是松弛和微弱的,是挂名的,是无为的。

D. 传统的形式是不准反对的,但是只要表面上承认这形式,内容却可以经注释而改变。

4. 材料三第一段在论证上有哪些特点?请简要说明。

5. 新乡贤相比旧时代乡贤具有哪些特点?请结合材料谈谈你的看法。

(二)

材料一

先秦诸子百家中,儒、道、墨、法、阴阳、名六家属第一流的大学派。汉以后,法、阴阳、名三家,其基本思想为儒、道所吸收,不再成为独立学派;墨家中绝;唯有儒、道两家长期共存,互相竞争,互相吸收,形成中国传统文化中一条纵贯始终的基本发展线索。

在中国传统文化的多元成分中,儒家和道家是主要的两极,形成鲜明的对立和有效的互补。两者由于处处相反,因而能够相辅相成,给予整个中国传统文化以深刻的影响。

儒家的人生观,以成就道德人格和救世事业为价值取向,内以修身,充实仁德,外以济民,治国平天下,这便是内圣外王之道。其人生态度是积极进取的,对社会现实强烈关切并有着历史使命感,以天下为己任,对同类和他人有不可自己的同情,"己所不欲,勿施于人","己欲立而立人,己欲达而达人","达则兼济天下,穷则独善其身",不与浊俗同流合污,在生命与理想发生不可兼得的矛盾时,宁可杀身成仁,舍生取义,以成就自己的道德人生。道家的人生观,以超越世俗人际关系的羁绊,获得个人内心平静自在为价值取向,既反对心为形役,逐外物而不反,又不关心社会事业的奋斗成功,只要各自顺任自然之性而不相扰,必然自为而相因,成就和谐宁静的社会。其人生态度消极自保,以免祸全身为最低目标,以各安其性命为最高目标。或隐于山林,或陷于朝市,有明显的出世倾向。儒家的出类拔萃者为志士仁人,道家的典型人物为清修隐者。

儒道两家的气象不同,大儒的气象似乎可以用"刚健中正"四字表示,就是道德高尚、仁慈亲和、彬彬有礼、忠贞弘毅、情理俱得、从容中道、和而不同、以权行经等等,凡事皆能观研深究,以求合理、合时、合情,可谓为曲践乎仁义,足以代表儒家的态度。古者有儒风、儒士、儒雅、儒吏、儒将等称谓,皆寓道德学问有根底、风度温文尔雅之意。道家高士的气象似可用"涵虚脱俗"四字表示,就是内敛不露、少私寡欲、清静自守、质朴无华、超然自得、高举远慕、留恋山水等,富于诗意,富于山林隐逸和潇洒超脱的风味。我们也发现注重归真返璞,羡慕赤子般的天真或天机,保持人的真性情,厌恶人世的繁文缛节、权诈智巧,是老庄的特色。古者有道人、道真、道眼、道貌、道学等称谓,皆寓不同凡俗、领悟至道、风度超脱之意。儒家是忠良的气质与风度,道家是隐士的气质与风度。

(摘编自《儒家与道家人生气象》)

材料二

儒、道两家主张虽多有不同,各有偏重,但在力主"和"与"和谐"这一点上却是完全一致的。儒家讲"和合""保合""中和""太和",孔子讲"和而不同",道家也讲"致中和,守静笃""万物负阴而抱阳,冲气以为和",和则生万物等等。

儒家学说和道家思想都是开放性的,不是封闭的思想体系,它们随着历史的前进而不断地丰富和发展。汉代,佛教从印度传入中国,起初,确曾因我国囿于"夷夏之辨"一度显得孑立。但经过一番与儒、道的碰撞、辩驳、演变、磨合,外来的佛教渐渐中国化,到了隋唐,就逐渐实现了儒、道与佛的融合,三教合一,共同形成了中国恢宏独特的传统文化。这也是世界各国思想历史上未有先例的一大"典型"。之所以能达到这一点,关键在于儒家学说和道家思想这两个中华原创文化,具有博大的包容性,是坚强的"胃",能把域外文化,如佛教,消化吸收为中国化的佛教。所以,史学大师陈寅恪早就指出,中国传统文化之精髓是"道教之真精神,新儒家之旧途径"。故此,我们认为"国学"的根基是儒道互补,缺一不可,而那种把"国学"只看作孔孟创立的儒家学说一家独踞的认识,是有重大偏颇的。缺了老子创立的道家思

想的补充,儒家难撑国学这台戏。儒、道两家,还要加上佛教三足鼎立才能使"国学"真正发扬光大。

（摘编自韩秉方《儒道互补——国学之根基》）

材料三

在殷周之际,中华传统文化由"神本"转向"人本",人道主义思潮从而出现。这为儒、墨、道、法等诸子百家提供了最直接的思想来源,也规定了中华传统文化的基本精神和主要走向。在博大精深的中华传统文化中,儒、道两家最具代表性。儒家致力于以"仁"为核心,构建"仁""礼"相辅互动的理论,道家更强调"道法自然",秉持"身国同构、经国理身"的理念,认为文明的发展要注意克服虚伪性和工具化的倾向。儒、道两家虽然对社会和人生的理想形成了不同的致思路向,但其思想的核心都是向往真正符合人性的和谐社会与美好人生。儒、道两家在"人本"的共同价值追求的基础上相融互补,达到辩证统一,也为容纳和吸收外来的佛教准备了思想文化条件。

（摘编自洪修平《挖掘中华优秀传统文化的价值追求》）

1. 下列对材料相关内容的理解和分析,不正确的一项是（ 　 ）

　 A. 儒、道成为纵贯中国传统文化始终的主要思想流派,是因为双方主张长期共存,形成既对立又互补、相辅相成的关系。

　 B. 法、阴阳、名三家灭绝的原因是其基本思想被儒、道吸收,而它们本身却不吸收儒、道的思想。

　 C. 所谓"国学"是以儒道为根基,儒道互补,后来又加上中国化的佛教,构成了三足鼎立的"国学"。

　 D. 佛教传入中国的过程并不顺利,经历了从被孤立到逐渐与儒、道融合的漫长时间。

2. 根据材料内容,下列说法正确的一项是（ 　 ）

　 A. 儒家讲究"内圣外王之道",道家追求"顺任自然之性",二者人生态度与主张看似不同,实则完全一致。

　 B. 在生命与理想不可兼得之时,儒家的杀身成仁之举,显然比不上道家的免祸全身更有利于国家的长远发展。

　 C. 儒道两家"处处相反":比如儒家的出类拔萃者为志士仁人,是忠良的气质与风度;道家的典型人物为清修隐者,是隐士的气质与风度。

D. 殷周之际出现的人道主义思潮是诸子百家思想的源头,奠定了中华传统文化的基本精神和主要走向。

3. 结合材料内容,下列选项中符合"道家"思想的一项是( )

A. 己欲立而立人,己欲达而达人。　　B. 天地与我并生,万物与我为一。

C. 夫尚贤者,政之本也。　　D. 兵贵胜,不贵久。

4. 简要梳理材料三的行文脉络。

5. 为何诸子百家中只有儒道两家长期共存? 请结合材料,阐述其原因。

一、基础篇

1. A(《三代》这首诗二十一个字,三个人物形象,构成了一幅祖孙三代与泥土打交道的生活图画。强调乡土,故选 A。)

2. A

3. C(A 项"可以说一个没有法律的社会""没有法律并不影响这社会的秩序"错误。正确的表述是"可以说是一个'无法'的社会""但是'无法'并不影响这社会的秩序"。B 选项模糊概念,作者指明乡土社会是"无法"的社会、礼治的社会。原文为:"我们可以说这是个'无法'的社会,假如我们把法律限于以国家权力所维持的规则,但是'无法'并不影响这社会的秩序,因为乡土社会是'礼治'的社会。D 项"礼在现代社会没有效力"错误。原文说"礼是传统,是整个社会历史在维持这种秩序。礼治社会并不能在变迁很快的时代中出现,这是乡土社会的特色",并没有说礼在现代社会没有效力。故选 C。)

4. C(起句包含"社会""文化""新问题""生活"和"办法"五个关键元素,观察六个备选句,只有②⑤所论对象契合五个元素中的某一个,而⑤所论"社会生活"和"社会"与首句句末衔接更紧密,故而⑤应紧接首句。③紧承⑤,④是对③的延展,故而前三句应为⑤③④。⑥的内容是对②中"人的行为有着传统的礼管束着"的解释,故⑥在②后。①最适合与结句"'为民父母'是爸爸式权力的意思"连接,所以最终判断文段语序为⑤③④②⑥①,选C。)

5. B(道德观念包括行为规范、行为者的信念和社会的制裁,从社会观点说,道德是社会对个人行为的制裁力。该项少了"社会的制裁",表述不完整。故选B。)

6. B(B项说法错误,地缘和血缘顺序颠倒。)

7. (1)社会冲突;社会合作 (2)社会冲突;社会不同团体或阶层间主从 (3)权力的饥饿;权力的工具性 (4)利益 (5)乙团体的存在可以供给这项利益;乙团体的生产量必须能超过他的消费量;然后有一些剩余 (6)经济条件;分工体系

8. (1)× (2)× (3)√ (4)√ (5)√ (6)√ (7)× (8)× (9)× (10)× (11)× (12)× (13)√ (14)√ (15)√

9. (1)"横暴权力"是统治阶级为维护自身利益而强制维系压迫关系的权力。

(2)"同意权力"是为保证社会分工的顺利进行,人们服从社会契约(也就是同意),在此基础上共同授予一部分人干涉他人的权力。

二、进阶篇

1. (1) A(第一处,开疆辟土:指开拓疆域,扩展领土,不含贬义。利欲熏心:形容贪财图利的欲望迷住了心窍,贬义。根据语境"雄图大略的皇权""筑城修河,不能说是什么虐政,正可视作一笔投资",不能用贬义词,所以选用成语"开疆辟土"。第二处,怨声载道:指怨恨的声音充满道路,形容人民群众普遍强烈不满。民怨沸腾:指人民的怨声就像开水在翻滚一样,形容人民对腐败黑暗的反动统治怨恨到了极点,不能作"百姓"的谓语。所以此处应选"怨声载道"。第三处,揭竿而起:指砍了树干当武器,举起竹竿当旗帜,进行反抗,即人民起义。铤而走险:指在无路可走的时候采取冒险行动。从上下文和历史事件中可以看出,陈涉起义属于人民起义,应选"揭竿而起"。第四处,天高皇帝远:原指偏僻的地方,中央的权力达不到。现泛指离领导远,遇事自作主张,不受约束。民少官多:指百姓少而官僚甚多,养不过来。此处表示乡土社会远离横暴权力的经济拘束,应选"天高皇帝远"。故选A。)

(2) B(A项为普通的肯定句,B项用双重否定表示肯定语气。A项的肯定语气不如B项强烈,排除A项。C项采用"把"字句弱化了肯定语气。D项采用被动句,主语换成了"压力",更是弱化了肯定语气。故选B。)

(3) D(原句"养到一定程度,皇权逐渐笼络了一些力量,雄图大略又刺激了皇帝,循环又因而复始"有结构混乱、搭配不当等语病。A项,"皇权……累积……力量,雄图大略……刺激皇帝……循环复始"结构混乱,前面句子皇权还没说完,后一句主语又变成雄图大略;B项,"力量……循环复始"搭配不当,应该是"皇权……循环复始";C项,"笼络了一些力量"搭配不当,可将"笼络"改为"累积"。故选D。)

2. (1) A(第一处,固然:表示承认某个事实,引起下文转折。当然:应当这样。自然:表示理所当然。虽然:连词,用在上半句,表示让步,下半句说出正面意思,常用"可是""但是""却是"等词呼应。语境先强调"享受是人人都愿意的"这个事实,然后下文转折,因此选择"固然"。第二处,独善其身:原指独自修养身心,保持个人的节操。后指只顾自己,不管他人的个人主义处事哲学。坐视不管:形容一个人对一件与自己有一定关联的某事某物不管不顾,袖手旁观,任由别人去处理。语境后文说"不能不管'闲事'",强调不能只顾自己,也要管他人,选择"独善其身"。第三处,水准:指水平,形容某方面质量高或低。状态:人或事物表现出来的形态。语境强调生活的标准,故选"水准"。故选A。)

(2)C(根据原文可知"同意权力"指没有人可以"任意"依自己高兴去做自己想做的事,而得遵守着大家同意分配的工作。社会分工愈复杂,"同意权力"愈扩大。如果不愿意受这种权力的限制,得抛弃经济利益,不讲享受。A项强调"人不可以与鸟兽同群",指人应当有理性,与人类社会打交道,为社会奔走。B项"小国寡民"是老子描写的理想社会,代表了中国古代社会自给自足的生活方式。C项强调部分人用脑子劳动,部分人用体力劳动;脑力劳动的人统治人,体力劳动的人被人统治。符合"同意权利"的发生。D项强调有了师长和法度的教化、礼义的引导,然后人们才会从推辞谦让出发,遵守礼法,而最终趋向于安定太平。讲述治理国家需要教化和礼义。故选C。)

(3)D("这权力愈扩大,社会分工也愈复杂"错误,语序不当,应为"社会分工愈复杂,这权力也愈扩大"。故选D。)

3. (1)D(乡土社会是个熟人的社会,大家是在熟人里长大的,生活上互相合作,彼此天天见面。同时由语境中"祖先们在这地方混熟了"也可以知道前面应该紧接带有关键词"地方"的句子,所以"在熟人中长大"应在前面,"在熟悉的地方上生长大"应在后面,排除B、C两项。"不是……而是"表示并列关系,"不但……而且"表示递进关系,再根据句子表示的是递进关系,排除A。)

(2)A(第一处,语境意思是我们不关心和我们生活无关的事物,所以应填"熟视无睹"。第二处,语境主要是强调向泥土讨生活的人不爱移动,"生于斯,长于斯",且句子是否定形式,所以应填"背井离乡"。第三处,语境中的顿号表示与"稀奇古怪"是并列的关系,所以应填"荒诞不经"。第四处,语境中"这种社会用不上常态曲线,而是一个模子里印出来的一套",强调相同少变通,所以应填"循规蹈矩"。)

(3)C(画横线句子的语病有二:一是成分残缺,最后要加上"的办法";二是关联词搭配不当,"之所以"搭配"是因为",在"是"后面加"因为"。另外D项"人之所以要有记忆的原因"句式杂糅。)

4. (1)画面左侧是一位老者,他的身后是一扇茅草门,脚边有一只小狗,老人手上拿着手机,脸上露出疑惑的表情。画面右侧有三个人,都向前举着手机,手机屏幕上显示"干部下乡公众号"的二维码,高个男子说:"扫一扫,证明我们到过你家了!"

(2)讽刺了一种专做表面文章、应付上级、糊弄群众的形式主义工作作风。

5. 礼和法都是行为规范。法靠国家权力来推行,礼靠传统来维持。在乡土社会中,传统的重要性比现代社会更甚。

三、提升篇

(一)1. C(A项"也需要以社会主义核心价值观的不断创新为引领"错误,原文是"成为社会主义核心价值观引领下的时代诉求","不断创新"无中生有。B项,从材料二"稍微盘点一下就会发现,近年来以城镇化为关键词的农村报道少见正面的消息,浙江上虞'乡贤文化'确实是难得的例外"可知,"这都是'乡贤

文化'的作用没能充分发挥造成的"表述太绝对。D项"这里的'新乡贤'和材料一、二中'乡贤'的含义相同"曲解文意,材料一、二中的"乡贤"主要指从城市回乡的社会贤达,材料三中的"新乡贤"还包括紧密联系乡村实际干事情、做贡献的人。)

2. B(B项分析错误,从材料二"城镇化已经变成了一个滋味复杂的命题,近20年以来,它陆续将诸多治理困境呈现给了转型中的中国。在这当中,乡村空心化、乡村文化断裂、农村社会治理失效尤其令人忧心。人们的普遍感受是,中国乡村已经被一路高歌猛进的城镇化抛在了身后,正气喘吁吁地奔跑在它狭长的影子中"可知,应该是因为城镇化在取得一些成绩的同时,给农村带来了许多治理困境。)

3. A(材料二的主要观点是:"成功的乡土社会治理,需要礼乐政刑综合为治,需要从现代公共治理和传统人文精神中找到双重支点""对于城镇化中的乡村,最难的是继承和重塑乡土文化,重新找到自身角色,搭建一个'法情允谐'的基层治理构架,找到公共治理规则与传统礼俗的最佳平衡点"。所以A选项可以作为支撑材料二的观点。B项讨论秩序与个性的问题,与材料二观点无关。C项意在表明政府的乡村治理能力欠缺,与材料二观点违背。D项是说名与实的分离,与材料二观点无关。)

4. ①采用总分式结构,先总说观点,然后进行分析,结构严谨。②注重辩证论述。用"然而""况且"等让步分析,让逻辑更严密。③运用对比说理,在古今乡贤的对比中阐明"新乡贤"的含义,使人容易理解。

5. ①时代角色突出,在乡村与城市的内在关联上,具有天然独特的优势。②兼具乡土性和现代性,既了解乡土文化心理,又熟谙现代社会规则,既经历过传统文化熏陶,又具备了现代人文精神。③契合社会主义核心价值观,既要文化内涵贯穿古今,又要紧密联系乡村实际。

(二) 1. B("而他们本身却不吸收儒、道的思想"于文无据,根据原文"汉以后,法、阴阳、名三家,其基本思想为儒、道所吸收,不再成为独立学派",可知文中并没有提到法、阴阳、名三家是否吸收儒、道的思想。)

2. D(A项"但二者人生态度与主张看似不同实则完全一致"说法错误,原文为"儒家的人生观……其人生态度是积极进取的""道家的人生观……其人生态度消极自保",可见二者的人生态度与主张不一样。B项"显然比不上道家的免祸全身更有利于国家的长远发展"说法错误,原文为"不与浊俗同流合污,在生命与理想发生不可兼得的矛盾时,宁可杀身成仁,舍生取义,以成就自己的道德人生。道家的人生观,以超越世俗人际关系网的羁绊,获得个人内心平静自在为价值取向,既反对心为形役,逐外物而不反,又不关心社会事业的奋斗成功,只要各自顺任自然之性而不相扰,必然自为而相因,成就和谐宁静的社会",文本只是在阐述儒家和道家的不同,并没有说儒家比不上道家的免祸全身更有利于国家的长远发展。C项错误,"忠良的气质与风度"与"隐士的气质与风度"只能是说不同类型的人,不能说二者是相反的,因此不属于儒道两家"处处相反"。)

3. B(A项指有德的人,自己想站得住(指立身),也让他人站得住;自己想行得通(事业通达),也让他人行得通。这是一种推己及人的道德境界,符合"儒家"思想。B项指天和地与我共生,万物与我为一体,是一种人与自然和谐的状态,符合"道家"思想。C项指崇尚和尊敬贤才是为政的根本。贤才是国家的栋梁,是成就事业的关键,这符合"墨家"思想。D项指用兵打仗贵在速战速决,不宜持久消耗,这是古代的一种战争指导思想。)

4. ①首先提出"人本"思想在中华传统文化中的重要影响(或意义、地位、作用);②接着以儒道两家为例阐述它们虽然致思路向不同,但都体现了向往社会和谐、人生美好的"人本"思想;③最后指出儒道两家可以在"人本"基础上相融互补,达到辩证统一,具有包容性。

5. ①儒道两家思想理念不同,既对立鲜明,又相融互补;②儒道两家思想都具有博大的包容性和开放性,能使自身不断丰富发展;③儒道思想的核心都是向往和谐社会和美好人生,符合人性的需求。

12 《长老统治》

章 节 解 读

 **段落大意**

第 1 段　"长老权力"是一种教化性的权力。

第 2 段　不同文化区域有着不同的规律,生活于其中的人都需要接受。

第 3 段　人学习社会规律不能不受到强制,强制发生了权力。

第 4 段　教化的目的在于维护社会的同意秩序。

第 5 段　教化的过程虽不民主,亦不横暴。

第 6 段　教化者与被教化者之间不是统治与被统治的关系。

第 7 段　教化性的权力在亲子关系中表现得最明显,但并不限于亲子关系,它也表现为文化对于社会新分子的强制。

第 8 段　乡土社会的秩序主要是由"教化权力"来维持的。

第 9 段　稳定的文化传统是"教化权力"扩大到成人之间的有效保证。

第 10 段　长幼之序是我们这个社会里人们相互对待的依据,也点出了"教化权力"所发生的效力。

第 11 段　在社会变迁的过程中,"教化权力"逐渐弱化。

第 12 段　总结乡土社会权力结构的特点,并提出"长老统治"一说。

思维导图

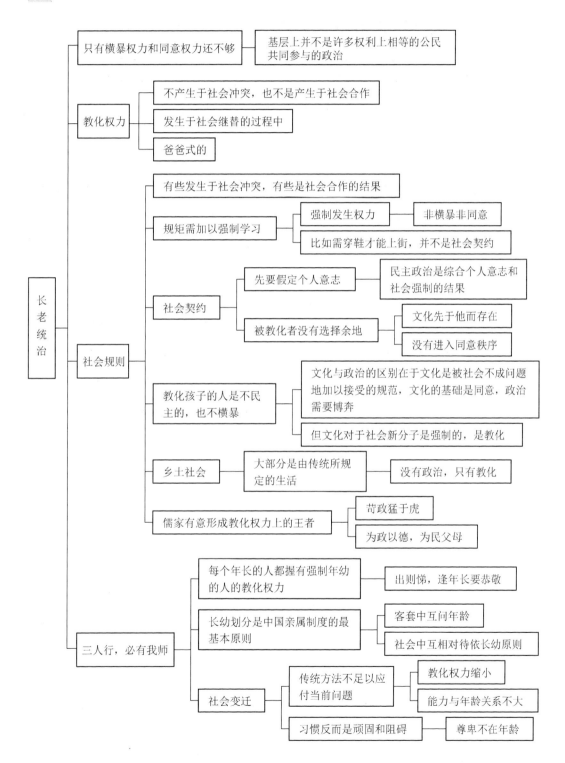

概念解释

社会继替：指社会不断地预备新人物，等着去接替因旧人物死亡和退伍所产生的缺位，简言之就是社会分工的世代交替，是人在固定的结构中的流动。

十诫：也写作"十戒"，《圣经》记载，上帝借由以色列的先知和众部族首领摩西向以色列人颁布了十条规定，即"摩西十诫"。耶稣复活以后，"十诫"成为给全世界人的诫命。

逆旅：客舍，旅店。

长老权力：又称"教化权力"，它是乡土社会继替过程中所发生的一种教化性的权力。它以稳定的文化传统为依据，是在古代乡土社会中，由亲属原则和长幼有序等儒家传统文化所构成的一种稳定的社会基层教化性的权力形式，带有文化性强制的特点。它的作用是维护乡土社会的稳定性。

教化权力：在社会继替的过程中必然存在着老人对小孩、前辈对晚辈的教诲，也就是文中所说的教化。比如说如何使用筷子，如何学习穿高跟鞋跳舞不踩到别人的脚……这些事情不是生而就会的，必须加以学习，必须不怕困，不惮烦。然而不怕困、不惮烦又非人之天性，于是这个过程中就不得不加一些强制了，有了强制就发生了权力，这种权力就是教化的权力。这种权力在亲子关系中表现得最明显，但并不限于亲子关系，凡是文化性的，都包含这种权力。

章节导读

《无为政治》一章指出，"横暴权力"受生产力约束，"同意权力"也受到经济条件的限制，所以乡土社会里的"专治"和"独裁"都只是有名无实的。但在本章中，费孝通先生指出，乡土社会中的"长老权力"是稳固的。中国社会在根本上是乡土性的，既非单纯的"横暴"，也不是完全的"同意"，"长老权力"是介于两者之间的第三种权力，它既非民主，又不同于一般的专制。换言之，乡土社会的政治形态是无为政治、长老统治。

本章开篇阐释了"长老统治"的内涵。乡土社会是一个熟人社会，具有很强的稳定性。在社会继替过程中产生的文化，在稳定的乡土社会中扎根下来，逐渐被人们承认，被整个社会接受，无形中就形成了一种教化的力量，即"长老权力"。由于这种教化性的权力结构，既非民主又异于专制，所以作者提出"长老统治"这一新的说法。

人总得接受一番教化,使他能在众多规矩之下,随心所欲而不碰壁。不过,被教化者并没有选择的机会,他要学习的那一套,我们称作文化的,是先于他而存在的。教化过程是代替社会陶炼出合乎一定的文化方式、过群体生活的分子。教化性的权力在亲子关系里表现得最明显,但不限于亲子关系。凡是文化性的,不是政治性的强制,都包含这种权力。儒家很想形成一个建筑在教化权力上的王者,他们从没有热心于横暴权力所维持的秩序。教化权力扩大到成人之间的关系,必须假定有个稳定的文化,长幼原则的重要也说明了教化权力的重要。

为了说明"长老权力"的特点,作者用了喻证、例证和道理论证等方法。他把世界比作"逆旅",这个"逆旅"有着复杂的规律,人们要在社会中生活,就得接受一番教化。作者又用孩子必须穿鞋上街这一现象为例,来说明在社会教化过程中,被教化者是没有选择的机会的,他所要学习的那一套东西就是"文化",是先于被教化者而生的,这就是"长老权力"不同于"同意权力"和"横暴权力"的强制性。作者还引用"为政以德""为民父母"等传统教化性政治理念,表明教化性权力不仅限于亲子关系,整个社会对每一个新分子都进行强制和教化。

在这一章中,费孝通先生认为中国乡土社会的权力结构不能简单地套用西方的横暴权力和同意权力来解释,中国乡土社会还有另外一种独特的权力——教化权力。它建立在"长老统治"的基础上,是"无为政治"的结果之一,是"礼治秩序"的一项内容。教化权力不是民主的,但也显然不是专制的。因为民主的前提是尊重个人意志,而乡土社会的教化是强制性的,但这种强制是文化上的而非政治上的。

教化权力之所以发挥作用,是因为乡土社会是变化很少的社会,文化十分稳定,年轻人只要按照长辈的经验,即"礼"的要求去做,就能应付生活中的大多数问题。于是,"每一个年长的人都握有强制年幼的人的教化权力"。教化权力遵从的是长幼有序的原则。但随着社会的变迁,文化变得越来越不稳定,当传统的经验无法应付当前的问题时,教化权力的影响力自然萎缩,最后只保留在亲子关系、师生关系当中,且时间很短。乡土社会也随之由长老统治变为精英管理。

具体来说,教化权力的扩大与缩小与文化传统的稳定与否有关。当文化传统稳定时,教化权力就会扩大,甚至可以扩大到成人之间;当文化不稳定时,传统的办法并不足以应付当前的问题,教化权力必然跟着缩小,缩进亲子关系、师生关系中,而且更限于很短的一段时间内。在乡土社会中,长老统治下的权力并不是政治性

的,因为长老并非由官方任命,其权力也并非由全体公民赋予。长老的权力是教化性(文化性)的,也就是说,是乡土社会在长期的生活中约定俗成的结果。长老统治介于专制统治与民主统治之间,它比民主统治要"专制",但又比专制统治要"民主"。因为长老统治是用个人性的权威来裁决社会事务的,它不需要与其他成员协商;但长老统治也并非空穴来风,它仍然需要乡土社会成员默认遵行。

横暴权力、同意权力、教化权力和时势权力是费孝通先生在《乡土中国》中提出的重要概念。本章内容的关键点在于理解"教化权力"这个核心概念的内涵和外延。所以在本章最后,费孝通先生指出,文化是不稳定的。伴随着社会的发展,传统的方法不足以应付当前的生活,长幼有序的原则逐渐弱化,教化权力必然缩小,新的社会离乡土性也就渐行渐远了。

专 项 训 练

一、基础篇

1. 下列关于《乡土中国》中"家族"的理解和分析,不正确的一项是(　　　)

　　A. 中国乡土社会采取差序格局作为结构原则,这仅是作者的假设,由此得出基本的家具有氏族性的判断并没有客观依据。

　　B. 中国乡土社会中,家的结构如仅限于亲子的小组合而不加以扩大,就会影响家的长期绵续性,也就不利于经营复杂性事业。

　　C. 中国的家法和三从四德的道德标准,强调讲究负责和服从的纪律性,追求事业维系和发展的效率,冲淡了家人间的亲情。

　　D. 在论述"中国的家"的特点时,作者一再强调"乡土社会"这一概念,表明这些特点的形成与乡土社会的性质密切相关。

2. 关于《乡土中国》内容的解说,下列选项中不正确的一项是(　　　)

　　A. 乡土社会靠亲密和长期的共同生活来配合各个人的相互行为,这种社会联系是熟习的,年老者可以预知年轻人将要遇到的问题,年轻人把年长者当作他们生活的参考蓝图。

　　B. 乡土社会是阿波罗式的,现代社会是浮士德式的。浮士德是感情的象征,把感情的激动,不断的变,作为生命的主脉。乡土社会中不允许存在浮士德式的精神,因为它追求稳定。

C. 法治其实是"人依法而治",并非没有人的因素。人治和法治的区别在于维持秩序时所用的力量和根据的规范的性质。

D. 乡土社会中既有不民主的横暴权力,也有民主的同意权力,这两者之外还有教化性的长老权力。被教化者要学习的文化虽然是先于他存在的,但是被教化者也有一定的选择的权力。

3. 填空题

(1) _____是发生于_____的过程,是教化性的权力,或是说爸爸式的,英文里是 Paternalism。

(2) 教化性的权力虽则在_____里表现得最明显,但并不限于_____。

(3) 凡是_____的,不是政治性的强制都包含_____权力。

(4) 文化和政治的区别就在这里:凡是被社会不成问题地加以接受的规范,是____性的;当一个社会还没有共同接受一套规范,各种意见纷呈,求取临时解决办法的活动是____。

(5) 文化的基础必须是____的,但文化对于_____是强制的,是一种教化过程。

(6) 教化权力的扩大到成人之间的关系必须得假定个____的文化。____的文化传统是有效的保证。

(7) 在我们客套中互问年龄并不是偶然的,这礼貌正反映出我们这个社会里相互对待的态度是根据_____。_____也点出了_____所发生的效力。

4. 判断题

(1) 针对中国乡土社会的权力结构,作者用教化权力来说明。 (　　)

(2) 教化过程中,被教化者有选择的权力。 (　　)

(3) 教化的过程,不民主,也不横暴。 (　　)

(4) 作者认为生男育女是一件精打细算的生意。 (　　)

(5) 教化者与被教化者之间是统治与被统治的关系。 (　　)

(6) 教化权力广泛存在于亲子、政治、文化等关系中。 (　　)

(7) 文化对于社会的新分子是强制的。 (　　)

(8) 乡土社会的秩序主要是由横暴权力来维持的。 (　　)

(9) 儒家既热衷于教化权力,也热衷于横暴权力。 (　　)

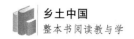

（10）教化权力的扩大必须得假定个稳定的文化。（　　）

（11）长幼之序点出了横暴权力所发生的效力。（　　）

（12）文化不稳定,教化权力的范围缩小了,时间也缩短了。（　　）

（13）在现代社会中,真所谓"是故弟子不必不如师,师不必贤于弟子,闻道有先后,术业有专攻"。（　　）

5. 名词解释

（1）长老权力

（2）社会继替

二、进阶篇

1. 阅读下面的文字,完成下面的小题。

<u>九华"立春祭"代表着中国的"二十四节气",被列入人类非物质文化遗产代表作名录,感染着人们传承传统文化的热情与动力。</u>

农历立春这一天,一年一度的立春祭祀大典_____。随着祭司高亢的吟唱,祭春礼开始,村民们悬挂二十四节气灯笼,手持焚香,抬神祈福,祈祝在新一年里_____,吉祥如意;少男少女浇春水,祭春神,鞭春牛……九华"立春祭"是目前国内唯一保存着一整套祭祀仪式的立春祭春典礼,曾因一度沉寂,后在政府部门和民间热心人士的共同努力下,才最终恢复。如今九华"立春祭"_____,每到立春,_____的乡邻和游客都会把妙源村围得水泄不通。

九华"立春祭"是最原生态的民俗文化。它传承着农耕文明,（　　　　　　　　）。作为世界非物质文化遗产"二十四节气"的重要代表,九华"立春祭"正致力于让传统文化在当代社会文化生活中焕发出新的活力。

（1）文中画横线的句子有语病,下列修改最恰当的一项是（　　）

　　A. 九华"立春祭"代表着中国的"二十四节气",被列入人类非物质文化

乡土中国
整本书阅读教与学

遗产代表作名录,感染着人们传承传统文化的激情与活力。

    B. 九华"立春祭"代表着中国的"二十四节气",被列入人类非物质文化遗产代表作名录,激发着人们传承传统文化的激情与活力。

    C. 以九华"立春祭"为代表的中国"二十四节气",被列入人类非物质文化遗产代表作名录,感染着人们传承传统文化的热情与动力。

    D. 以九华"立春祭"为代表的中国"二十四节气",被列入人类非物质文化遗产代表作名录,激发着人们传承传统文化的热情与动力。

(2) 依次填入文中横线上的成语,全都恰当的一项是(   )

    A. 不期而遇   栉风沐雨   青云直上   应接不暇

    B. 如约而至   五风十雨   声名鹊起   纷至沓来

    C. 不期而遇   五风十雨   声名鹊起   应接不暇

    D. 如约而至   栉风沐雨   青云直上   纷至沓来

(3) 下列在文中括号内补写的语句,最恰当的一项是(   )

    A. 表达了先人对人类与自然和谐相处的美好愿望;蕴含着朴素的"天人合一"观,表达了先人对风调雨顺、财物丰盛的美好愿望

    B. 表达了先人对风调雨顺、财物丰盛的美好愿望;蕴含着朴素的"天人合一"观,表达了先人对人类与自然和谐相处的美好愿望

    C. 蕴含着朴素的"天人合一"观,既表达了先人对人类与自然和谐相处的美好愿望,又表达了先人对风调雨顺、财物丰盛的美好愿望

    D. 既表达了先人对人类与自然和谐相处的美好愿望,又表达了先人对风调雨顺、财物丰盛的美好愿望,蕴含着朴素的"天人合一"观

2. 阅读下面的文字,完成各题。

社会中的规律有些是社会冲突的结果,也有些是社会合作的结果。在个人行为的四周所张起的铁壁,有些是横暴的,有些是同意的。但是无论如何,这些规律是要人遵守的,规律的内容要人明白。人如果像蚂蚁或是蜜蜂,情形也简单了。群体生活的规律有着生理的保障,不学而能。人的规律类皆人为。用筷子夹豆腐,穿了高跟鞋跳舞不践别人的脚,真是难为人的规律;不学,不习,固然不成,学习时还得不怕困,不惮烦。不怕困,不惮烦,又非天性;于是不能不加以一些强制。①_____。

这样发生的权力并非同意,又非横暴。说孩子们必须穿鞋才准上街是一

种社会契约未免过分。②＿＿＿＿＿＿＿必先假定个人的意志。个人对于这种契约虽则并没有自由解脱的权利,但是这种契约性的规律在形成的过程中,必须尊重③＿＿＿＿＿＿＿,民主政治的形式就是综合个人意志和社会强制的结果。

（1）请在文中横线处补写恰当的语句,使整段文字语意完整连贯,内容贴切,逻辑严密,每处不超过8个字。

（2）指出文中波浪线句子所使用的修辞手法,并分析其表达作用。

3. 阅读下面一段文字,完成后面的问题。

在变化很少的社会里,文化是稳定的,很少新的问题,生活是一套传统的办法。如果我们能想象一个完全由传统所规定下的社会生活,这社会可以说是没有政治的,有的只是教化。事实上固然并没有这种社会,但是乡土社会却是靠近这种标准的社会。"为政不在多言""无为而治"都是描写政治活动的单纯。也是这种社会,人的行为有着传统的礼管束着。儒家很有意思想形成一个建筑在教化权力上的王者,他们从没有热心于横暴权力所维持的秩序。"苛政猛于虎"的政是横暴性的,"为政以德"的政是教化性的。"为民父母"是爸爸式权力的意思。

教化权力的扩大到成人之间的关系必须得假定个稳定的文化。稳定的文化传统是有效的保证。我们如果就个别问题求个别应付时,不免"活到老,学到老",因为每一段生活所遇着的问题是不同的。文化像是一张生活谱,我们可以按着问题去查照。所以在这种社会里没有我们现在所谓成年的界限。凡是比自己年长的,他必定先发生过我现在才发生的问题,他也就可以是我的"师"了。三人行,必有可以教给我怎样去应付问题的人。而每一个年长的人都握有强制年幼的人的教化权力:"出则悌",逢着年长的人都得恭敬、顺服于这种权力。

在我们客套中互问年龄并不是偶然的,这礼貌正反映出我们这个社会里相互对待的态度是根据长幼之序。长幼之序也点出了教化权力所发生的效力。在我们亲属称谓中,长幼是一个极重要的原则,我们分出兄和弟、姊和妹、伯和叔,在许多别的民族并不这样分法。我记得老师史禄国先生曾提示过我:这种长幼分划是中国亲属制度中最基本的原则,有时可以掩盖世代原则。亲属原则是在社会生活中形成的,长幼原则的重要也表示了教化权力的重要。

文化不稳定,传统的办法并不足以应付当前的问题时,教化权力必然跟着缩小,缩进亲子关系、师生关系,而且更限于很短的一个时间。在社会变迁的过程中,人并不能靠经验作指导。能依赖的是超出个别情境的原则,而能形成原则、应用原则的却不一定是长者。这种能力和年龄的关系不大,重要的是智力和专业,还可加一点机会。讲机会,年幼的比年长的反而多。他们不怕变,好奇,肯试验。在变迁中,习惯是适应的阻碍,经验等于顽固和落伍。顽固和落伍并非只是口头上的讥笑,而是生存机会上的威胁。在这种情形中,一个孩子用小名来称呼他的父亲,不但不会引起父亲的呵责,反而是一种亲热的表示,同时也给父亲一种没有被挤的安慰。尊卑不在年龄上,长幼成为没有意义的比较,见面也不再问贵庚了。——这种社会离乡土性也远了。

回到我们的乡土社会来,在它的权力结构中,虽则有着不民主的横暴权力,也有着民主的同意权力,但是在这两者之外还有教化权力,后者既非民主又异于不民主的专制,是另有一工的。所以用民主和不民主的尺度来衡量中国社会,都是也都不是,都有些像,但都不确当。一定要给它一个名词的话,我一时想不出比长老统治更好的说法了。

(改编自费孝通《乡土中国·长老统治》)

(1) 下列对原文论证的相关分析,不正确的一项是( )

A. 本文论述了教化权力的表现形式及其对中国传统社会的重要意义和深刻影响。

B. 在论证过程中,作者灵活运用了举例论证、对比论证、比喻论证、反证等论证方法,整篇文章显得生动有趣而不失严谨。

C. 由作者论证可知,文化稳定是教化权力得以存在、有效的前提。

D. 作者在文中多次引用儒家经典中的名句,除了用于佐证观点之外,还意在说明教化权力源自儒家人伦道德观,是儒家礼治思想的产物。

(2) 根据原文内容,下列说法不正确的一项是( )

A. 传统经验在乡土社会中具有有效的指导作用,但在现代社会中就不免显得落后、不合时宜。

B. 现代社会中部分传统礼节的缺失或改变并不一定代表着世风日下，这是社会进步的必然过程和体现。

C. 教化权力包含着横暴权力的专制强制成分，又包含着同意权力的民主契约成分。

D. 柳宗元说韩愈作《师说》"犯笑侮""世果群怪聚骂""得狂名"，究其原因，与韩文中"是故无贵无贱，无长无少，道之所存，师之所存也"有一定关系。

（3）《论语·泰伯》中有一句"子曰：民可使由之不可使知之"。由于后句缺少标点，古今学者对这句话的理解众说纷纭，目前较为流行的有以下三种：

① 冯友兰、钱穆等学者认为该句应为："民可使由之，不可使知之。"

② 清代宦懋庸认为该句应为："民可，使由之；不可，使知之"。

③ 还有学者认为该句应为："民可使，由之；不可使，知之"。

你认为这句该如何理解？请结合本题选文阐述你的理由。

4. 张艺谋导演曾经拍过一部电影《秋菊打官司》，讲的是在一个贫穷闭塞的村庄里，秋菊家要建一个辣子棚，村长不同意，秋菊的丈夫骂村长"绝户"，村长一气之下踢伤了他，秋菊要求村长道歉，村长赔了200块钱却拒绝道歉，于是秋菊为了讨得一个"说法"，开启了漫长的诉讼之路。后来村长在秋菊难产之时帮助她脱险，就在秋菊要感谢村长时，村长却因伤害罪被拘留。请结合《乡土中国》一书，分析这部电影中所反映的社会问题。

三、提升篇

阅读下面的文字,完成下面小题。

(一)

乡长禁码

韩少功

乡政府召开村组干部大会,宣布禁止"买码"——一种类似六合彩的私彩。贺乡长此次禁码当然是吃了豹子胆,他话还没说完,台下便抗议纷起。有人站起大叫:"禁码? 笑话,我已经亏了两千,你们赔给我啊? 我不去赢回,拿什么买化肥?"

另一个跟着站起:"你们早不禁,迟不禁,等我亏了三四千就禁,安的是什么心? 这就是你们执政为民啊? 你们给群众造成了损害,就要负责到底。"

还有更多的人在拍桌子:"贺麻子,你不能做缺德事! 我们又没有拿你的钱买码,你狗咬烂布巾呵? 你蛮得屙牛屎呵? 贺麻子,我们从没亏待过你,要茶有茶,要饭有饭,你今天要下这样的毒手? 贺麻子,贺麻子……"

会场已经无法控制,台上的人也束手无策。但贺乡长耳尖,突然怒气冲冲地一拍桌子:"哪个骂娘?"

下面安静了,大家面面相觑。好像刚才是有人骂娘,好像也没有人骂,但没有人说得清楚。

"嗯? 哪个骂娘?"贺乡长迅速掌握了话题优势,脸色一沉:"禁码是为了你们好。你们禁不禁,看着办,关我屁事! 但骂娘做什么? 我娘碍了你们什么事? 我娘什么时候得罪过你们? 她今年65岁了,脚痛了十几年,从不出门。喂一头猪,养几只鸡,一餐吃不下二两米,连皮鞋也都没有穿过,连火车也没有坐过,连城里的动物园也没有看过。她哪一样得罪了你们?"

众人都觉得无话可说,站着的人都坐了下去。

乡长说到愤怒处,又猛拍一下桌子:"我娘离这里一百多里,一辈子清清白白,上对得起天,下对得起地,凭什么被你们骂? 她到长沙去做手术,欠了几万块钱的账不说,病还没好。医院里说,顶多也就是两三年的寿。你们还嫌她命不苦? 她是吃过你们八溪峒一碗饭? 还是烧过你们八溪峒一根柴? 还是喝过你们

八溪峒一口水？你们自己就没有娘？你们的娘是茅厕板子？可以屎一脚尿一脚随便踩么？好笑，我贺麻子前后在五个乡镇当干部，没碰到过这种事。动不动就骂娘。好啊，骂，骂啊，跳起骂……"

这一番话，证据充分，逻辑严密，高风亮节，大义凛然，震得全场鸦雀无声，引无数同情的目光。接下的事情当然就好办了。大概人们觉得乡长他娘确实无辜，确实委屈，确实可怜，不该无缘无故地挨骂，那么，天地良心，将心比心，禁码当然也就……

贺麻子不满足于禁码，继续保持着孝子的雄壮声威，斜横着眼，勾缩着鼻，怒冲冲，气呼呼，把笔记本重重地拍甩去，一鼓作气乘胜追击，从禁码说到封山育林，再说到计划生育和宅基地收费，把所有可能引起争议的话题统统扫荡。他现在不用担心台下的反对了。他的娘已经使大家心服口服，不给他鼓掌是不可能的。看到他最后横一眼，大家鼓掌更为热烈。

散会的时候，大家纷纷把"贺麻子"改称为"贺乡长"："唉，贺乡长也没讲错，这个码是不禁不行的呵……""贺乡长说的好，再不禁，过年钱都没有了！""今天中午好歹吃了顿肉饭，总不能白吃吧？"有的人还拍着胸口，好像自己早就是贺乡长的铁哥们儿，早就同乡政府心连心了："你以为买码是买脑白金啊？我早就说过，到头都是钾铵磷（剧毒农药），不闹出人命，不会收场的。哼！"人们一路上七嘴八舌，对禁码基本上表示拥护。

我没有想到会能开成这样，对贺麻子佩服得五体投地。可以肯定，一个没有在农民堆里几十年混出点道道的人，断不可能有他那样的非凡手段，能在今天这个闹哄哄的会上乱中取胜。

1. 下列对小说相关内容和艺术特色的分析鉴赏，不正确的一项是（　　　）

    A. 小说开篇描写宣布禁码时村民的反应，是为了展现农民素质低下，难以管理，说明其愚昧无知，不可理喻。

    B. 贺乡长冒天下之大不韪来禁码，遭到村民的强烈反对，可见群众对禁码之事一时难以接受，突出禁码工作难度大。

    C. 村民将"贺麻子"改称"贺乡长"，表现了村民对他的尊敬，说明大家已经接受了贺乡长的观点，禁码得到了众人的拥护。

    D. 小说中三次写到拍桌子，第二次写乡长拍桌子，引发了下文他控制局面、掌握主动权的情节。

2. 贺乡长是一个怎么样的人？请结合文本简要分析。

3.《乡土中国》中提到，"道德观念是在社会里生活的人自觉应当遵守社会行为规范的信念"。本文中，贺乡长正是利用了某个被村民自觉遵守的道德要素，使村民逐步认可并接受了他的观点。请结合文本，谈谈你对此的理解。

（二）

材料一

费孝通先生《乡土中国》所讨论的问题虽是由农村经验入手，但其实涉及的是整个中国文化传统的问题。在这里，必须就"传统"问题首先澄清：传统并不意味着历史陈迹，并不只是代表过去。传统因然可以借由对历史的考察而得知，可以从以往经验中总结出来，但是我们须明白，无论大家是否有所意识，那些即便已为陈迹的事物正影响着乃至深刻地影响着当下，它甚至可以活生生地一直活到当下。这就是为什么当人们普遍意识到社会急剧转型、农村面貌已经天翻地覆的时候，我们还需要阅读《乡土中国》，我们还可以从这本书中得到颇具价值的启示。因为，作者所关注的并非只是当时的农村问题，而是整个中国文化传统问题，是中国文化传统与社会变迁的问题。梁治平在其《古代法：文化差异与传统》一文中说："一个被称作传统的东西，如果确实符合传统这个词的真实含义，那么，它就不仅仅是一个历史上曾经存在的过去，同时还是个历史上存在的现在。因此，我们不但可以在以往的历史中追寻传统，而且可以在当下生活的折射里发现传统。今人对于历史的关注和对传统的兴趣，恐怕主要是从这里来的。"费孝通先生在《乡土重建》中也表达了上述观念："传统的方式不但有记载可按，而且有现实的生活可查……"这就是为什么，人们无论阅读梁治平对于中国传统文化起源的思想追寻，还是费孝通对于中国基层社会传统的研究，在许多地方，

都能真切感受到：明明写的是过去的事物，但是浮现在我们眼前的却分明是当今时代的影子。

当然，研究历史与传统的兴趣绝不仅是由于可以借以认识当下，对于处在社会变迁之中、着手改革工作的人们来说，认真对待传统十分必要，汲取传统的经验和价值意义重大。因为"不管怎么说，我们总是从我们自己的历史、自己的传统和自己的经验出发去看待世界、解释世界的"。费孝通先生在《乡土中国》中如此说道："每个人的当前，不但包括他个人过去的投影，而且还是整个民族的过去的投影。历史对于个人并不是点缀的饰物，而是实用的、不可或缺的生活基础。"既然传统是我们看待世界和解释世界的出发点，既然传统是我们的生活基础，而真正的传统是不会过去的，那么，人们想要进行改革，自然离不开传统的基础，也必然遭受着传统的限制，这不仅是一种主张，而且是无法避免的事实。

强调重视传统，并非意味着要泥古不化。随着人们社会生活的变迁，传统当然也会随之变迁，只是变迁的方式多种多样，引起变迁的原因各有不同而已。在对乡土中国所作的研究之中，费孝通先生也关注到"社会变迁"问题，在《乡土重建》中，他明确提出："中国社会变迁的过程最简单的说法是农业文化和工业文化的替易。"他还说："历史能不能合理发展，是在人能不能有合理的行为。一个被视为书生的人，有责任把合理的方向指出来，至于能不能化为历史，那应当是政治家的事了。"在这段话里，费孝通先生提及了学者和政治家对于历史发展的不同作用。在笔者看来，能不能化为历史，其实也并不完全有赖于政治家，政治家的助力当然是可观的，但是文化的发展，学者的作用往往更加重要。所以，就学术层面来看，笔者主张，传统可经重述乃至重建，以此来达到社会进步的目的。当然，其前提条件必须是对传统有一个清楚的认识和了解，以及正视传统的基础性和限制性。

在《乡土重建》中，费孝通先生还说："在欧洲曾有过一次文艺复兴，为这现代文化开了一扇大门，我不敢否认世界文化史中可能再有一次文艺复兴。这一次文艺复兴也许将以人事科学为主题，中国和其他东方国家传统可能成为复兴的底子。""若是我们还想骄傲于自己的历史地位，只有在这当前人类共同的课题上表现出我们的贡献来。"从此处，我们可以看到，传统重述、文化重建已绝不仅局限于对自身旧有文化的"复兴"问题了，而是与世界文化尤其是与西方文化联系紧密。

总起来说,从费孝通先生的《乡土中国》中,我们可以得到关于中国传统文化的一些基本概念。这些基本概念不只可以指引我们反思历史中的经验,也可以从现存的生活经验中去加以印证。对于处在社会变迁之中、着手改革工作的人们来说,改革须从传统中来,也遭受着传统的限制。但人们也无须悲观地对待传统,因为传统可经重述乃至重建,达到社会进步的目的。这些都是阅读费孝通先生的《乡土中国》可以得到的启示,也是该书对于当今时代的我们借以认识和反思中国传统文化,乃至改革和重建文化传统所必须重视的重要价值。

(改编自胡成《〈乡土中国〉与传统文化的重建》)

材料二

在二十世纪三四十年代,中国的思想界兴起了关于乡村建设的各种思潮,在各家学说之中,社会学家费孝通独树一帜地提出了自己的乡土重建思想,即通过发展乡村工业来增加农民的收入,将以农业为基础的传统乡村"重建"为包含现代工业文明的工农相辅的"新农村"。这一思想的主旨在于将现代工业文明的因子引入传统乡村,在此基础上对传统乡村的各种因素进行重组、整合,调动农民潜在的创造性和积极性,通过链式反应的乡村工业化之路,实现乡村的现代化转型,建立一个工业化的"新农村"。费孝通大力提倡发展乡村工业,主要的着眼点就在于乡村工业对农民的增收作用。在他看来,农村中最缺乏应用现代技术的生产事业,而各种生产事业中最容易有效的是工业,"乡村工业的转变并不是突然的,也不一定是彻底的。最重要的是增加农民的收入,增加一点是一点,愈多愈好。有多少可用的机器就用多少,有多少可以引入的现代知识就引用去多少"。

费孝通的乡土重建思想既不是对西方工业化道路的简单模仿,也不是对自身传统的迷恋与回归,而是一种现代工业文明与传统乡村社会的巧妙"嫁接"。对费孝通乡村发展思想的研究,对于我们今日的社会主义新农村建设,具有重要的借鉴作用。

(改编自刘长亮等《"新农村建设"与费孝通乡土重建思想》)

1. 下列对材料一相关内容的理解和分析,不正确的一项是(　　　)

　　A. 对传统的认识之所以可以借由认识当下,是因为传统本身就具有一定的当下性,我们可以在当下生活的折射里发现传统。

　　B. 改革离不开传统的基础,也必然遭受着传统的限制,这不仅是学者们提出的一种学术主张,也是我们都无法避免的事实。

C. 传统是我们不可或缺的生活基础，也是我们看待世界和解释世界的出发点，我们应该认真对待传统，汲取传统的经验和价值。

D. 随着社会生活的变迁，传统必然随之变迁，而且变迁方式多样，引起变迁的原因不一，所以重视传统就一定会关注变迁。

2. 根据材料内容，下列说法正确的一项是(　　)

A. 传统可以经由重述乃至重建来达到促进社会进步的目的，既作用于自身旧有文化的“复兴”，也有益于建立起与世界文化的紧密联系。

B. 对于学者在文化发展中所起的作用，作者和费孝通的见解有所不同，作者据此对费孝通学术研究上存在的不足提出了委婉的批评意见。

C. 费孝通的乡土重建思想不是对西方工业化道路的简单模仿，表现在他大力提倡发展乡村工业，主要着眼于乡村工业对农民的增收作用。

D. 我们今天的社会主义新农村建设，仍是通过发展乡村工业，将以农业为基础的传统乡村“重建”为包含现代工业文明的工农相辅的“新农村”。

3. 根据材料内容，下列不属于费孝通学术贡献的一项是(　　)

A. 提出关于中国传统文化的一些基本概念。

B. 对西方工业化道路的认同和模仿。

C. 指出中国社会变迁的过程和合理的方向。

D. 开展传统的重述和文化的重建。

4. 请简要梳理材料一的行文脉络。

5. 你认为材料一中费孝通的哪一个观点和材料二关联最紧密？请简述理由。

（三）

　　在社会变迁的过程中，人并不能靠经验作指导。依赖的是超出于个别情境的原则，而能形成原则、应用原则的却不一定是长者。

（《长老统治》）

　　在现代社会里知识即是权力，因为在这种社会里生活的人要依他们的需要去做计划。乡土社会是靠经验的，他们不必计划。

（《从欲望到需要》）

　　在现代生活中，往小了说，我们看医生喜欢找临床经验丰富的，找老师喜欢找教学经验丰富的，众多招聘启事中也总要加一句"有相关经验者优先"；往大了说，我们一直在倡导继承中华民族的优良传统，那不就是继承我们民族的集体经验吗？

　　在这个飞速发展的现代社会，"经验"到底是有用，还是无用？请结合《乡土中国》的相关内容谈谈你的看法。

　　注意：①角度自选，立意自定，题目自拟；②明确文体，写一篇论述文；③不少于800字；④不得抄袭、套作。

乡土中国
整本书阅读教与学

一、基础篇

1. A(A项"由此得出基本的家具有氏族性的判断并没有客观依据"错,由原文"我的假设是中国乡土社会采取了差序格局,利用亲属的伦常去组合社群,经营各种事业,使这基本的家,变成氏族性了""家必需是绵续的,不因个人的长成而分裂,不因个人的死亡而结束,于是家的性质变成了族"等可知,作者得出"家具有氏族性的判断"的客观依据是"中国乡土社会""利用亲属的伦常去组合社群,经营各种事业"。)

2. D(D项"被教化者也有一定的选择的权力"错误,被教化者没有选择的权力。)

3. (1) 长老权力;社会继替   (2) 亲子关系;亲子关系   (3) 文化性;长老   (4) 文化;政治   (5) 同意;社会的新分子   (6) 稳定;稳定   (7) 长幼之序;长幼之序;教化权力

4. (1) √   (2) ×   (3) √   (4) ×   (5) ×   (6) ×   (7) √   (8) ×   (9) ×   (10) √   (11) ×   (12) √   (13) √

5. (1) 长老权力:又称"教化权力",它是在乡土社会继替过程中所发生的一种教化性的权力。它以稳定的文化传统为依据,指在古代乡土社会中,由亲属原则和长幼有序等儒家传统文化所构成的一种稳定的社会基层教化性的权力形式,带有文化性强制的特点。它的作用是维护乡土社会的稳定性。

(2) 社会继替:社会不断地预备新人物,等着去接替因旧人物死亡和退伍所产生的缺位,简言之就是社会分工的世代交替,是人在固定的结构中的流动。

二、进阶篇

1. (1) D(画线句中,"被列入"一句的主语省略,承前指,是"九华'立春祭'"则省略不当。主语应当是"中国的'二十四节气'",因此排除 AB 两项。画线句中,"感染"与"热情与动力"搭配不当,可将"感染"改为"激发"。因此排除 C 项。)

(2) B(不期而遇,意思是事先没有约定而遇见。指意外碰见,没有指定的时间、地点,让人感觉突如其来。如约而至,按着约定准时到达。语境说的是中华文化习俗,一年一度的立春祭祀大典按约定的时间到来了。因此选用"如约而至"。栉风沐雨,意思是大雨洗发,疾风梳头。后用以形容经常在外面奔波劳碌。五风十雨,五天刮一次风,十天下一场雨。形容风调雨顺。语境表达的是新年祈福,应当选"五风十雨"。青云直上,指迅速升到很高的地位。声名鹊起,形容名声突然大振,知名度迅速提高。语境说的是九华"立春祭"在政府部门和民间热心人士的共同努力下恢复。如今九华"立春祭"名声突然大振,知名度迅速提高,大家都知道。因此应当选用"声名鹊起"。应接不暇,景物繁多,来不及观赏,多形容来人或事情太多,应付不过来。纷至沓来,形容纷纷到来,连续不断地到来。语境说的是每到立春,乡邻和游客纷纷到来,接连不断。因此选用"纷至沓来"。)

(3) B(结合语境前句的句式和选项的三个分句,括号中与前面一句整体上应是结构比较整齐的对称句:它传承着什么,表达了什么;蕴含着什么,表达了什么。因此排除 CD 两项。从前后内容的衔接角度分析,"农耕文明"与"先人对风调雨顺、财物丰盛的美好愿望"更衔接,"天人合一"观,与"先人对人类与自然和谐相处的美好愿望"比较衔接。因此排除 A 项。)

2. (1) ①强制发生了权力　②所谓社会契约　③各人的自由意志

(2) 该句采用借喻手法,用喻体"铁壁"直接代替本体"社会规律",使表达更含蓄简洁,也更突出了"社会规律"对人的强制性。

3. (1) B(本文并没有用到反证法。)

(2) C(依据最后一段"回到我们的乡土社会来,在它的权力结构中,虽则有着不民主的横暴权力,也有着民主的同意权力,但是在这两者之外还有教化权力"可知,"教化权力"并不包含契约成分。)

(3) ①"民可使由之,不可使知之":可以让百姓按照我们指引的道路走,不需要让他们知道为什么。②"民可,使由之;不可,使知之":诗、礼、乐这三样东西是教育民众的基础,一定要抓好,如果人民掌握了诗、礼、乐,好,让他们自由发挥,如果人民还玩不来这些东西,我们就要去教化他们,让他们知道和明白这些东西。③"民可使,由之;不可使,知之":老百姓,若可任使,就让他们听命;若不可任使,就让他们明理。

第一种断句在近代曾被批评,这种断句认为孔子鼓吹愚民政策。从孔子的一贯主张来看,孔子不赞成愚民政策。孔子是中国第一个创办私学的人,把一生中的精力奉献给了教育事业,他主张教化百姓,用道德引导他们,用礼制同化他们,使他们富足。孔子有弟子三千,七十二贤人,"自行束修以上,吾未尝无诲焉","学而不厌,诲人不倦",说出这种话的人怎么会主张实行愚民政策呢?所以第二种断句更贴近孔子主张,是儒家德化政治、顺民应天、开启民智思想的体现。

4. 在农村,最大的权力者是村长、长老,民间舆论是评判行为的最主要力量,人情是联系人们的最牢固的纽带。而在现代秩序中,权力者是公安局,是政府,评判行为的力量是法律,是国家强制机关,联系人和人之间关系的是合作或利益。电影中的秋菊是要通过现代秩序来解决一个乡土内的问题,因为通过乡土秩序她无法解决,她认为法律是有效的。这其实反映的是礼治社会与法治社会的冲突,表现出在社会进化过程中礼与法的矛盾冲突。影片触碰到乡土社会一个敏感问题,即当村民与拥有调解权力的村长、长老发生冲突时,乡土社会该如何调解。乡土社会注重人情,正当大家言归于好、其乐融融时,村长却被告知要承受牢狱之灾,可见法律是铁面无私的,可以忽视人情,超越人情,这种现代的法治社会与传统的淳朴的乡土社会存在着深刻的矛盾冲突。

三、提升篇

(一) 1. A(A项错,不是为了批判农民,而是为渲染当时会场混乱的局面。)

2. ①执政为民,基层工作经验丰富。多年深入农村基层,了解民情,积极处理农民的各种问题。②机智灵活,沉稳老练。他沉着应对混乱局面,巧妙地避开矛盾焦点,机智掌握主动权,表面上讲道理,实际上利用村民淳朴性情,很好地解决了问题。③粗犷豪放。说话粗俗,具有乡土特色。④孝顺母亲。虽然借母亲说事,但从村民的反应中可以看出他是个孝顺的人,村民也因此对他信服。

3. 贺乡长利用中国传统中的孝道这一人们自觉遵守的道德要素巧妙化解难题。他先是利用"骂娘"一事,平定会场混乱局面。后借母亲说事,以不容别人践踏母亲尊严的姿态占据道德优势,得到大家的同情。继而以孝子声威乘胜追击,提出有争议的话题,使村民认可并接受了他的观点,顺势解决了禁码难题。

(二) 1. D(重视传统不一定会关注变迁,也可能"泥古不化"。)

2. C(A项,"既作用于自身旧有文化的'复兴',也有益于建立起与世界文化的紧密联系"与文中所表达的意思不符。B项,作者充分肯定了费孝通的学术研究。D项,于文无据。)

3. B("对西方工业化道路的认同和模仿"于文无据。)

4. ①首先指出《乡土中国》一书仍然具有当代价值,并从两个方面分析原因;②进而论及人们应该认真对待传统;③接下来陈述传统变迁的原因,并辨析学者在文化发展中的作用;④随后就再一次文艺复兴

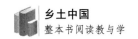

的可能性,以及中国的机遇和需要做出的贡献进行论述;⑤最后总结《乡土中国》一书的重要价值。

5. 材料一中,费孝通在《乡土重建》中提出来的"中国社会变迁的过程最简单的说法是农业文化和工业文化的替易"这一观点,与材料二关联最为紧密。因为材料二所谈便是费孝通先生的乡土重建思想,而其主旨便在于将现代工业文明的因子引入传统乡村,将以农业为基础的传统乡村"重建"为包含现代工业文明的工农相辅的"新农村"。

(三)6. 略。

13 《血缘和地缘》

章 节 解 读

 段落大意

第1段 血缘社会的特点是人和人之间的权利与义务根据亲属关系来决定。

第2段 社会变化的速率决定血缘作用的强弱。

第3段 血缘所决定的社会地位不容个人选择。

第4段 在稳定的社会中,地缘是血缘的投影,二者不可分割。

第5段 在人口不流动的社会中,血缘和地缘是合一的。

第6段 伴随着人口的繁殖,血缘社群也会不断扩大和分裂。

第7段 在乡土社会里,地缘的分离不能割断血缘的联系。

第8段 漂流异地、互相没有血缘关系的人,很难结成纯粹的地缘关系。

第9段 拥有土地大概是一个人在乡土社会血缘网中生根的前提。

第10段 寄居在血缘性社区边缘的人,因其"陌生"的特性能在乡土社会中找到特殊的职业。

第11段 亲密的血缘关系中充满着互相拖欠的未了的人情。

第12段 维持亲密关系也必须避免太多重叠的人情,以减轻社会关系上的负担。

第13段 单靠人情不易维持复杂的人际交往中权利和义务的平衡,于是商业就应运而生。

第14段 街集的出现,表明商业关系是在血缘关系之外建立的。

第15段 寄居在血缘性社区边缘上的"外边人"逐渐成为商业活动的媒介。

第 16 段　地缘是从商业里发展出来的社会关系,是契约社会的基础。

第 17 段　点明社会形态从血缘结合发展到地缘结合的重大意义。

思维导图

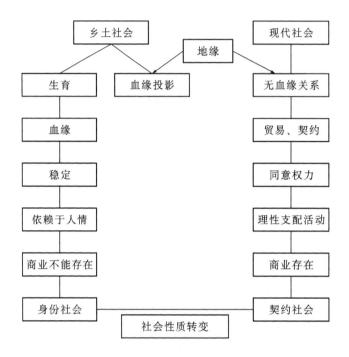

概念解释

上賨(cóng): "賨"的本义是秦汉时期在今四川、湖南一带的少数民族所缴的一种赋税。"上賨"是指 20 世纪前中期,在云南(尤其是昆明)出现的一种民间金融互助方式,多在收入不高、互相了解并且讲信用的亲友、同事和熟人中进行。这些人自愿临时或定期组合起来,进行小额金融互助活动。

Kulu 制度: 马林诺夫斯基在其著作《西太平洋的航海者》中提到的一种西太平洋岛屿土著部落间的独特的交易方式。交易物品为白贝臂镯与红贝项链,臂镯沿逆时针由一个岛传向另一个岛,项链沿顺时针从一个岛传向另一个岛。

客边: 外地人。

新客: 外地人。

内容导读

在费孝通看来,中国传统农村社会是一个典型的血缘社会。这种血缘社会的基础是家庭,而家庭的核心是亲属关系。在传统农村社会中,亲属关系不仅仅是一种生物学的关系,更是一种重要的社会关系。亲属之间的互助、合作和信任是农村社会得以稳定运转的重要基石。

在血缘社会中,人们的社会地位、权力和财富往往与他们的血缘关系密切相关。家族势力在农村社会中发挥着重要的作用,家族长辈拥有绝对的权威,家族成员之间的关系也相对紧密。这种血缘关系不仅影响着人们的日常生活,还渗透到政治、经济、文化等各个领域。

然而,随着社会的发展和变迁,农村社会的血缘关系逐渐被地缘关系所取代。地缘关系是以地理位置为基础的社会关系,它超越了血缘关系的限制,使得人们能够更加广泛地与不同群体建立联系。

在费孝通看来,地缘关系的兴起与农村社会的经济发展密切相关。随着商品经济的发展和市场的扩大,人们逐渐摆脱了对土地的依赖,开始从事更加多样化的职业。这使得人们的社会交往不再局限于亲属之间,而是扩展到了更广泛的地域范围。

此外,政治因素也在地缘关系的兴起中发挥了重要作用。随着国家权力的下渗和基层行政组织的建立,农村社会的政治结构发生了深刻变化。家族势力逐渐削弱,个人地位逐渐上升,这使得人们更加注重与不同群体之间的合作和联盟。

尽管地缘关系在农村社会中逐渐占据了主导地位,但血缘关系并没有完全消失。事实上,在许多农村地区,血缘关系仍然发挥着重要的作用。这主要是因为血缘关系具有一种天然的情感纽带作用,它使得人们能够在困难时期相互扶持、共同抵御风险。

同时,血缘关系也是农村社会文化传承的重要载体。许多传统文化习俗、价值观念和道德规范都是通过血缘关系代代相传的。这些文化传统不仅塑造着农村社会的精神面貌,也维系着农村社会的稳定和秩序。

因此,在费孝通看来,农村社会的血缘关系和地缘关系并不是相互排斥的,而是相互交织、相互影响的。这两种关系在农村社会中发挥着各自的作用,共同

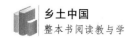
维系着农村社会的稳定和发展。

通过本章内容,我们可以得出以下结论:首先,中国传统农村社会是一个典型的血缘社会,亲属关系在社会生活中发挥着重要作用;其次,随着社会的发展和变迁,农村社会的血缘关系逐渐被地缘关系所取代,但这并不意味着血缘关系的完全消失;最后,血缘关系和地缘关系在农村社会中相互交织、相互影响,共同维系着农村社会的稳定和发展。这篇文章对我们理解中国农村社会的历史与现实具有重要的启示意义。首先,我们应该认识到血缘关系在中国传统农村社会中的重要地位和作用,尊重和维护亲属之间的互助、合作和信任关系;其次,我们也应该看到地缘关系在农村社会发展中的必然趋势和积极作用,推动农村社会的开放和发展;最后,我们应该关注血缘关系和地缘关系在农村社会中的交织和互动关系,寻求二者之间的平衡和协调发展。

除此之外,《从血缘到地缘》的写作手法也值得探究。费孝通先生在这篇文章中运用了多种写作手法,使得文章既具有深刻的理论性,又富有生动的现实感。

1. 开篇点题,明确主旨

费孝通先生在文章开篇就明确指出,乡土社会的关系是由血缘和地缘两种主要的关系组成的。他通过对这两种关系的定义和特点的阐述,为整篇文章奠定了理论基础。这种开篇点题的写作手法,使得读者在阅读之初就能明确文章的主旨和核心观点,有助于引导读者深入理解和思考文章的内容。

2. 运用对比,深化理解

在阐述血缘关系和地缘关系的过程中,费孝通先生运用了对比的写作手法。他通过将血缘关系和地缘关系进行对比,突出了两者之间的差异和联系。比如,他指出血缘关系是基于生理的、自然的联系,而地缘关系则是基于地理位置的、社会的联系。这种对比使得读者能够更加清晰地理解血缘关系和地缘关系的本质特征及其在社会结构中的作用。

3. 举例论证,增强说服力

为了增强文章的说服力,费孝通先生在论述过程中运用了举例论证的写作手法。他通过列举具体的实例来支持自己的观点,使得文章更加具有说服力和可信度。比如,在阐述血缘关系在乡土社会中的重要性时,他提到了家庭、家族等社会群体在乡土社会中的作用和地位;在阐述地缘关系在乡土社会中的作用时,他提到了邻里、社区等地域性群体在乡土社会中的作用和影响。这些具体的实例使得读者能够更加直观地理解血缘关系和地缘关系在乡土社会中的实际表现和作用。

4. 逻辑严谨,条理清晰

费孝通先生的文章在逻辑上非常严谨,条理清晰。他在阐述每一个观点时,都会按照一定的逻辑顺序进行展开,使得文章的结构紧凑、层次分明。比如,他在阐述血缘关系到地缘关系的转变过程时,先介绍了血缘关系在乡土社会中的基础地位和作用,然后分析了地缘关系在乡土社会中的兴起和发展,最后探讨了血缘关系和地缘关系在乡土社会中的交织和互动。这种逻辑严谨、条理清晰的写作手法使得读者能够更加清晰地把握文章的思路和脉络。

总之,费孝通先生在《从血缘到地缘》这篇文章中运用了多种写作手法,使得文章既具有深刻的理论性,又富有生动的现实感。这些写作手法不仅增强了文章的说服力和可信度,也使得文章更加易于理解和接受。同时,这些写作手法也为我们提供了学习和借鉴的范例,有助于我们在自己的写作实践中提高表达效果和写作水平。

专 项 训 练

一、基础篇

1. 判断题

（1）事实上,在单系的家庭组织中所注重的亲属确多由于生育而少由于婚姻,所以说是血缘也无妨。 （　　）

（2）西洋社会以血缘关系来规定个人的社会地位。 （　　）

（3）血缘社会的稳定既指社会结构的稳定,也指社会中人的稳定。 （　　）

（4）生育没有社会化之前,血缘作用的强弱似乎是以社会变迁的速率来决定。 （　　）

（5）血缘是乡土社会中的稳定力量。 （　　）

（6）乡土社会中,血缘和地缘是合一的。 （　　）

（7）伴随着人口的繁殖,血缘社群也会不断扩大和分裂。 （　　）

（8）在乡土社会里,地缘的分离不能割断血缘的联系。 （　　）

(9) 漂泊异地、互相没有血缘关系的人,很难结成纯粹的地缘关系。(　　)

(10) 作者已经有材料证明:拥有土地才能在血缘网中生根。(　　)

2. 阅读下面的文字,完成下列各题。

很多离开老家漂流到别地方去的并不能像种子落入土中一般长成新村落,他们只能在其他已经形成的社区中设法插进去。如果这些没有血缘关系的人能结成一个地方社群,他们之间的联系可以是纯粹的地缘,而不是血缘了。这样血缘和地缘才能分离。但是事实上这在中国乡土社会中却相当困难。我常在各地的村子里看到被称为"客边""新客""外村人"等的人物。在户口册上也有注明"寄籍"的。在现代都市里都规定着可以取得该地公民权的手续,主要的是一定的居住时期。但是在乡村里 <u>A</u> ,因为许多村子里已有几代历史的人还是被称为新客或客边。

怎样才能成为村子里的人? ①大体上说有两个条件:②第一是要生根在土里——在村子里有土地。③第二是要从婚姻中进入当地的亲属圈子。④这两个条件并不容易,⑤因为在中国乡土社会中土地权受着氏族的保护,⑥除非得到氏族同意,⑦很不易把土地卖给外边人;⑧婚姻关系固然是取得地缘的门路,⑨但已经住入一个地方的"外客"并不容易娶得本地人做妻子,⑩使他的儿女有个进入当地社区的机会。

因此, <u>B</u> 是"陌生人",来历不明,形迹可疑,不被视为自己人,不被人所信托。

(1) 请在文中AB两处补写恰当的语句,使整段文字语意完整连贯,内容贴切,逻辑严密,每处不超过 12 个字。

A:＿＿＿＿＿＿＿＿＿＿＿＿＿＿＿＿＿＿＿＿＿＿＿＿＿＿＿

B:＿＿＿＿＿＿＿＿＿＿＿＿＿＿＿＿＿＿＿＿＿＿＿＿＿＿＿

(2) 文中标出序号的语句存在标点符号和语言表达上的三处错误,请指出其序号并做修改,使标点符号使用规范,语言表达准确流畅、逻辑严密。不得改变原意。

3. 概括下面这则语段的大意(可适当使用该语段中的词语,不超过 25 个字)。

但是亲属不管怎样亲密,终究还是体外之己;虽说痛痒相关,事实上痛痒是走不出皮肤的。如果要维持这种亲密团体中的亲密,不成为"不是冤家不碰头",也必须避免太重叠的人情。社会关系中权利和义务必须有相当的平衡,这平衡可以在时间上拉得很长,但是如果是一面倒,社会关系也就要吃不消,除非加上强制的力量,不然就会折断的。

二、进阶篇

1. "亲密社团的团结性就依赖于各分子间都相互地拖欠着未了的人情。"亲密社团中既无法不互欠人情,也最怕"算账"。"算账""清算"等于绝交之谓,因为如果相互不欠人情,也就无需往来了。你是否赞同这种说法?在生活中你是否有这样的经历或感受?

2. 现代社会中常听到"熟人是宝"的说法,但又频频出现"杀熟"现象,以致有"熟人生意难做"之说。对此你有何感想?请以血缘社会理论加以分析。

3. 近年,"内卷"一词颇为流行,这一概念所描述的状态,在中国乡土社会早已存在。请根据下面的语段,对"内卷"的含义加以阐释。

但是人毕竟不是植物,还是要流动的。乡土社会中无法避免的是"细胞分裂"的过程,一个人口在繁殖中的血缘社群,繁殖到一定程度,他们不能在一定地域上集居了,那是因为这社群所需的土地面积,因人口繁殖,也得不断地扩大。扩大到一个程度,住的地和工作的地距离太远,阻碍着效率时,这个社群就不能不在区位上分裂。——这还是以土地可以无限扩张时说的。事实上,每个家族可以向外开垦的机会很有限,人口繁殖所引起的常是向内的精耕,精耕受着土地报酬递减律的限制,逼着这社群分裂,分出来的部分另外到别的地方去找耕地。

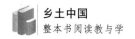

4. 古人室内宴席的座位，尊卑安排如下图所示。依照这一顺序，"鸿门宴"中的主客座次该如何安排？请为图中的序号填入人名。

主人：项羽

陪客：项伯（项羽叔父）、范增（项羽谋士）

客人：刘邦（沛公）、张良（刘邦谋士）、樊哙（刘邦将领）

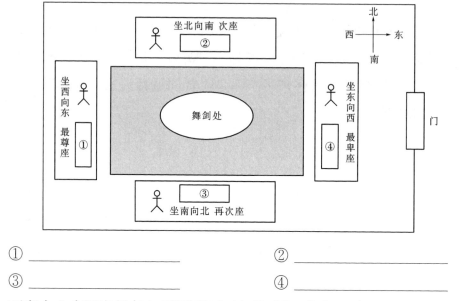

① _____   ② _____

③ _____   ④ _____

而宴会上实际安排却如下图所示，请联系"血缘与地缘"，从社会学角度，解读其中的丰富意味。

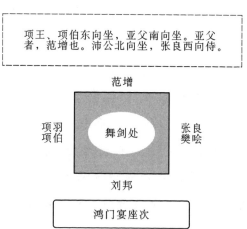

三、提升篇

阅读下面的文字,完成下列各题。

（一）

材料一

从基层上看去,中国社会是乡土性的。那些被称土气的乡下人是中国社会的基层。我们说乡下人土气,这个土字却用得很好。土字的基本意义是指泥土。乡下人离不了泥土,因为在乡下住,种地是最普通的谋生办法。在我们这片远东大陆上,可能在很古的时候住过些还不知道种地的原始人,那些人的生活怎样,对于我们至多只有一些好奇的兴趣罢了。以现在的情形来说,这片大陆上最大多数的人是拖泥带水下田讨生活的了。我们不妨缩小一些范围来看,三条大河的流域已经全是农业区。而且,据说凡是从这个农业老家里迁移到四围边地上去的子弟,也老是很忠实地守着这直接向土里去讨生活的传统。这样说来,我们的民族确是和泥土分不开的了。从土里长出过光荣的历史,自然也会受到土的束缚,现在很有些飞不上天的样子。

靠种地谋生的人才明白泥土的可贵。农业直接取资于土地,种地的人搬不动地,长在土里的庄稼行动不得,土气是因为不流动而发生的。

直接靠农业来谋生的人是黏着在土地上的。我们很可以相信,以农为生的人,世代定居是常态,迁移是变态。大旱大水,连年兵乱,可以使一部分农民抛井离乡;即使像抗战这样大事件所引起基层人口的流动,我相信还是微乎其微的。

不流动是从人和空间的关系上说的,从人和人在空间的排列关系上说就是孤立和隔膜。孤立和隔膜并不是以个人为单位的,而是以住在一处的集团为单位的。中国乡土社区的单位是村落,从三家村起可以到几千户的大村。孤立、隔膜是就村和村之间的关系而说的。孤立和隔膜并不是绝对的,但是人口的流动率小,社区间的往来也必然疏少。我想我们很可以说,乡土社会的生活是富于地方性的。地方性是指他们活动范围有地域上的限制,在区域间接触少,生活隔离,各自保持着孤立的社会圈子。

乡土社会在地方性的限制下成了生于斯、死于斯的社会。常态的生活是终老是乡。假如在一个村子里的人都是这样的话,在人和人的关系上也就发生了

一种特色,每个孩子都是在人家眼中看着长大的,在孩子眼里,周围的人也是从小就看惯的。这是一个"熟悉"的社会,没有陌生人的社会。

在社会学里,我们常分出两种不同性质的社会:一种并没有具体目的,只是因为在一起生长而发生的社会;一种是为了要完成一件任务而结合的社会。用一位外国学者的话说,前者是"有机的团结",后者是"机械的团结"。用我们自己的话说,前者是礼俗社会,后者是法理社会。生活上被土地所围住的乡民,他们平素所接触的是生而与俱的人物,正像我们的父母兄弟一般,并不是由于我们选择得来的关系,而是无须选择,甚至先我而在的一个生活环境。

熟悉是从时间里、多方面、经常的接触中所发生的亲密的感觉。这感觉是无数次的小磨擦里陶炼出来的结果。这过程是《论语》第一句里的"习"字。"学"是和陌生事物的最初接触,"习"是陶炼,"不亦说乎"是描写熟悉之后的亲密感觉。在一个熟悉的社会中,我们会得到从心所欲而不逾规矩的自由。这和法律所保障的自由不同。规矩是"习"出来的礼俗。从俗即是从心。

"我们大家是熟人,打个招呼就是了,还用得着多说么?"——这类的话已经成了我们现代社会的阻碍。现代社会是个陌生人组成的社会,各人不知道各人的底细,所以得讲个明白;还要怕口说无凭,画个押,签个字。这样才发生法律。在乡土社会中法律是无从发生的。"这不是见外了么?"乡土社会里从熟悉得到信任。乡土社会的信用并不是对契约的重视,而是发生于对一种行为的规矩熟悉到不假思索时的可靠性。

从熟悉里得来的认识是个别的,并不是抽象的普遍原则。在熟悉的环境里生长的人,不需要这种原则,他只要在接触所及的范围之中知道从手段到目的间的个别关联。在乡土社会中生长的人似乎不太追求这笼罩万有的真理。我读《论语》时,看到孔子在不同人面前说着不同的话来解释"孝"的意义时,我感觉到这乡土社会的特性了。孝是什么?孔子并没有抽象地加以说明,而是列举具体的行为,因人而异地答复了他的学生。

在我们社会的急速变迁中,从乡土社会进入现代社会的过程中,我们在乡土社会中所养成的生活方式处处产生了流弊。陌生人所组成的现代社会是无法用乡土社会的习俗来应付的。于是,"土气"成了骂人的词,"乡"也不再是衣锦荣归的去处了。

(改编自《乡土中国·乡土本色》)

材料二

中国式的乡愁是一个既基于个体记忆又不断外向放大的概念。在核心处,它指向血缘,即从对父母的牵念中获得关于乡愁的原初经验;其次是父母所居之地,即父母所居,便是故乡。以此为背景,它进而被放大为亲族和家国概念,放大为"四海为家"或"四海之内皆兄弟",甚至最终被解构为"此心安处是吾乡"。以上序列使乡愁成为一种圈层式结构,它愈趋于中心愈浓烈,愈趋于边缘愈淡化。这是人从血缘共同体逐步迈向人类共同体的必然结果,也是人以普遍理性克服情感本能的结果。在这一过程中,个体价值逐步让位于群体价值和人类价值,诗的逻辑逐渐演变为哲学的逻辑。但显然的问题是,人愈趋于理性和哲学化,也就愈益导致个体的情感无处安放,并由此生发出无家可归的虚无感和悲情意识。

乡愁作为情感表达是直观的,但它背后却潜隐着社会政治变革的强大促动,认识到这一点,对于认识中国当代社会的乡愁性质也是重要的。伴随着工业化、城市化的进程,大量的农民进城,既离了"乡",也离了"土",人们的生活方式和联结纽带开始发生变化:传统社会中,作为不同个体之间联结方式的血缘、地缘,已不能满足社会现实和个体生存的基本需求,越来越多的人经由职业、爱好、性别、年龄等多元因素组织起来。但是,人们由乡村进入城市,在文化上可能仍保留着原有的文化和价值认同,其生命的意义仍在乡村。如红白喜事的往来、人生情感的寄托、春运不远千里回家过年等,仍与"乡"与"土"有关。在此阶段的"乡愁"正处于从"传统乡愁"到"现代乡愁"的过渡,因而兼具二者的某些特点,但也有与众不同之处,承载主体是在城乡之间不断流动的农民工群体;客体特征兼具"传统乡愁"之有形、具体、确定与"现代乡愁"之无形、抽象、非确定;主观体验上则因在城乡之间不断游走而与家人分离,既离不开城市,也离不开乡村,由此生发"有家难归""有根难依"的情感体验。与工业化、城市化相应的,是大量"乡村"的消失,无论是政治经济学层面,如"合村并居"与外来人构成的"产业村",还是社会伦理学层面,"乡"或"家"的原有意涵开始发生深刻变化。这种乡土变迁对既有生活方式、联结纽带、伦理规范等的挑战,成为一种共享的特定时代氛围,赋予人们以某种相似的生活感受、主观认知和情感体验,这为特定个体或群体的"乡愁"扩展为近乎全社会共有的"乡愁"提供了外部条件。

（改编自《中国文化艺术中的乡愁》）

1. 下列对材料相关内容的理解和分析,正确的一项是(　　)

　　A. 乡土社会里,乡民是中国社会的基层,他们以种地为基本谋生方式,从土地中获取生活资源,因此与土地分不开,为土地所束缚,固守乡土。

　　B. 人与人在空间排列上的不流动性,造成乡土社会里乡民个体之间、乡村之间的彼此关系的孤立与隔膜,所以才有三家村式微型村落的存在。

　　C. 生活在乡土社会的人们,彼此之间相互了解,没有隔阂,相比现代社会,更容易获得一种从心所欲的自由。

　　D. 乡土社会的信用产生于对一种行为规矩熟悉到不假思索的可靠性,这种信用远胜于法理社会中的一纸契约。

2. 根据原文内容,下列理解和分析不正确的一项是(　　)

　　A. 乡土社会实际上就是熟人社会、礼俗社会,而现代社会是陌生人组成的社会、法理社会,两者的人际交往原则有别。

　　B. 礼俗是乡土社会里应对社会生活的根本原则、抽象真理,也是人们处理具体事务时目的与手段间的普遍联系。

　　C. 乡土社会中,人们从熟悉里获得的认识是个别的。《论语》中孔子因人而异地解释"孝",能让我们体会到这种特性。

　　D. 在乡土社会进入现代社会的过程中,原有的生活方式与现代社会不相适应,暴露出弊端,"土气"一词因而有了贬义。

3. 著名作家冯骥才感叹:"每座古村落都是一部厚重的书,不能没等我们去认真阅读,就让这些古村落在城镇化的大潮中消失不见。"请结合文本,分析"乡土性"逐渐消失的原因。

4. 请结合下列材料,谈谈你对材料二所提到的乡愁的"圈层式结构"的理解。

　　这个"家"字可以说最能伸缩自如了。"家里的"可以指自己的太太一个人;"家门"可以指伯叔侄子一大批;"自家人"可以包罗任何要拉入自己的圈子,表示亲热的人物。自家人的范围是因时因地可伸缩,大到数不清,真是天下可成一家。

在我们乡土社会里,不但亲属关系如此,地缘关系也是如此。……在乡下,家庭可以很小……可以大到像个小国……正因为这富于伸缩的社会圈子会因中心势力的变化而大小。

(二)

材料一

以人情来解读中国日常社会,首先意味着这个社会的现实基础是家庭或者亲人。中国传统社会是一个以家、族、宗及村落所形成的网络社会,聚族而居构成了网络社会中成员的血缘和地缘关系,通常叫作"乡亲们"。当然,有血缘和地缘的关系并不因此互相之间就没有矛盾或者冲突,但因为该网络突出了人情的重要性,从而使得矛盾与冲突发生的方式发生改变,比如不能正面冲突或公然决裂,而是面和心不和,彼此有很多积怨,但不到万不得已,始终维持着表面和谐。"亲情"的意思不适用于宗亲以外的人际关系,所以从更广泛的意义上讲,"人情"就更为适合于表达更多场景中的关系运行。人情,作为中国社会的现实基础,还具有更加一般性的含义。用来表达中国人对世态或者人世间的认知,比如天理人情、风土人情、人情世故等。总之,所谓"人情"是对中国人人性、人格与关系的基本理解。

人情处于地方网络中,也可以合并起来叫作"人情网",这其中一个非常重要的前提条件就是这张网的相对稳定性。当然,从实际情况来看,人情网越封闭越好,因为在此网中所发生的人情必须要有回报,虽然这个回报无法预期,但不能没有,而且常常是回报的总是比施与的要多一些。一旦一种交往中的助人行为不是人情的意思,那么我们就必须换作其他观念来表达,比如捐助、施舍或者慈善。所以人情一定要有针对性的回报,谁报答谁,谁欠谁,都很清楚。正因为人情网比较稳定,因此如果一个人情这辈子还不了,也可以下一代来偿还。如果人情网不那么稳定,其中的成员处于社会流动中,也就是说,需要报答的人或者欠人情的人都离开了,那么人情运行也就解体了。当然,作为一种文化观念,在现

代社会,人群的确发生了比较大的流动。这个时候,我们就得看一看家乡观念或者原有的网络是否还存在。如果是存在的,那么一个人或一个家庭虽然整年都在外面流动,比如打工、上学或移居城市,但他在一些特定的时候——比如具有丰富传统文化意蕴的春节——还是要回到家乡。很多情况下,无论一个人流动到多远的地方,他都会在春节之日回到他的家乡,那里有他的父老乡亲,也有"拜年"活动,人情网中的成员都需要通过此时段的人情往来来稳定其网络。如果一个移居外地的人,无论如何都不再回到家乡,那么就等于宣告这里的人情没有了。

(改编自翟学伟《中国人的人情与面子》)

材料二

血缘是稳定的力量。在稳定的社会中,地缘不过是血缘的投影,不分离的。"生于斯,死于斯"把人和地的因缘固定了。生,也就是血,决定了他的地。世代间人口的繁殖,像一个根上长出的树苗,在地域上靠近在一起。地域上的靠近可以说是血缘上亲疏的一种反映,区位是社会化了的空间。我们在方向上分出尊卑:左尊于右,南尊于北,这是血缘的坐标。空间本身是混然的,但是我们却用了血缘的坐标把空间划分了方向和位置。当我们用"地位"两字来描写一个人在社会中所占的据点时,这个原是指"空间"的名词却有了社会价值的意义。这也告诉我们"地"的关联派生于社会关系。

在人口不流动的社会中,自足自给的乡土社会的人口是不需要流动的,家族这社群包含着地域的涵义。村落这个概念可以说是多余的,儿谣里"摇摇摇,摇到外婆家",在我们自己的经验中,"外婆家"充满着地域的意义。血缘和地缘的合一是社区的原始状态。

亲密的血缘关系限制着若干社会活动,最主要的是冲突和竞争;亲属是自己人,从一个根本上长出来的枝条,原则上是应当痛痒相关,有无相通的。而且亲密的共同生活中各人互相依赖的地方是多方面和长期的,因之在授受之间无法一笔一笔的清算往回。亲密社群的团结性就倚赖于各分子间都相互的拖欠着未了的人情。在我们社会里看得最清楚,朋友之间抢着回账,意思就是要对方欠自己一笔人情,像是投一笔资。欠了别人的人情就得找一个机会加重一些去回个礼,加重一些就在使对方反欠了自己一笔人情。来来往往、维持着人和人之间的互助合作。亲密社群中既无法不互欠人情,也最怕"算账"。"算账""清算"等于绝交之谓,因为如果相互不欠人情,也就无需往来了。

社会生活愈发达,人和人之间往来也越繁重,单靠人情不易维持相互间权利和义务的平衡。于是"当场算清"的需要也增加了。货币是清算的单位和媒介,有了一定的单位,清算时可以正确;有了这媒介可以保证各人间所得和所欠的信用。"钱上往来"就是这种乐意当场算清的往来,也就是普通包括在"经济"这个范围之内的活动,狭义的说是生意经,或是商业。

从街集贸易发展到店面贸易的过程中,"客边"(注:即村庄里的外来客)的地位有了特殊的方便了。寄籍在血缘性地区边缘上的外边人成了商业活动的媒介。村子里的人对他可以讲价钱,可以当场算清,不必讲人情,没有什么不好意思。所以依我所知道的村子里开店面的,除了穷苦的老年人摆个摊子,等于是乞丐性质外,大多是外边来的"新客"。商业是在血缘之外发展的。

(改编自《乡土中国·血缘和地缘》)

1. 下列对材料相关内容的理解和分析,不符合文意的一项是( )

   A. 聚族而居构成了人们的血缘和地缘关系。"乡亲们"这一称呼,体现了中国传统社会是以家、族、宗及村落所形成的网络社会。

   B. "人情网"具有相对稳定性,往往越封闭越好,因为在人情网中发生的人情必须要有回报,虽然无法预判这个回报的具体时间。

   C. 我们已然能够在方向上分出尊卑,形成血缘坐标。虽然空间本身是混然的,但是我们可以用血缘的坐标把空间划分出方向和位置。

   D. "钱上往来"之后,人和人之间的往来愈加繁重;货币作为往来单位和媒介,可以保证清算的正确性及各人间所得、所欠的信用。

2. 根据材料内容,下列说法正确的一项是( )

   A. 中国人的人性、人格与关系,基本内核就是"人情"。家族内靠亲情,社会上靠人情,这就保证了社会的和谐发展。

   B. 我们可以运用诸如捐助、施舍或慈善等活动,来改变落后的人情交往模式,因为有的人情债,几代人都还不清。

   C. 成员的社会流动会降低人情网的稳定性,相对而言,在自给自足、人口不需要流动的乡土社会,人情网更加稳定。

   D. 在亲密社群中,"算账"和"清算"就相当于绝交。人们只要有不再往来的需要,也就彼此谁也不欠谁的人情。

3. 下列选项,不能作为论据来支撑材料一观点的一项是(　　)

A. 贫居闹市无人顾,富在深山有远亲。

B. 投我以木桃,报之以琼瑶。

C. 亲不亲,故乡人。

D. 远亲不如近邻。

4. 每年春节,各地都会出现"春节返乡潮",你如何看待这种现象? 请结合两则材料简要分析。

(三)

① 缺乏变动的文化里,长幼之间发生了社会的差次,年长的对年幼的具有强制的权力。这是血缘社会的基础。血缘的意思是人与人的权利和义务根据亲属关系来决定,亲属是由生育和婚姻所构成的关系。血缘,严格说来,只指由生育所发生的亲子关系。事实上,在单系的家庭组织中所注重的亲属确实多由于生育,所以说是血缘也无妨。

② 生育是社会持续所必需的,任何社会都一样,所不同的是说有些社会用生育所发生的社会关系来规定各人的社会地位,有些社会却并不如此。前者是血缘的。大体上说来,血缘社会是稳定的,缺乏变动;变动得大的社会,也就不易成为血缘社会。社会的稳定是指它结构的静止,填入结构中各个地位的个人是不能静止的,他们受着生命的限制,不能永久停留在那里,他们是要死的。血缘社会就是想用生物上的新陈代谢作用——生育,去维持社会结构的稳定。父死子继:农人之子恒为农,商人之子恒为商——那是职业的血缘继替;贵人之子依旧贵——那是身份的血缘继替;富人之子依旧富——那是财富的血缘继替。到现在很少社会能完全抛弃血缘继替,社会结构如果发生变动,完全依血缘去继替也属不可能。

③ 血缘所决定的社会地位不容个人选择。世界上最用不上意志、同时在生活上又是影响最大的决定,就是谁是你的父母。谁当你的父母,在你说,完全是

机会,且是你存在之前的既存事实。社会用这个无法竞争,又不易藏没、歪曲的事实来作分配各人的职业、身份、财产的标准,似乎是最没有理由的了;如果有理由的话,那是因为这是安稳既存秩序的最基本的办法。只要你接受了这原则,(我们有谁曾认真地怀疑过这事实? 我们又有谁曾想为这原则探讨过存在的理由?)社会里很多可能引起的纠纷也随着不发生了。

④ 血缘是稳定的力量。在稳定的社会中,地缘不过是血缘的投影,不分离的。"生于斯,死于斯"把人和地的因缘固定了。生,也就是血,决定了他的地。世代间人口的繁殖,像一个根上长出的树苗,在地域上靠近在一伙。地域上的靠近可以说是血缘上亲疏的一种反映,区位是社会化了的空间。我们在方向上分出尊卑:左尊于右,南尊于北,这是血缘的坐标。空间本身是混然的,但是我们却用了血缘的坐标把空间划分了方向和位置。当我们用"地位"两字来描写一个人在社会中所占的据点时,这个原是指"空间"的名词却有了社会价值的意义。这也告诉我们"地"的关联派生于社会关系。

⑤ 在人口不流动的社会中,自给自足的乡土社会的人口是不需要流动的,家族这个社群包含着地域的涵义。村落这个概念可以说是多余的。儿谣里"摇摇摇,摇到外婆家",在我们自己的经验中,"外婆家"充满着地域的意义。血缘和地缘的合一是社区的原始状态。

⑥ 但是人毕竟不是植物,还是要流动的。乡土社会中无法避免的是"细胞分裂"的过程,一个人口在繁殖中的血缘社群,繁殖到一定程度,他们不能在一定地域上集居了,那是因为这个社群所需的土地面积,因人口繁殖,也得不断地扩大。扩大到一个程度,住的地和工作的地距离太远,阻碍着效率时,这个社群就不能不在区位上分裂——这还是以土地可以无限扩张时说的。事实是,每个家族可以向外开垦的机会很有限,人口繁殖所引起的常是向内的精耕,精耕受着土地报酬递减律的限制,逼着这个社群分裂,分出来的部分到别的地方去找耕地。

⑦ 如果分出去的细胞能在荒地上开垦,另外繁殖成个村落,它和原来的乡村还是保持着血缘的联系,甚至用原来的地名来称这新地方。这种活动似乎否定了空间的分离。这种例子在移民社会中很多。在美国旅行的人,如果只看地名,会发生这是个"揉乱了的欧洲"的幻觉。新英伦、纽约(新约克)是著名的;伦敦、莫斯科等地名在美国地图上都找得到,而且不止一个。就拿我们自己来说吧,血缘性的地缘更是显著。我十岁就离开了家乡吴江,在苏州城里住了九年,

但是我一直在各种文件的籍贯项下填着"江苏吴江"。抗战时期在云南住了八年,籍贯毫无改变,甚至生在云南的我的孩子,也继承着我的籍贯。我们的籍贯是取自我们的父亲的,并不是根据自己所生或所住的地方,而是和姓一般继承的,那是"血缘",所以我们可以说籍贯只是"血缘的空间投影"。

(改编自《乡土中国·血缘和地缘》)

1. 下列对原文相关内容的理解和分析,不正确的一项是(　　)

A. 血缘社会大体上是稳定的,缺乏变动,长幼之间有社会差次,年长的具有强制的权力。

B. 血缘与地缘是一组相对的概念,作者认定的血缘关系是基于生育构成的亲子关系界定的。

C. 血缘社会中由生育产生的社会关系决定了每个人的社会地位,社会的稳定依靠生育维持。

D. 乡土社会的人口一般不需要流动,但耕地不足等原因也会引起社群的分裂与人口的迁移。

2. 根据原文内容,下列说法不正确的一项是(　　)

A. 血缘社会有稳定的社会结构,存在着血缘上的继替关系,非血缘社会也不能完全抛弃血缘继替。

B. 血缘地缘合一是乡土社会社区的原始状态,所以在农村地区同一村落聚居的人们都是有血缘关系的。

C. 血缘社会把血缘作为分配各人的职业、身份、财产的标准,一旦此标准得不到认可,就可能引发矛盾。

D. 稳定的社会中,地域上的靠近是血缘上亲疏的一种反映,可见乡土社会中地缘与血缘的关系密不可分。

3. 下列选项不能体现材料反映的文化特征的一项是(　　)

A. 我国古代文人常用籍贯为自己的文集命名,如苏辙生于四川眉山,祖籍河北栾城,文集名为《栾城集》。

B. 《史记》记载,佣耕出身的陈胜对同伴说:"苟富贵,毋相忘。"同伴说:"若为佣耕,何富贵也?"

C. 我国很多自然村的名字都有一定的渊源,如革命圣地西柏坡村与邻村东柏坡村原为一村,原名柏卜。

D. 很多家族教诲子孙都有家训。浙江《钱氏家训》中规定："心术不可得罪于天地,言行皆当无愧于圣贤。"

4. 材料第4~7段主要使用了哪些方法来论证血缘与地缘的关系?请简要说明。

5. 现代社会中,不少人在表格里填写的"籍贯"对自己来说是个陌生的地方。请结合文本分析这种现象产生的原因及意义。

一、基础篇

1. (1) √　(2) ×　(3) ×　(4) √　(5) √　(6) √　(7) √　(8) √　(9) √　(10) √

2. (1) A:居住时期并不是个重要条件。　B:这些寄居于社区边缘上的人。

(2) ②句把句号改成分号或逗号;④句改为"这两个条件并不容易满足"或"满足(符合)这两个条件并不容易"。

3. 维持亲属亲密,须避免太重叠的人情,须有相当的平衡。

二、进阶篇

1. 观点一:同意。比如许多电视剧中男主和女主都是因为欠人情而产生了纠葛,最后才幸福美满地在一起。在现实生活当中,我们的友谊很多是因为欠人情而产生的,又或者说因为欠人情而更加牢固,朋友的朋友也因为欠人情而关系更加牢固。这就像织成了一张大网,紧密而富有弹性。

观点二:不同意。比如马克思和恩格斯,他们能够建立起友谊并不是因为人情,而是因为他们有共同的信仰。同样,革命先烈们能够团结一致为革命奋斗也不是因为欠人情,而是因为他们有共同的信仰。也有很多团体因为兴趣等组织在一起,这种联系比互欠人情之类的利益联系更为牢固。

2. 因为在以人情来维持社会关系的血缘社会中,商业是难以存在的。在熟人那里做生意是很难不欠人情的,由于长时间欠人情,商业就难以发展,所以商业是在血缘外发展的。人们需要在血缘关系之外建

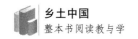

立商业基础,这就是为什么熟人的生意难做。杀熟现象的出现代表着社会性质从血缘结合转变为地缘结合,地缘是从商业里发展出来的社会关系,这种社会关系不崇尚血缘结合的行事方式,所以"杀熟"现象的出现也就可以解释了。

3. 内卷是农民在单位面积土地上精耕细作,(人力、物力等)投入越来越多,但是产能增长率递减的现象。

4. ①项羽　②刘邦　③项伯、范增　④张良、樊哙。

《鸿门宴》中,叔父项伯坐了最尊之位,与项羽同列,因为从血缘角度,叔父是项羽最为亲近之人。在乡土社会中,人们之间的联结依靠的是血缘、婚姻等关系,人与人之间的权利和义务也是根据亲属关系确定的,血缘是稳定的力量。范增,项羽称之为"亚父",尽管二人并无生物学的血缘关系,但这一特殊的称谓,实则在社会伦理上将范、项二人血缘相关联,表明了项羽对范增的尊重,故项羽将他安排在仅次于最尊座的次座上。项羽将刘邦视为臣下,臣位坐南面北,所以将他安排在再次座,对他是一种轻视的态度,而将他的谋士安排在最卑座。

三、提升篇

(一)1. A(B项强加因果,"造成乡土社会里乡民个体之间、乡村之间的彼此关系的孤立与隔膜"错误,由原文"不流动是从人和空间的关系上说的,从人和人在空间的排列关系上说就是孤立和隔膜"可知,不流动从人和人在空间的排列关系上说就是孤立和隔膜,"不流动"和"孤立和隔膜"没有因果关系。C项,由原文"在一个熟悉的社会中,我们会得到从心所欲而不逾规矩的自由。这和法律所保障的自由不同。规矩是'习'出来的礼俗。从俗即是从心"可知,原文是"会得到从心所欲而不逾规矩的自由",而选项只是"从心所欲"。属于"以偏概全"。D项"这种信用远胜于法理社会中的一纸契约"错误,由原文"乡土社会的信用并不是对契约的重视,而是发生于对一种行为的规矩熟悉到不假思索时的可靠性"可知,两者无法比较。属"无中生有"。故选A。)

2. B(B项整句理解错误。原文相关信息有"乡土社会的信用并不是对契约的重视,而是发生于对一种行为的规矩熟悉到不假思索时的可靠性""在熟悉的环境里生长的人,不需要这种原则,他只要在接触所及的范围之中知道从手段到目的间的个别关联",可见礼俗不是一种"抽象真理",更不是"目的与手段间的普遍联系"。)

3. ①乡土社会的地方性(孤立与隔膜),妨碍了现代社会的流动性;②乡土社会尊崇的是礼俗,它与现代社会尊崇的法理精神不符;③乡土社会对世界的认识只限于个别关联,影响对抽象的普遍原则(真理)的追求;④乡土社会所养成的生活方式于现代社会产生流弊。

4. ①乡愁的圈层式结构是指乡愁是一个基于个体记忆又不断外向放大的概念,愈趋于中心愈浓烈,愈趋于边缘愈淡化。②这种圈层式结构是受血缘和地缘影响的。家庭与社会圈子的范围是可变的,且愈推愈远、愈推愈薄。③因时代变迁,"己"在生活感受与情感体验等多方面产生了变化,"家"与"乡"的概念也不断扩大,从而引发甚至加速了乡愁概念的扩大。随着圈层式结构的扩大,乡愁也正由个体、群体所有扩展为全社会共有。

(二)1. D(D项中"'钱上往来'之后,人和人之间的往来愈加繁重"曲解文意。材料二第四段说"社会生活愈发达,人和人之间往来也愈繁重,单靠人情不易维持相互间权利和义务的平衡。于是'当场算清'的需要也增加了……'钱上往来'就是这种乐意当场算清的往来",可见是因为人和人之间往来愈发繁重,才需要当场清算,进而形成"钱上往来"。颠倒了条件和结果。)

2. C(A项"这就保证了社会的和谐发展"与文意不符。原文说是"维持着表面和谐"。B项"来改变落后的人情交往的模式"于文无据。因果关系也不成立。原文表述是"一旦一种交往中的助人行为不是人情的意思,那么我们就必须换做其他概念来表达,比如捐助、施舍或者慈善""正因为人情网比较稳定,因此如果一个人情这辈子还不了,也可以下一代来偿还"。D项"人们只要有不再往来的需要,也就彼此谁也不欠谁的人情了"过于绝对。原文说的是"如果相互不欠人情,也就无需往来了"。故选C。)

3. A(材料一说"中国传统社会是一个以家、族、宗及村落所形成的网络社会",有着稳定的"人情网"。B项讲的是"还人情";C项D项讲的是以"人情"为纽带的关系网。都能支持材料一的观点。A项说的是某些人的势利眼,不在材料的讨论范围内。故选A。)

4. ①血缘和地缘的合一是中国乡土社会的基本特征,这是春节时中国人返乡过年的根源。(血缘是稳定的力量,地缘是血缘的投影,两者不分离。)②在现代社会,人群的确发生了比较大的社会流动,但家乡观念或者原有的网络在许多人心中还存在。人情网中的成员都需要通过此时段的人情往来稳定其网络。③"春节返乡潮"体现了现代社会中传统文化(乡土情结或血缘与地缘)对中国人的影响根深蒂固(深远)。

(三)1. B(B项"作者认定的血缘关系是基于生育构成的亲子关系界定的"错误,结合"血缘的意思是人与人的权利和义务根据亲属关系来决定,亲属是由生育和婚姻所构成的关系。血缘,严格说来,只指由生育所发生的亲子关系。事实上,在单系的家庭组织中所注重的亲属确实多由于生育,所以说是血缘也无妨"可知,作者认定的血缘关系更多由于生育,也包括婚姻关系。)

2. B(B项"所以在农村地区同一村落聚居的人们都是有血缘关系的"错误,"血缘地缘合一"只能说明同一村落存在聚族而居的现象,不能说明同村的人都有血缘关系。)

3. D(家训体现的是家法,与文中所述的文化现象无关。故选D。)

4. ①举例论证(例证法):举童谣"外婆桥"例,阐明血缘与地缘是合一的;举移民社会中,很多欧洲的地名在美国地图上都能找到,阐明分离出的人群通过用原居住地的地名为新居住地命名来表现与原居住地上的血缘联系。②比喻论证(喻证法):用"一个根上长出的树苗""在地域上靠近"比喻血缘与地缘的紧密关系;用"细胞分裂"比喻"血缘族群"繁殖到一定程度后产生区位的分裂,有人开垦新的土地,但依然与原来的乡村保持着血缘上的联系。

5. 原因:①籍贯是继承了父系的地缘关系,籍贯不一定是一个人出生和居住的地方,所以会陌生;②对籍贯的陌生感源于离乡等人口的流动,流动性越强,对籍贯的陌生感越普遍。

意义:籍贯是带有血缘性的地缘,可以帮助我们追溯血脉的根。

14 《名实的分离》

章 节 解 读

 **段落大意**

第 1 段 与现代社会相比,乡土社会变动速率慢,相对"静止"。

第 2 段 时势权力发生在激烈的社会变迁过程中,和长老权力也必然同时存在,此消彼长。

第 3 段 社会结构的变动源自它不能答复人们的需要。

第 4 段 社会新旧交替之际,因"文化英雄"的出现而发生了时势权力。它不是建立在剥削关系之上,不是由社会所投权,更不是根据传统的继替。

第 5 段 探讨容易出现时势权力的社会特征。初民社会、战争时期和现代社会容易发生时势权力。

第 6 段 乡土社会中,社会结构能满足人们的需要,社会变迁可以被吸收在社会继替中,因而时势权力最不发达。

第 7 段 如果社会变迁的速率和世代交替的速率相等,那么代际冲突就不致发生,长老权力仍然强盛,社会不会发生时势权力。儒家的"孝"承认长老权力。

第 8 段 领导阶层能适应社会变迁的速率,就能避免因社会变迁而发生的混乱。英国之所以能不流血而实行种种变革,正是因为它的领导阶层能适应环境变动。

第 9 段 乡土社会中,社会环境固定,建立在教化作用之上的长老权力不容忍反对。

第 10 段 分析了其他三种权力方式对待反对的态度:同意权力容忍甚至

奖励反对,而且反对是获得同意的必要步骤;横暴权力中没有反对,只有反抗,横暴权力压制反抗,不能容忍反对;时势权力中反对的存在,使不同的方案间发生争斗,不同的思想阵线形成对垒。

第11段 得出结论:长老权力下的乡土社会,反对被时间冲淡而成为"注释",注释的变动方式引起了乡土社会的名实分离。名实之间的距离随着社会变迁速率的提升而增加。

思维导图

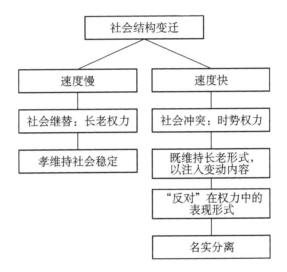

概念解释

社会继替:人在固定的社会结构中的流动。

社会变迁:社会结构本身的变动。

文化英雄:在人们遑惑、无所适从的新旧交替之际,提得出办法,有能力组织新的试验,能获得别人信任的人。

时势权力:激烈的社会变迁过程中由时势所造成的权力。

名:乡土社会中长老权力占主导地位的形式。

实:随着社会变迁而注入变动内容的客观现实。

名实分离:在维持长老权力的形式下注入变动的内容,以求得和社会的发展相适应。

内容导读

权力的性质有社会冲突中发生的横暴权力,社会合作中发生的同意权力,以及在《长老统治》中提到的教化权力(或称之为长老权力),本章又提出了第四种权力——时势权力。时势权力和长老权力不同,它并不是依据传统的有效性,而是由社会变迁的时势所造成的,故名时势权力。

社会变迁发生在旧社会结构不能应付新环境的时候,在新的社会结构形成之前,人们不免会有一个惶惑、无所适从的时期,人们就会期盼出现"文化英雄"提出新的方法,有能力组织新的社会结构。这种人因为能获得群众信任,因此可以支配相信他的群众,这就是时势权力。

我们可以从这个角度去看苏联的权利性质,从苏联人民的立场来看,这种独裁和沙皇的独裁是不一样的,沙皇的独裁是压迫性的,完全的横暴权力,但苏联的独裁出自于群众对他的相信,算是一种时势权力。

社会继替是指人物在固定的社会结构中的世代交替,社会变迁是指社会结构本身的变动。如果社会变迁的速率可以慢到和世代交替的速率相等,那么亲子之间、代际之间,不至于发生冲突,还是可以保持长老领导权,传统自身会慢慢地变,这种社会也就不需要"革命"。

从整个社会看,一个领导阶层如果追得上社会变迁的速率,那么这个社会也可以避免因社会变迁而发生的混乱。比如说英国能发生令人羡慕的不流血的改革,正是因为英国的领导阶层适应变动的速度能够匹配得上环境的变动速度。

回到长老权力下的乡土社会来说,"注释"就是维持长老权力形式但注入的新的内容,注释变动引起了长老权力名实之间发生极大的分离。在长老权力下,传统的形式是不准反对的,但是后代可以表面上承认这形式,内容却经注释而改变,也就是口是心非。在中国旧式家庭中生长的人都明白,家长的意志表面上是不能违抗的,但具体的执行事实却可以被歪曲。

基于长辈的权威不能反对,但接受又不能解决新环境的问题,那么就只能留一个面子,在行动上歪曲,名实之间的距离随着社会变迁速度的提高而增加。

专 项 训 练

一、基础篇

1. 根据本章内容和对相关概念的理解，补足空格中的信息。

权力性质	权力名称	产生原因	掌权者	权力运行基础	对抗权力的方式
①	同意权力	②	③	平等	④
非契约权力	⑤	⑥	掌握暴力武装的人	压迫	⑦
	⑧	社会继替	⑨	⑩	⑪
	⑫	⑬	⑭	革新	对立

2. 根据下列信息，判断秦始皇、曹操、王志三人的权力性质。

始皇为微行咸阳，与武士四人俱，夜出逢盗兰池，见窘，武士击杀盗，关中大索二十日。米石千六百。……丞相李斯曰："……臣请史官非秦记皆烧之。非博士官所职，天下敢有藏诗、书、百家语者，悉诣守、尉杂烧之。有敢偶语诗书者弃市。以古非今者族。吏见知不举者与同罪。令下三十日不烧，黥为城旦。所不去者，医药卜筮种树之书。若欲有学法令，以吏为师。"制曰："可。"

（《史记·秦始皇本纪》）

自古受命及中兴之君，曷尝不得贤人君子与之共治天下者乎！及其得贤也，曾不出闾巷，岂幸相遇哉？上之人不求之耳。今天下尚未定，此特求贤之急时也。"孟公绰为赵、魏老则优，不可以为滕、薛大夫。"若必廉士而后可用，则齐桓其何以霸世！今天下得无有被褐怀玉而钓于渭滨者乎？又得无有盗嫂受金而未遇无知者乎？二三子其佐我明扬仄陋，唯才是举，吾得而用之。

（曹操《求贤令》）

（王志）寻除宣城内史，清谨有恩惠。郡民张倪、吴庆争田，经年不决。志到官，父老相谓曰："王府君有德政，吾曹乡里乃有此争。"倪、庆因相携请罪，所讼地遂为闲田。

（《梁书·列传第十五》）

（1）秦始皇的权力性质：＿＿＿＿＿＿＿

（2）曹操的权力性质：＿＿＿＿＿＿＿

（3）王志的权力性质：＿＿＿＿＿＿＿

3. 请举出一例你认为拥有"时势权力"的"文化英雄"，并说明理由。

4. 根据材料信息，将"社会变迁"过程的流程图补充完整，每空不超过8个字。

社会变迁常是发生在旧有社会结构不能应付新环境的时候。新的环境发生了，人们最初遭遇到的是旧方法不能获得有效的结果，生活上发生了困难。人们不会在没有发觉旧方法不适用之前就把它放弃的。旧的生活方法有习惯的惰性。但是如果它已不能答复人们的需要，它终必会失去人们对它的信仰，守住一个没有效力的工具是没有意义的，会引起生活上的不便，甚至蒙受损失。另一方面，新的方法却又不是现存的，必须有人发明，或是有人向别种文化去学习，输入，此外，还得经过试验，才能被人接受，完成社会变迁的过程。

二、进阶篇

1. 对下文的三个段落，有同学认为，第②段插入英国的例子很突兀，删去后内容更加连贯。你认为如何？请谈谈理由。

① 儒家所注重的"孝"道，其实是维持社会安定的手段，孝的解释是"无违"，那就是承认长老权力。长老代表传统，遵守传统也就可以无违于父之教。但是传统的代表是要死亡的，而且自己在时间过程中也会进入长老的地位。如果社会变迁的速率慢到可以和世代交替的速率相等，亲子之间，或是两代之间，不致发生冲突，传统自身慢慢变，还是可以保持长老的领导权。这种社会也就不需要"革命"了。

② 从整个社会看,一个领导的阶层如果能追得上社会变迁的速率,这社会也可以避免因社会变迁而发生的混乱。英国是一个很好的例子。很多人羡慕英国能不流血而实行种种富于基本性的改革,但很多忽略了他们所以能这样的条件。英国在过去几个世纪中,以整个世界的文化来说是处于领导地位,它是工业革命的老家。英国社会中的领导阶层却又是最能适应环境变动的,环境变动的速率和领导阶层适应变动的速率配得上才不致发生流血的革命。英国是否能保持这个纪录,还得看他们是否能保持这种配合。

③ 乡土社会环境固定,在父死三年之后才改变他的道的速率中,社会变迁也不致引起人事的冲突。在人事范围中,长老保持他们的权力,子弟们在无违的标准中接受传统的统治。在这里不发生"反对",长老权力也不容忍反对。长老权力是建立在教化作用之上的,教化是有知对无知,如果所传递的文化是有效的,被教的自没有反对的必要,如果所传递的文化已经失效,根本也就失去了教化的意义。"反对"在这种关系里是不发生的。

2. 学校辩论社拟举办一场比赛,正方的立场为"时势造英雄",反方的立场为"英雄造时势"。作为一辩,请你任选一方,运用《名实的分离》中的理论,写一段 200 字左右的辩词。

3. 从《名实的分离》来看,作者对名与实的分离持什么态度?

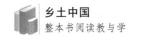

4. 分析韩愈在《讳辩》中是如何抨击名实分离现象的。

讳 辩

韩 愈

愈与李贺书,劝贺举进士。贺举进士有名,与贺争名者毁之曰:"贺父名晋肃,贺不举进士为是,劝之举者为非。"听者不察也,和而唱之,同然一辞。皇甫湜曰:"若不明白,子与贺且得罪。"愈曰:"然。"

律曰:"二名不偏讳。"释之者曰:"谓若言'征'不称'在',言'在'不称'征'是也。"律曰:"不讳嫌名。"释之者曰:"谓若'禹'与'雨'、'丘'与'蓲'之类是也。"今贺父名晋肃,贺举进士,为犯二名律乎?为犯嫌名律乎?父名晋肃,子不得举进士;若父名仁,子不得为人乎?

夫讳始于何时?作法制以教天下者,非周公、孔子欤?周公作诗不讳,孔子不偏讳二名,《春秋》不讥不讳嫌名,康王钊之孙,实为昭王。曾参之父名皙,曾子不讳昔。周之时有骐期,汉之时有杜度,此其子宜如何讳?将讳其嫌,遂讳其姓乎?将不讳其嫌者乎?汉讳武帝名"彻"为"通",不闻又讳车辙之辙为某字也;讳吕后名"雉"为"野鸡",不闻又讳治天下之治为某字也。今上章及诏,不闻讳"浒""势""秉""机"也。惟宦官宫妾,乃不敢言"谕"及"机",以为触犯。士君子言语行事,宜何所法守也?今考之于经,质之于律,稽之以国家之典,贺举进士为可邪?为不可邪?

凡事父母,得如曾参,可以无讥矣。作人得如周公、孔子,亦可以止矣。今世之士,不务行曾参、周公、孔子之行,而讳亲之名,则务胜于曾参、周公、孔子,亦见其惑也。夫周公、孔子、曾参,卒不可胜,胜周公、孔子、曾参,乃比于宦者、宫妾,则是宦者、宫妾之孝于其亲,贤于周公、孔子、曾参者邪?

三、提升篇

阅读下面的文字,完成下面小题。

(一)

材料一

① 容忍,甚至奖励、反对在同意权力中发生,因为同意权力建立在契约上,执行这权力的人是否遵行契约是一个须随时加以监督的问题。而且反对,也就是异议,是获得同意的必要步骤。在横暴权力之下,没有反对,只有反抗,因为反对早就包含在□□□□的关系中。因之横暴权力必须压制反抗,不能容忍反对。在时势权力中,反对是发生于对同一问题不同的答案上,但是有时,一个社会不能同时试验多种不同的方案,于是在不同方案之间发生了争斗,也可以称作"冷仗",宣传战,争取人民的跟从。为了求功,每一个自信可以解决问题的人,都会感觉到别种方案会分散群众对自己的方案的注意和拥护,因之生了不能容忍反对的"思想统制"。

② 在长老权力下,传统的形式是不准反对的,但是只要表面上承认这形式,内容却可以经注释而改变。结果不免是口是心非。在中国旧式家庭中生长的人都明白家长的意志怎样在表面的无违下,事实上被歪曲的。虚伪在这种情境中不但是无可避免而且是必需的。对不能反对而又不切实用的教条或命令只有加以歪曲,只留一个面子。面子就是表面的无违。名实之间的距离跟着社会变迁速率而增加。在一个完全固定的社会结构里是不会发生这距离的,但是事实上完全固定的社会并不存在。在变得很慢的社会中发生了长老权力,这种统治不能容忍反对,社会如果加速地变动,注释式歪曲原意的办法也就免不了。挟天子以令诸侯的结果,位与权,名与实,言与行,话与事,理论与现实,全趋向于分离了。

(改编自《乡土中国·名实的分离》)

材料二

① 在一些地区,"人情"出现了严重的"名实"分离现象。仪式性人情越办规格越高、次数越频繁。一户人家一年要赶近十次人情,"赶人情"成为农村的主要负担,人们谈"人情"色变,寻找各种理由规避人情,却又总是不断地被这样的人情网罗着。原本密切的人情往来能够增进人们的社会性关联和社会资本,生产适合共同体在伦理和功能上维系的基本共识、规范和价值。当仪式性人情"名

实"分离之后,人情却成了村庄的一种分离力量,成为人们捞取钱财、收回成本的经营性事物,缺少了原本的"人情味",人情越来越功利化。同时,仪式性人情的功利化又割裂村庄的日常性人情,人们逐渐退出日常性的人情往来。

②如果我们从价值生产层面来考察日常性人情和仪式性人情的话,日常性人情是村落价值生产和共同体得以维系的根基,它如<u>文火慢热</u>,却能触动所有的神经,在整个村庄范围内联动起来。仪式性人情则往往是补充,尽管具有爆炸性,却因局限于某个圈子(家族、本家"自己人")的范围而无法上升到整个村庄,且因其有次数和频率的限制,以及容易产生"名实"分离,对于村庄的社会关联和社会资本而言,功能显然要弱得多。

(改编自《陌生的熟人——理解 21 世纪乡土中国》)

1. 请在材料一第①段空格处应填入恰当的词语。

2. 赏析材料二中"文火慢热"的表达效果。

3. 下列表述符合文意的一项是(　　)

　　A. 每一个自信的人都会担心自己的方案不被注意和拥护。

　　B. 在长老权力下,很多家长的意志有时很难真正被落实。

　　C. 人情是村庄的一种分离力量,现在变得越来越功利化。

　　D. 仪式性人情是村落价值生产和共同体得以维系的根基。

4. 下列历史事件不能证明"名实分离"的一项是(　　)

　　A. 赵高指鹿为马

　　B. 陈胜吴广起义

　　C. 慈禧太后垂帘听政

　　D. 司马昭之心路人皆知

5. 春节本是阖家团圆的喜庆时刻,然而在消费社会,购买礼物也好,送红包也罢,人情开支越来越大,尤其让很多刚工作的"90后"不堪重负。请用"名实分离"的观点评析这一现象。

（二）

我在上面讨论权力的性质时已提出三种方式：一是在社会冲突中所发生的横暴权力；二是从社会合作中所发生的同意权力；三是从社会继替中所发生的长老权力。现在我又想提出第四种权力，这种权力发生在激烈的社会变迁过程之中。社会继替是指人物在固定的社会结构中的流动；社会变迁却是指社会结构本身的变动。这两种过程并不是冲突的，而是同时存在的，任何社会绝不会有一天突然变出一个和旧有结构完全不同的样式，所谓社会变迁，不论怎样快，也是逐步的；所变的，在一个时候说，总是整个结构中的一小部分。

社会变迁常是发生在旧有社会结构不能应付新环境的时候。新的环境发生了，人们最初遭遇到的是旧方法不能获得有效的结果，生活上发生了困难。新的方法却又不是现存的，必须有人发明，或是有人向别种文化去学习，输入，还得经过试验，才能被人接受，完成社会变迁的过程。这里发生了"文化英雄"，他提得出办法，有能力组织新的试验，能获得别人的信任。这种人可以支配跟从他的群众，发生了一种权力。它是时势所造成的，无以名之，名之曰时势权力。这种时势权力在初民社会中常可以看到。这种权力最不发达的是在安定的社会中。乡土社会是一个最容易安定的社会，因之它也是一个很少"领袖"和"英雄"的社会。

儒家所注重的"孝"道，其实是维持社会安定的手段，孝的解释是"无违"，那就是承认长老权力。乡土社会环境固定，长老保持他们的权力，子弟们在无违的标准中接受传统的统治。在这里不发生"反对"，长老权力也不容忍反对。长老权力是建立在教化作用之上的，教化是有知对无知，如果所传递的文化是有效的，被教的自然没有反对的必要。

长老权力下的乡土社会，"反对"被时间冲淡，成了"注释"。注释是维持长老权力的形式而注入变动的内容。注释的变动方式可以引起名实之间极大的分离。在长老权力下，传统的形式是不准反对的，但是只要表面上承认这形式，内容却可以经注释而改变。结果不免是口是心非。虚伪在这种情境中不但是无可避免而且是必需的。对不能反对而又不切实用的教条或命令只有加以歪曲，只留一个面子。面子就是表面的无违。名实之间的距离跟着社会变迁速率而增

加。社会如果加速地变动,注释式歪曲原意的办法也就免不了。挟天子以令诸侯的结果,位与权,名与实,言与行,话与事,理论与现实,全趋向于分离了。

(改编自《乡土中国·名实的分离》)

1. 下列关于原文内容的理解和分析,正确的一项是(　　　)

　　A. 权力产生方式不同,社会冲突、合作产生横暴权力、同意权力,社会本身变动产生了长老权力。

　　B. 人物在固定的社会结构中的流动,导致了激烈的社会变迁,继而产生"文化英雄"和时势权力。

　　C. 长老权力建立在教化作用之上,不能反对,也不容忍反对,因此被教化的也就没有反对的必要。

　　D. 注释是为了维持长老权力的形式而注入变动的内容,可以说这是一种保留"面子"的"反对"。

2. 下列对原文论证的相关分析,不正确的一项是(　　　)

　　A. 文章开篇提到本书前面提出的三种权力,引出了后文的论述对象"时势权力"。

　　B. 文章通过对时势权力与长老权力的对比论证,证明时势权力先进于长老权力。

　　C. 文章引儒家注重的"孝"道"无违",意在说明长老权力是不能容忍反对的。

　　D. 末段举"面子""挟天子以令诸侯"等词句,说明了注释大量存在于乡土社会中。

3. 根据原文内容,下列说法不正确的一项是(　　　)

　　A. 社会继替与社会变迁二者不是冲突的,而是同时存在,一个社会不会突然与旧结构完全不同。

　　B. 一个人在新旧交替之际,能提出办法,有能力组织新试验,能获得别人的信任,就可能成为"文化英雄"。

　　C. 乡土社会是一个容易安定的社会,缺少"领袖"和"英雄",因此时势权力在乡土社会中不易产生。

　　D. 只要表面上承认长老权力的形式,内容就可以经注释而改变,口是心非、虚伪也就不可避免了。

（三）

中国乡村社会的面子观（有删改）

① "面子"一直是研究中国人行为和社会运作的核心概念。如何更恰切地理解面子这一本土经验现象，必须要首先考虑本土社会特性。

② 对于农民来说，其主要的社会生活"场域"是村落。生活在乡村社会中的中国人要处理的是在村落中"做人"的问题，其所针对的对象也并非某个个体，而是要在村落中立足。因此，"面子"就不仅仅是人际交往中的技巧和策略，它更是中国农民在村落这个熟人社会中立足的重要依据，"面子"具有非常重要的评价意义，体现为人们对某种生活价值的追求。对于这种具有价值性的面子，本文称之为"面子观"，它指的是人们对"什么是有（丢）面子""什么样的面子值得在乎"的集体认同。

③ 乡村社会中的面子内涵包括以下几个维度：一是面子标识物，____；二是面子生成机制，____；三是面子行为的能动性，____，通过这个维度可以发现乡村社会对人们追求面子行为的约束程度；四是面子的竞争性，____，它在一定程度上决定了人们在社会评价体系中改变个人地位的空间。据此，可以将乡村社会中的面子观区分为三种类型。

④ 外显型面子观表现为炫耀性地表达自身实力，受这种面子观念影响的行动者注重在具有极强外显型、可视性的事和物上投放自己的资源，以向其他村民显示、证明自己的实力。外显型面子观的突出特点是行动者能动性强，面子标识物的可比性强、面子行为的竞争性强，容易陷入恶性膨胀，出现"打肿脸充胖子"的"名实分离"，即行动者的面子竞争变成对面子标识物的竞争，手段被置换为目的。

⑤ 外显型面子容易被研究者理解为农民对金钱、权力等社会地位和声誉的追求，甚至将面子与社会分层联系起来，认为只有社会地位高的人才具有面子。这种理解是将面子与西方社会理论中的"社会地位"做了机械式地比附，"社会地位"是一系列客观指标（如财富、权力等）的集成，具备了这些客观指标就可以获得相应的社会地位，进而也就有了"面子"，但在乡村社会中并非如此。在客观的面子标识物（比如财富）竞争上胜出，可以获得"有面子"的评价，但并不代表其在乡村社会中的地位高，换句话说，外显型面子观是面向村落所有成员开放的，是

乡土中国
整本书阅读教与学

人人可以竞逐的肯定性评价,而村落社会地位则特指村落精英所拥有的权威,二者并不总是重合的。

⑥人际型面子观表现为人际互动中的慷慨热情,受这种面子观念影响的行动者特别注重在社会交往中投入资源,努力建构和维持与他人的友好关系。人际型面子观的突出特点与外显型面子观类似,比如也存在行动者个体能动性强、面子标识物可比性强的特点,但面子标识物是能够建构维系人际关系的事物。人际型面子观的竞争性与外显型面子观也有不同,后者表现为激烈竞争,而前者的竞争性则要弱得多,因为乡村社会中的交往是开放的,原则上每个人都可以与每个人建立交往关系,那些更会为人处事的人就可获得更好的"人缘"。乡村社会中的交往是人情化的,在人际型面子观念主导的村落,农民的人情圈就会很大,且人情交往的形式化色彩非常浓,甚至在双方发生矛盾后人情关系仍然不会断,结果就是人情非常容易"异化"。

⑦依附型面子观表现为村落成员的社会行为特别注意地方性规范的要求,个体分享并追求村落公共的规范与价值观,表现出来的"面子"往往具有长期性、公共性,而非在一时一事上与他人的竞争,在村落中最受推崇的"面子"往往特指那些能够捍卫村落公共利益和荣誉的行为,甚至可以为公共利益牺牲自己所有。正是因为有社会结构、地方性规范和价值的约束,有学者认为中国人的"面子"就是"依附于社会的自尊",但笔者所言的"依附型面子"与"依附型自尊"并不相同,面子比自尊更多社会学上的价值,在乡村社会中,获得这种面子不只是个体的荣耀,更是与其关联的家庭、家族乃至所有亲友都可共享的。

⑧全国主要农村地区存在面子观类型的区域差异。不同区域的乡村社会中具有不同的面子观主导类型。把面子作为理解中国人之人际交往和社会生活逻辑极好的切入口,透过其生活化的微妙模糊之处,可以发现其在中国人社会生活中所发挥的价值导向作用。

1. 将下列句子填入第③段横线处,序号正确的一项是(   )

① 其表征乡村社会中面子资源的稀缺程度

② 体现了人们追求面子行为的自主性程度

③ 通过何种事或物表现面子的有无、多少

④ 即人们会采用何种方式、途径获得面子

A. ①②③④   B. ②③①④   C. ③④②①   D. ③④①②

2. 根据依附型面子观特点,以下《红楼梦》事件中"最有面子"的是( )

    A. 袭人风光回娘家   B. 刘姥姥进大观园

    C. 元妃省亲庆元宵   D. 湘云盛办螃蟹宴

3. 能依据文意做出的一项推断是( )

    A. 乡村社会中的面子价值不等同于人的自尊。

    B. 根据面子标识物就可以辨别出面子观类型。

    C. 捍卫公共利益的行为被认为"最有面子"。

    D. "人缘好"面子观导致人情交往的形式化。

4. 分析第⑤段中作者是如何批驳划线句的。

5. 理解概念是阅读学术文章的重要方法。针对第④段中"名实分离"的概念理解的方法,同学们有不同看法。

    小亮:我认为可以联系《乡土中国》中的同一概念进行比较理解。

    小红:我认为可以尝试概念界定,把"名""实"的字典义落实为语境义,准确理解。

    对此,你怎么看?请做出回应。要求:观点明确,理由清晰,能联系上述材料及补充材料加以分析。

    补充材料:注释的变动方式可以引起名实之间极大的分离。在长老权力下,传统的形式是不准反对的,但是只要表面上承认这形式,内容却可以经注释而改变。

（四）

材料一

我在上面讨论权力的性质时已提出三种方式:一是在社会冲突中所发生的

横暴权力;二是从社会合作中所发生的同意权力;三是从社会继替中所发生的长老权力。现在我又想提出第四种权力,这种权力发生在激烈的社会变迁过程之中。社会继替是指人物在固定的社会结构中的流动;社会变迁却是指社会结构本身的变动。这两种过程并不是冲突的,而是同时存在的,任何社会绝不会有一天突然变出一个和旧有结构完全不同的样式,所谓社会变迁,不论怎样快,也是逐步的;所变的,在一个时候说,总是整个结构中的一小部分。

社会变迁常是发生在旧有社会结构不能应付新环境的时候。新的环境发生了,人们最初遭遇到的是旧方法不能获得有效的结果,生活上发生了困难。新的方法却又不是现存的,必须有人发明,或是有人向别种文化去学习,输入,还得经过试验,才能被人接受,完成社会变迁的过程。这里发生了"文化英雄",他提得出办法,有能力组织新的试验,能获得别人的信任。这种人可以支配跟从他的群众,发生了一种权力。它是时势所造成的,无以名之,名之曰时势权力。这种时势权力在初民社会中常可以看到。这种权力最不发达的是在安定的社会中。乡土社会是一个最容易安定的社会,因之它也是一个很少"领袖"和"英雄"的社会。

儒家所注重的"孝"道,其实是维持社会安定的手段,孝的解释是"无违",那就是承认长老权力。乡土社会环境固定,长老保持他们的权力,子弟们在无违的标准中接受传统的统治。在这里不发生"反对",长老权力也不容忍反对。长老权力是建立在教化作用之上的,教化是有知对无知,如果所传递的文化是有效的,被教的自然没有反对的必要。

长老权力下的乡土社会,"反对"被时间冲淡,成了"注释"。注释是维持长老权力的形式而注入变动的内容。注释的变动方式可以引起名实之间极大的分离。在长老权力下,传统的形式是不准反对的,但是只要表面上承认这形式,内容却可以经注释而改变。结果不免是口是心非。虚伪在这种情境中不但是无可避免而且是必需的。对不能反对而又不切实用的教条或命令只有加以歪曲,只留一个面子。面子就是表面的无违。名实之间的距离跟着社会变迁速率而增加。社会如果加速地变动,注释式歪曲原意的办法也就免不了。挟天子以令诸侯的结果,位与权,名与实,言与行,话与事,理论与现实,全趋向于分离了。

(改编自《乡土中国·名实的分离》)

材料二

中国人讲的"家"是很有弹性的,小到一家三口,大到无限远。比如平常我们都喜欢说"我们是自家人"。什么叫"自家人"呢?你再扩大点,比如"国家",在英文里面"国家"是"State",并没有一个"家"的意思在里面。其实,几乎各个地方的语言要表述"国家"的时候,他们的概念之中都不包括"家",只有我们中国,或者受我们中华文化影响的地区,比如日本,的确也会有"国家"这个说法。所以"家"你听起来好像很简单,仔细想想,你会发现它挺麻烦的。它牵涉的范围非常之广,因为它是一个不断有伸缩弹性的东西。

费孝通先生认为,中国人讲这个"家"恰恰能够说明中国社会的基本性质。他说"西方的社会像一捆柴"。我们把这一捆柴里面的每根柴,理解为不同的个体、个人。把他们绑起来就成为一个社会或者团体,叫做"团体格局"。传统中国的社会结构和西洋的格局是不相同的,我们的格局不是一捆一捆扎清楚的柴,而是好像把一块石头丢在水面上所发生的一圈圈推出去的波纹,每个人都是他的影响力所推出去的圈子的中心,被圈子的波纹所推及的就发生联系。费孝通就用这个形象界定了我们中国社会的基本特质,他给它一个名字,叫"差序格局"。

费孝通说,因为整个社会是个差序格局,"家"的概念是可以伸缩的,跟我友好的那个关系网也是可以不断伸缩来回的。他还说,中国人对世态炎凉特别有感触,正因为这富于伸缩的社会圈子会因中心势力的变化而大小。

正因为"公""私"的界限没那么分明,中国传统社会里面特别喜欢讲人情、讲关系,又要讲面子,因此那些规矩就包括了很多不言自明的东西,包括了很多我们叫"礼"的东西,这是一种礼治。我们不太需要讲契约,我们就讲信用,好比你跟别人做生意、做买卖,你丧失了信用之后,就没人再找你做了。

假如这个社会,什么都是讲规矩、讲礼治、讲面子、讲关系、讲人情,那么法律在哪里呢?所以费孝通说,为什么中国封建社会的贪污问题很严重,是因为我们其实不太有法律观念,也不太有公共观念。

我们过去讲儒家道德,都是从小的教化,而这个教化都是有社会土壤的。但是假如今天城市不是乡土社会,农村也不再是过去的乡土社会的时候,这个儒家伦理就纯粹只是一套抽空现实环境的教条,那又该怎么办呢?

（改编自梁文道《〈乡土中国〉：家，到底是什么呢》）

1. 下列说法中,可以作为论据来支撑材料二观点的一项是( )

   A. 路要让一步,味须减三分——《菜根谭》(做事留余地)

   B. 贫居闹市无人问,富在深山有远亲——《增广贤文》(世态炎凉)

   C. 已识乾坤大,犹怜草木青——《旷怡亭口占》(即便是经历世事沉浮、阅尽人间沧桑,依然能够对细微的事物有着未灭的关怀与悲悯)

   D. 靠种地谋生的人才知道泥土的可贵——《乡土中国》

2. 材料二使用了哪些论证手法? 任选两种,分点简要说明。

一、基础篇

1. ①契约权力 ②社会合作 ③共同,代理人 ④反对 ⑤横暴权力 ⑥社会冲突 ⑦反抗 ⑧教化权力 ⑨掌握教化传统的人 ⑩习惯 ⑪注释 ⑫时势权力 ⑬社会变迁 ⑭提出摆脱困局方案的人

2. (1)横暴权力 (2)时势权力 (3)长老权力

3. 例:在战国大变革时期,商鞅在辅佐秦孝公的过程中积极开展变法,施行一系列新的举措如废除世卿世禄制度、重农抑商、奖励军功等,推行法家思想,并通过"徙木为信"等方法取得民众的信任,掌握时势权力。

4. ①不能应付新环境(新的环境发生);②学习、输入;③经过试验;④被人接受

二、进阶篇

1. 示例1:可以删去。中国的乡土社会环境固定,社会变迁速率慢,世代交替的速度也慢,二者能够保持一样的慢速度,所以乡土社会无需革命。而英国的工业社会环境变动的速率和领导阶层适应变动的速率都快,与乡土中国的社会情况相反,无法用来解释"乡土中国无需革命"的观点。

示例2:不可删去。中国的乡土社会环境固定,社会变迁速率慢,世代交替的速度也慢,二者能够保持一样的慢速度。英国的工业社会环境变动的速率和领导阶层适应变动的速率都快,二者能够保持一样的快速度。所以,都可以用来证明,只要速度保持一致,就不会发生革命的观点。

2. 正方。我认为是"时势造英雄"。当社会发生变迁,旧的社会结构无法应付新环境时,人们就必须寻找新的生存方法,在寻找、试验、接受的过程中,人们不免紧张、犹豫和不安。一些人在这种环境中逐渐成长,组织新的试验,支配跟从他的群众,从而被冠以"英雄"的称号。英雄依靠时势并顺时势而为,才能成就"英雄"的称号,所以说"时势造英雄"。

反方。我认为是"英雄造时势"。人民群众是社会历史的主体、社会财富的创造者,是社会变革的决定

力量。作为人民群众中的佼佼者,英雄在其中起着举足轻重的作用。当社会发生变迁,旧有的社会结构无法应付新环境时,正是依靠一些杰出的人物,带领跟从他的群众,不断组织试验,人们才寻找到新的生存方法。所以说,"英雄造时势"。

3. ①名实的分离是以注释的方式寻求与社会的变动相适应的结果。②名实之间的距离跟着社会变迁速率提高而增加。③社会变动是必然的,名实分离也是注定的,无法跟上时代的观念在社会变革中的瓦解是历史的进步。

4. 作者先引《礼记》中有关律的"二名律""嫌名律"的确切定义,给出名讳的清晰界限,从理论上推翻了主张李贺因父名"晋肃"不得举进士的所谓"理由"。随后,再引国家之典,即查考古今有关"名讳"的记载,从事实上予以辩驳,充分地揭示了"毁之者"所叫嚣的并不合乎社会的典则,而是将典则扭曲后用作攻击他人的武器。最后一段中,更是直接表明,这些人不致力学习曾参、周公、孔子的品行,却在避讳亲人的名字这件事情上一定要超过曾参、周公、孔子,点出了名实分离带来的虚伪,让人思考务虚避实带来的危害。

三、提升篇

(一)1. 横暴权力

2. 运用比喻的修辞手法,将日常性人情的变化比作文火慢热,生动形象地表现了日常性人情变化缓慢的特点,表达了作者对这一现象的深刻认识。

3. A(B项"很多家长的意志有时很难真正被落实"说法有误。根据原文"在长老权力下,传统的形式是不准反对的,但是只要表面上承认这形式,内容却可以经注释而改变。结果不免是口是心非。在中国旧式家庭中生长的人都明白家长的意志怎样在表面的无违下,事实上被歪曲"可知,造成家长意志很难被落实的是对长老权力的"口是心非",而非长老权力。C项缺少了"当仪式性人情'名实'分离之后"这一条件,原文中"人情却成了村庄的一种分离力量……人情越来越功利化"都是在这一条件下才能产生的。D项"仪式性人情"张冠李戴。根据原文"如果我们从价值生产层面来考察日常性人情和仪式性人情的话,日常性人情是村落价值生产和共同体得以维系的根基"可知,应是"日常性人情"。故选A。)

4. B(根据原文可知,"名实分离"的具体表现是"挟天子以令诸侯的结果,位与权,名与实,言与行,话与事,理论与现实,全趋向于分离了"。A项"指鹿为马"体现了鹿之实与马之名的"名实分离"。B项不能体现"名实分离"。C项"垂帘听政"体现了太后之位与执政之权的"名实分离"。D项"司马昭之心路人皆知"体现了臣子之位与称王之心的"名实分离"。故选B。)

5. 在一个习惯用财富来衡量生活好坏的时代里,为了脸面上有光,一些人支出了超过自己能力范围的人情往来费用。但这样建立在物质层面的人情往来,只会让亲朋好友之间的情感互动如蜻蜓点水,人与人之间并不能感受到亲情的温暖,这就造成了名实分离。我们应该多花一些时间去陪伴父母、亲人,多花一些精力走进他们的精神世界,这样团圆的意义才不会打折扣。

(二)1. D(A项"社会本身变动产生了长老权力"错误,曲解文意,文中说是人物在固定的社会结构中的流动产生了长老权力。B项"导致了激烈的社会变迁"错误,强加因果,原文说"人物在固定的社会结构中的流动"是"社会继替",而"社会继替"和"社会变迁"之间并无因果关系;"继而产生'文化英雄'和时势权力"错误,原文是"'文化英雄'出现在社会变迁过程之中","文化英雄"支配跟从他的群众发生权力,名为"时势权力",因此,"继而"错误。C项"因此……"错误,强加因果,原文说"长老权力是建立在教化作用之上的,教化是有知对无知,如果所传递的文化是有效的,被教的自没有反对的必要",立论缺少"如果所传递的文化是有效的"这一条件。)

2. B("对比论证""证明时势权力先进于长老权力"错误,文章先讲时势权力,后讲长老权力,并没有将二者对比,也未说明"时势权力先进于长老权力",二者各有特点,各自处于不同时期。)

3. D("只要……就……"错误,表述绝对,原文是"在长老权力下,传统的形式是不准反对的,但是只要

表面上承认这形式,内容却可以经注释而改变。结果不免是口是心非。虚伪在这种情境中不但是无可避免而且是必需的",应是内容"可以经注释而改变","不免"口是心非"。)

(三)1. C(第一空,对应"面子标识物",主体应该有事或物,应填③;第二空,面子的生成机制,即是获得面子的方式、途径,应填④;第三空,面子行为的能动性即行为的自主性程度,应填②;第四空,竞争性取决于面子资源的稀缺程度,应填①。故选 C。)

2. C(最受推崇的"面子"往往特指那些能够捍卫公共利益和荣誉的行为,由此最有面子的应该是最有能力、地位最高、最能给集体带来荣誉的主体。C 选项中元妃为贵妃,地位最高,故其省亲使贾府最有面子。)

3. A(B 选项错误,结合原文"人际型面子观的突出特点与外显型面子类似,比如也存在行动者个体能动性强、面子标识物可比性强的特点"可知,人际型面子观和外显型面子观可以有相同的面子标识物,故有时候不能根据面子标识物就可以辨别出面子观类型。C 选项以偏概全,原文为"往往特指那些能够捍卫村落公共利益和荣誉的行为"。选项"导致人情交往的形式化"错误,原文为"结果就是人情非常容易'异化'",选项曲解文意。故选 A。)

4. 作者的批驳,首先指出外显型面子观容易被研究者误解之处:认为行动者的追求目标是获得社会地位。然后指出这种错误认识的本质在于比附西方社会理论,将社会面子的标识物当作社会地位的决定因素。继而指出乡土社会中的不同:面子的标识物只可获得有面子的评价,不等同于其社会地位高,并揭示原因——获得面子和社会地位的对象不同。作者进行对比辨析,通过批驳错误理解的根源,从而凸显外显型面子观的特征与本质。

5. 示例1:我认为可以将两位同学的方法结合起来理解。可先用小红的方法,尝试概念界定,从字典义到语境义理解,关注概念的语境背景、言说对象等,聚焦概念对象的本质特征,体会外显型面子观中面子标识物的竞争从手段到目的的错位。然后联系《乡土中国》这一相同的乡土社会框架下的研究,比较同一概念的同异,在迁移比较的过程中深化对概念的认识。小红的方法是理解概念的基本路径,不可或缺,但还不够,小亮的方法可深化拓展对概念的认识。

示例2:我认为小亮的方法好。《乡土中国》与本文有共同话题背景,都是在乡土社会框架下进行的研究。比较概念内涵可以清晰发现异同。相同之处都指表面上和实际内容不符合,不同之处是话题所指的对象和具体内容不同。在迁移比较的过程中可深化对概念的认识。小红的方法虽然是理解概念的基本路径,但还不够。

示例3:我认为小红的方法好。尝试概念界定,从字典义到语境义理解,是理解概念的基本路径。概念的语境义理解已经对语境中概念的背景、言说对象都予以充分关注。第4段中"名实分离"指面子标识物的竞争本来是获得面子的手段,到最后却在恶性膨胀中成为目的。小亮联系比较的方法虽可深化拓展对概念的认识,但小红的方法聚焦概念对象的本质特征,更显严谨。

(四)1. B(材料二的观点是"家"的概念是可以伸缩的。A 选项体现了"做事要留有余地"。B 选项作为论据来支撑材料二观点最恰当。C 选项体现了"即便是经历世事沉浮、阅尽人间沧桑,依然能够对细微的事物有着未灭的关怀与悲悯"。D 选项展现了齐心协力、分工合作的劳动场景。)

2. ①比喻论证,作者运用"柴"与"水的波纹"的比喻形象地论述了中西方社会格局的不同。②对比论证,作者通过对中西方的对比来证明自己的观点。③举例论证,作者列举了中国与西方对"家"的概念的不同理解来论证观点。④假设论证,作者运用假设,让自己的论证更严密。

15 《从欲望到需要》

章 节 解 读

 **段落大意**

第1段　从欲望到需要,是从乡土社会转变到现代社会的重要里程碑。

第2段　人类的行为都有动机和目的,行为或活动只是实现动机的手段。

第3段　阐释了人类行为动机的内涵:一是意志,一是欲望。"欲望——紧张——动作——满足——愉快"是人类行为的过程。

第4段　探讨人类依着欲望的行为是否必然有利于个体的健全发展和社会的完整、持续。

第5段　进一步用具体事例对上述问题进行探讨。人们食用各种含有营养元素的食品,的确符合维持生命的动机,但实际上,每个人都是为了满足自己当下本性的欲望。

第6段　人类本性的欲望总与人类的生存条件和社会的完整、发展相符合。就好像冥冥中有一只看不见的手将这一切都安排好,让社会形成一个最好、最融洽的秩序。

第7段　阐释了乡土社会中个人的欲望常合于人类生存条件的原因。乡土社会中个人欲望的形成并不由遗传等生物属性决定,而是由个人所从属的社会文化决定。

第8段　深入探讨欲望与文化的关系,指出欲望是符合人类生存条件的文化事实。那些不合于生存条件的文化和接受这种文化的人会被淘汰。

第9段　提出不同于上述观点的另一种说法,即行为先于思想,欲望影响文化。决定人类行为的是从之前行为中积累出的经验,而思想只起到保留这些经

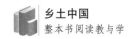

验的作用。人类的欲望影响了文化的形成。

第 10 段　乡土社会符合上段提出的观点,即通过经验积累,将不符合生存条件的行为淘汰,留下符合生存条件的经验。

第 11 段　实际上,在乡土社会,很多行为并不能满足欲望的需求,行为和目的间并无实在的关联。

第 12 段　当乡土社会的环境发生变化后,依着欲望的行为与人类的生存条件相印合的情况将不复存在,人们并不能做主动的、有计划的适应,只能在不断的试错中寻找新的方法来适应。乡土社会变迁速率慢,可以从容试错;而在变化速率快的复杂社会环境中,试错将会引起大的混乱。

第 13 段　现代社会中,当欲望不能有效满足生活时,人们就要重新推求行为和目的间的关系。客观地看待行为对个人生存和社会完整的作用,即功能;自觉地分析个人的生存条件,即需要。根据需要去计划自己的行为,使之更为理性、科学。

第 14 段　现代社会,依据需要去计划;乡土社会,依着欲望去活动。现代社会,知识能造就时势权力。

思维导图

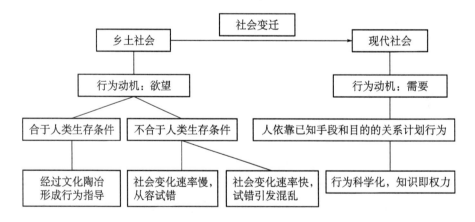

概念解释

意志:人类控制自己行为的心理倾向。

欲望:人类控制行为的根据,它先于行为,规定了行为的方向,影响着人类在生活中进行取舍。

需要：自觉的生存条件。当社会变动快，欲望无法满足人类的生存条件和社会发展时，人们会研究行为和目的间的关系，从而关注生存条件本身，即需要。

紧张状态：人类行为过程"欲望——紧张——动作——满足愉快"中的一环。当人产生欲望，但欲望得不到满足时，人会感觉不舒服从而产生的一种想要满足欲望的劲头。

功能：从客观角度看，一项行为对于个人生存和社会发展上的作用。

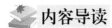 **内容导读**

在乡土社会向现代社会转化的过程中，还有一个重要的变化，那就是"从欲望到需要"。如果说这里的"欲望"代表的是吃饭时对味道的追求，那么"需要"就代表对营养的追求。从欲望到需要的转变，就是说社会作为一个整体，其自身具有一定的结构和功能，而社会中每个人的行为都是为了维持社会的完整功能。这与乡土社会中由欲望领导的自然状态的社会结构完全不同。在乡土社会转向现代社会的过程中，从欲望到需要的变化，实际上也是从自由到计划、从感性到理性、从经验到科学的变化。

文章开头，作者明确指出乡土社会中人们依靠欲望行事，而现代社会中人们需要计划自己的行为。从欲望到需要，是社会变迁的一个很重要的里程碑。

人类的行为是有动机和目的的，人类能控制自己的行为，也会根据欲望进行取舍。纵观人类生存的历史事实，个人的欲望总能与人类的生存条件和社会的完整、发展相合，这是一种不自觉的、非计划的印合，就像冥冥中有一只手安排好了这一切。

这种相合的情况一般只发生在乡土社会，因为乡土社会中人们的欲望并不由遗传等生物因素决定，而是取决于人类社会文化的影响。人们从小浸润其中，社会文化就会影响并决定个人本性里欲望的内容，或者说是人类从之前试错的行为中积累出的经验决定了人类行为，即先有人类的行为，再有经验的积累，从而形成了社会文化，从这个意义上说，又是人类的欲望影响了文化的形成。不论哪种说法，都说明了一个问题，即人类的欲望与社会文化——那些符合人类生存条件的文化息息相关。

然而，一旦社会环境发生剧烈变化，原来的文化就不能有效地满足人类的生活。如果仍然依着欲望行事，不去主动地、有计划地适应社会变化，则必将导致社

会的混乱和危机。这时,人们就要客观理性地分析自己的需要——自觉的生存条件,依据需要来计划自己的行为和生活。所以,现代社会中,人们常根据需要制定计划。对此,具有知识的人能做得更好,容易成为"文化英雄",掌握时势权力。

专 项 训 练

一、基础篇

1. 阅读全文,根据文章内容,完成下列表格:

	欲望	需要
受何种因素指导	①	知识
指导的行为特点	②	理性
支撑的权力类型	③	时势权力
何种社会为主导	④	现代社会

社会结构 主要特征	乡土社会	现代社会
主要表现	⑤	社会变动快、大
行为支配	⑥	需要支配行为
行为特征	⑦	自觉地; 手段和目的关系明确
存在形式	⑧	依靠需要,按计划行事; 计划是为了生存的需要而制定的,是科学的
社会特点	⑨	知识即权力的理性社会

2. 阅读下面的文字,完成下列各题。

费孝通在《乡土中国》中认为,乡土社会的秩序是靠"礼"来维持的,只要传统可以有效地应付生活问题,礼治社会便不需法律来维持秩序,无讼是乡土社会的特色。费孝通特别指出,中国正处在乡土社会的蜕变过程中,要使现代司法制度得以彻底推行,必须"在社会结构和思想观念上先有一番改革"。他还进一步剖析了乡土社会的权力结构。①_____,即社会冲突中发生的横暴权力,社会合作中发生的同意权力,社会继替中发生的长老权力和社会急剧变迁中发生的时势权力。

费孝通在分析乡土社会秩序的维持和结构的稳定的同时,②_____。他认为乡土社会向现代社会变迁的过程体现在三个方面,即从血缘结合转变到地缘结合,名与实的分离,从欲望到需要。乡土社会和现代社会的重要区别之一还在于前者中的人们是靠欲望行事,虽然这些欲望由于文化的陶冶而恰好符合人类的生存条件,而在现代社会,人们已经不是根据经验,③_____,运用知识去计划社会生活。费孝通认为"从欲望到需要是社会变迁中一个很重要的里程碑"。

(1)下列各句中,与画波浪线处的引号作用相同的一项是(　　)

A. 那只先出来的幼龟,原来是龟群的"侦察兵"。

B. 他身材高大,头发乌黑,说一口漂亮的普通话,姑娘们私下都叫他"北京话"。

C. 有几个"慈祥"的老板到小菜场去收集一些莴苣的菜叶,用盐一浸,这就是她们难得的佳肴。

D. 在日本话中,"兴子"的发音和"死了"的发音相近,当时她很小,问她叫什么名字,她不知道怎么回答,所以有了这误会。

(2)请在文中横线处补写恰当的语句,使整段文字语意完整连贯,内容贴切,逻辑严密,每处不超过15个字。

二、进阶篇

1. 作者的论述推理,语言严谨,逻辑性强。请阅读下面的选文,分析加点词在这方面的作用。

欲望是什么呢? 食色性也,那是深入生物基础的特性。这里似乎有一种巧妙的安排,为了种族绵续,人会有两性之爱;为了营养,人会有五味之好。因之,在十九世纪发生了一种理论说,每个人只要能"自私",那就是充分地满足我们本性里带来的欲望,社会就会形成一个最好、最融洽的秩序。亚当斯密说,"冥冥中

乡土中国
整本书阅读教与学

那只看不见的手"会安排个社会秩序给每个为自己打算的人们去好好生活的。

　　似乎：_____

_____

　　因之：_____

_____

　　只要……就：_____

_____

　　为自己打算：_____

_____

　　2. 请从作者所用的比喻法入手，分析选段中两位学者见解的差异，并谈谈该手法的使用效果。

　　社会结构自身并没有要变动的需要。有些学者，好像我在上文所提到的那位 Spengler，把社会结构（文化中的一主要部分）视作有类于有机体，和我们身体一般，有幼壮老衰等阶段。我并不愿意接受他们的看法，因为我认为社会结构，像文化的其他部分一般，是人造出来的，是用来从环境里取得满足生活需要的工具。社会结构的变动是人要它变的，要它变的原因是在它已不能答复人的需要。好比我们用笔写字，笔和字都是工具，目的是在想用它们来把我们的意思传达给别人。如果我们所要传达的对象是英国人，中文和毛笔就不能是有效的工具了，我们得用别的工具，英文和打字机。

　　3. 在《从欲望到需要》一章中，作者认为"欲望并非生物事实，而是文化事实"，还举了北方人爱吃大蒜为例，这不是遗传的，而是从小养成的。文化对欲望有着筛选的作用，"自觉的欲望是文化的命令"。对此，你怎么看？

4. 有学者认为,在当今高速发展的社会中,随着城市化的不断推进,乡土社会中传统的共同社会经验已经失效。我们现在已经从欲望中逐渐清醒过来,要在欲望之外,针对我们的需要进行设计。结合《从欲望到需要》一章中对"欲望"和"需要"两个概念的阐述,请你谈谈:在传承、弘扬中华优秀传统文化这一伟大工程中,我们该如何做到"在欲望之外,针对我们的需要进行设计"?

三、提升篇

1. 根据互文性阅读方法,不同文本内容可以相互补充,文本的意义在与其他文本相互参照的过程中得以丰富和完善。请阅读下文,分析材料二、三对材料一的观点做了哪些补充阐释。

材料一 人类如果和其他动植物有些不同的地方,最重要的,在我看来,就在人在生存之外找到了若干价值标准,所谓真善美之类。我也常喜欢以'人是生物中唯一能自杀的种类'来说明人之异于禽兽的'几希'"。

（节选自《乡土中国·从欲望到需要》）

材料二 美国心理学家亚伯拉罕·马斯洛 1943 年在《人类激励理论》论文中提出,人类需求像阶梯一样从低到高按层次分为五种,分别是:生理需求、安全需求、社交需求、尊重需求和自我实现需求。

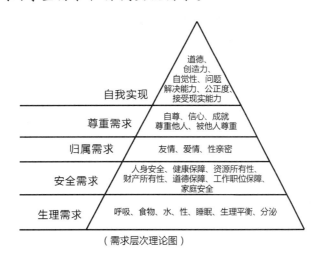

（需求层次理论图）

　　材料三　历史上许多伟大人物所以能有伟大成就者,大半都靠有极坚强的意志力,肯向抵抗力最大的路径走。例如孔子,他是当时一个大学者,门徒很多,如果他贪图个人的舒适,大可以坐在曲阜过他安静的学者的生活。但是他毕生东奔西走,席不暇暖,在陈绝过粮,在匡遇过生命的危险,他那副奔波劳碌栖栖遑遑的样子颇受当时隐者的嗤笑。他为什么要这样呢? 就因为他有改革世界的抱负,非达到理想,他不肯甘休。

(节选自朱光潜《朝抵抗力最大的路径走》)

　　2. 阅读《从欲望到需要》选文第 1 至 4 段,回答下列问题

　　① 提起了时势权力使我又想到关于社会变迁另一问题,也就是现在我们常常听到的社会计划,甚至社会工程等一套说法。很明显的,这套名字是现代的,不是乡土社会中所熟习的。这里其实包含着一个重要的变化,如果我们要明白时势权力和长老权力的差别,我们还得在这方面加以探讨。人类发现社会也可以计划,是一个重大的发现,也就是说人类已走出了乡土性的社会了。在乡土社会里没有这想法的。在乡土社会人可以靠欲望去行事,而在现代社会中欲望并不能做人们行为的指导了,发生"需要",因之有"计划"。从欲望到需要是社会变迁中一个很重要的里程碑,让我先把欲望和需要这两个概念区别一下。

　　② 观察人类行为,我们常可以看到人类并不是为行为而行为,为活动而活动的,行为或是活动都是手段,是有所为而为的。不但你自己可以默察自己,一举一动,都有个目的,要吃饭才拿起筷子来,要肚子饿了才吃饭……总是有个"要"在领导自己的活动;你也可问别人:"为什么你来呢? 有什么事呢?"我们也总可以从这问题上得到别人对于他们的行为的解释。于是我们说人类行为有动机的。

　　③ 说人类行为有动机的包含着两个意思,一是人类对于自己的行为是可

以控制的,要这样做就这样做,不要这样做就不这样做,也就是所谓意志;一是人类在取舍之间有所根据,这根据就是欲望。欲望规定了人类行为的方向,就是上面所说要这样要那样的"要"。这个"要"是先于行为的,要得了,也就是欲望满足了,我们会因之觉得愉快,欲望不满足,要而得不到,周身不舒服。在英文里欲望和要都是 want,同时 want 也作缺乏解。缺乏不只是一种状态的描写,而是含有动的意思,这里有股劲,由不舒服而引起的劲,他推动了人类机体有所动作,这个劲也被称作"紧张状态",表示这状态是不能持久,必须发泄的,发泄而成行为,获得满足。欲望——紧张——动作——满足——愉快,那就是人类行为的过程。

④ 欲望如果要能通过意志对行为有所控制,它必须是行为者所自觉的。自觉是说行为者知道自己要的是什么。在欲望一层上说这是不错的,可是这里却发生了一个问题,人类依着欲望而行为,他们的行为是否必然有利于个体的健全发展,和有利于社会间各个人的融洽配合,社会的完整和持续?这问题在这里提出来并不是想考虑性善性恶,而是从人类生存的事实上发生的,如果我们走出人类的范围,远远地站着,像看其他生物一般的看人类,我们可以看见人类有着相当久的历史了,他们做了很多事,这些事使人类能生存和绵续下去,好像个人的健全发展和社会的完整是他们的目的。但是逼近一看,拉了那些人问一问,他们却说出了很多和这些目的毫不相关的欲望来了。你在远处看男女相接近,生了孩子,男女合作,抚养孩子,这一套行为是社会完整所必需的,如果没有孩子出生,没有人领孩子,人类一个个死去,社会不是会乱了,人类不是断绝了么?你于是很得意去问这些人,他们却对你说,"我们是为了爱情,我们不要孩子,孩子却来了"。他们会笑你迂阔,天下找不到有维持人类种族的欲望的人,谁在找女朋友时想着这种书本上的大问题?

(1) 请简要概括费孝通先生是如何在第③段中阐述"人类行为"这一概念的?

（2）请简要分析第③段在选文中的作用。

3. 余华的《活着》讲述了农村人福贵悲惨的人生遭遇。福贵本是个阔少爷，可他嗜赌如命，终于赌光了家业，变得一贫如洗。他的父亲被他活活气死，母亲则在穷困中患了重病，福贵前去求药，却在途中被国民党抓去当壮丁。经过几番波折回到家里，才知道母亲早已去世，妻子家珍含辛茹苦地养大两个儿女。此后更加悲惨的命运一次又一次降临到福贵身上，他的妻子、儿女和孙子相继死去，最后只剩福贵和一头老牛相依为命，但老人依旧活着，仿佛比往日更加洒脱与坚强。

你认为在福贵身上，哪些地方体现了欲望？哪些地方体现了需要？像福贵这样的人，要走进现代社会，需要什么条件？

4. 阅读下文，完成小题。

可凡倾听

① 曹可凡：那到了 1949 年的时候，其实对你们这些在海外的留学生而言都是一种考验，当时您给吴大羽先生写过一封信，里面有一句话，我真是看得非常感动。您在信中说：真正的艺术不是在欧洲，不是在巴黎，不是在大师的学校里，而在祖国，在我的家乡，在我自己的心中。那时候你怎么会有这种强烈的感觉，希望能够回到自己的祖国来继续自己的艺术创作？

② 吴冠中：我说实在的，我开始是以崇拜的心情去的，各方面学了三年以后，基本上能看到的、学到的也差不多了，自己感觉很失落，落寞了，更觉得寂寞

了,你进不去那个社会,自己的作品再好,但不是我们的生活条件、环境,所以我如果再画下去的话,我对祖国人民一点都不了解,全部丢光,所以我觉得失落了,有一种失落感,感情上,就是从艺术本身讲,道路失落感,光生活苦一点,打工也好,什么也好,穷穷富富都无所谓,但是精神上的失落啊,那个很苦闷,所以后来我就感觉到中国的巨人,只能在中国成长,只有中国的巨人,才能够和外国的巨人来较量,你如果在外国,那你还是在它的怀抱里面。

③ 曹可凡:到了"文革"的时候,你其实是进入一个人生的低谷,那个时候是什么都不能画,但你还是想办法去画,所以那时候人家就称你们为或者就是你们自称为"粪筐画家"。

④ 吴冠中:那就是下乡之后,因为下乡劳改,开始是不行,很严格,到后来呢,星期天啊,假日啊,可以自由了,那么我就画,画画又没有工具,没有画架,就是把他那个粪筐,把儿很高,刚好可以做画架,里面可以放颜料,颜料都放在里面,一背就走了,所以那个是开玩笑的,画不仅不能发表了,老乡看了之后还会藏起来,完全是这种爱,等于爱的约会,等于是幽会了。

⑤ 曹可凡:你后来回忆过去生活经历的时候,曾经说过你一生当中有两大幸运,第一就是年轻的时候出国,第二是中年的封闭。

⑥ 吴冠中:封闭当然有,不能画画也是很短的时间,几年,两年,三年不能画,但是大部分还是画画的,那真是土生土长,到泥土里面,我跑到中国的土地里面,从西藏到东北的黑泥土下面,我都跑得很深,都扎了根,扎根在农村,住在农村,那个 30 年,我觉得给了我土生土长的营养,所以后来的成功和这几年的扎根都是有关系,这是当然的,绝对有关系,没有这 30 年的扎根的话,那根本不可能的,我觉得是这样的。

⑦ 曹可凡:有人说吴冠中是属于 20 世纪 80 年代的。因为 20 世纪 80 年代,可以说是你人生的一个分水岭,20 世纪 80 年代以后,你的创作、你的理论都进入了一个高潮。

⑧ 吴冠中:20 世纪 80 年代是出土了,出土了,<u>一根笋冒出来了</u>,其实我觉得是出土文物重见光明。70 年代、60 年代是埋在土里;不知道,是这样的,真正的、前面的埋在土里都还是很重要的。

⑨ 曹可凡:那个时候你阔别巴黎 30 多年,又一次回到了巴黎,当你下了飞机见到巴黎,你多么熟悉的场景。

⑩吴冠中：这个情况是这样的，有很多感触，最后熊秉明和我在咖啡店里讲的时候，我们两人在聊天……他说你是不是还有后悔？我说我不后悔，我再回去的话，巴黎的变化并不大，虽然说有些新房子啊，新巴黎什么，不是质的变，并没有质的变，因为那个时候它就是开放的，但是我再一看，我的落寞感还是一样，在这个艺术气氛里面，我能成长吗？我这么感觉，所以我想，我这30年土里长了，我觉得我还是长了新的东西出来，不是在它们的那个怀抱下的，所以我说我不后悔，我是真正穷的，从农村出来的，所以我的思想感情的根，还是有些不一样的。

⑪曹可凡：80年代您的画慢慢地为大家所接受，而且你的《高昌遗址》当时拍出了一个高价：187万。这在当时，现在也是这样的，在世画家当中最高的价格。以后《巴黎蒙玛特》又是103万，当你听到你的画卖出这么多钱的时候，你想的是什么？

⑫吴冠中：我并不是很兴奋，我总有一个想法，就是说，这些拍卖的价钱，不说明太大问题。我负丹青，丹青负我，为什么呢？因为我原来学艺术的观念，是从鲁迅那里来的，是鲁迅感染我的，想学文学而学不成，才转到美术去，我的感情是从文学暗暗地转到美术上，有了机会，实际上我怎么会学美术，还是开始爱上文学这样来的，变种以后，我才爱上美术，美术这东西的力量和文学不一样，它不能表现那样悲剧性的感人的东西。

⑬曹可凡：您进入晚年，特别花了很大的精力从事写作，写了很多的东西，是不是也是这种心情，在指使你这样做，希望回归文学？

⑭吴冠中：也不是，不是，但是有些东西是美术上不能表达的，我就用文字在表达，也没想当作家，也没想当什么，就是想表达感情，对，就是想表达感情，这个在绘画上没办法表达，那我用另外的手法来表达，只是想把自己表达出来。所以这个心态，我坦率地讲，就是，我是想搞那种悲剧性的，强烈的东西，这种东西实际上是文学的更强烈一点，所以鲁迅的影响，使我非常想在美术上，走鲁迅的道路，但这两个东西不一样，走不到那个路上去，所以我觉得还是有点遗憾，我觉得隐痛，走了这么多年，始终没有达到当初的那种愿望，而且我走不到那种愿望去了，永远走不到了。

（节选，有删改）

（1）第⑧段中"一根笋冒出来了"在文中的含义是：_____

_____。

（2）结合文意，简析采访者曹可凡是如何做到引发对话并将话题引向深入的。

（3）费孝通在《从欲望到需要》中说："欲望如果要能通过意志对行为有所控制，它必须是行为者所自觉的。自觉是说行为者知道自己要的是什么。"请结合上文第⑫—⑭段的内容，谈谈你对此的认识。

5. 阅读下面材料，完成题目。

材料一

布底鞋

郭文斌

①月光从淡蓝色的纱窗里照进来，小屋子便如一个缥缈的梦。梦中，这声音便有一种邈远而又古旷的味道，似乎它并不出自母亲的双手，而是来自遥遥上古、茫茫天外。

②儿子和妻已睡熟了。我翻完了一本杂志的最后一页，拉了灯，准备休息，却听见母亲还在外屋刺儿刺儿地纳鞋底，仿佛被什么击了一下似的，我呆坐在凳上……

③这声音太熟悉了，熟悉得有点陌生。

④当我还在母腹中时，我就听到了这种声音。那时，母亲给我纳着第一双鞋底。之后，便有了第二双，第三双……

⑤鞋底一年比一年宽肥，声音一双比一双浊重，母亲手上磨起的老茧也一年比一年粗厚。母亲就那样不停地纳着，纳了一双又一双，纳进她的期冀，纳进她的慈爱。我也就在这亲切的声音里拔节。多少次，当我惊醒时，那摇篮似的刺儿刺儿的声音仍在响着。母亲还在穿针引线，或借一盏荧荧油灯，或借一月脉脉清辉。

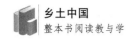

⑥ 以后,我上学了,每晚,母亲在操劳完家务后,就坐在或读书或写字的我的身边纳起来。不时看看我,将满心的希冀纳成慈祥而又温暖的歌,纳成一条清凉而又温柔的溪流,浮载着我,鼓励着我,给我意志,给我力量,洗去不时向我袭来的倦意,抚平不时向我挑衅的浮躁。

⑦ 那时,我才懂得,真正的监督和鼓励是无声的。

⑧ 有一年,母亲上山打柴时,摔了一跤,右手被镰刀割伤了。看着连筷子都拿不成的母亲,我的心里很难过。这倒不单单是因为疼母亲,还意味着我将要光着脚板上学了。当时,我脚上的鞋已经藏不住大脚指了,母亲正在给我赶做一双新的布底鞋。

⑨ 庄户人的活计是一天也不能停的。放学后,我必须接替母亲上山打柴,而脚上的鞋是再也不敢穿了。因为它已经经不起上一次山了。明天,我还要穿着它去上学。小的时候,穷得做不起鞋,光着脚板上学没什么,而眼下我已经是四年级了,四年级了还光着脚板,同学们会笑的。

⑩ 于是,我只好光着脚板上山打柴,于是,恶毒的刺就故意和我作对似地一根接一根扎进我的脚板。我疼得哇哇直叫,回到家里,母亲流着泪给我用针挑刺。

⑪ 第二天,我醒来时,眼前放着一双新鞋。可以穿新鞋上学了!我高兴得不知说什么好,拿起来就要试穿,却怔住了,那白色的鞋底上沾满鲜血,触目惊心。

⑫ 泪就来了。

⑬ 那一天上课时,我第一次改掉了做小动作的坏毛病,听得格外认真。

⑭ 我是穿着母亲做的布鞋走完人生第一程的。

⑮ 那年,我怀着万分喜悦的心情,穿着母亲新做的布底鞋踏进师范的大门,但是,没过多久,我就和布底鞋告别了。

⑯ 当我怀着复杂的心情,脱下那双母亲熬了几个通宵赶出来,料最好、工最细的毛边布底鞋,换上一双新买的运动鞋时,我的脑海里冒出一个词:叛变。

⑰ 夜,很深了。月光从窗外照进来,小屋子便如一个缥缈的梦。如同当年在月下入迷地倾听母亲娓娓地讲述远古的传说似的,我静听着这亲切的刺儿刺儿的声音,带着母亲的乳香,溪流般在深夜里流淌。流淌出一段甜蜜而又苦涩的记忆,冲刷着我被岁月尘封了的心。

⑱人往往最容易忽视别人。

⑲当年母亲点灯熬夜，用心用血纳鞋是为了生存，想不到今天也是为了生存。

⑳下了班，匆匆吃饭后，妻子争分夺秒地给儿子教识字，而我纯粹用小说打发时光，母亲一人坐在外屋里，孤单单地，多寂寞呀！

㉑不纳鞋底再干什么呢？纳鞋底成了母亲排遣寂寞的一种方式。我知道，只要这刺儿刺儿的声音响起，她老人家就会看见她的儿女们一串歪歪斜斜的脚印，歪歪斜斜的故事。她的心里也就充满了儿女们跌跌打打的欢声笑语，就不再寂寞，不再孤独。

㉒我开门出去，走近在灯下弯成一张弓的母亲身边，问，妈，给谁纳呢？

㉓纳成了再说。母亲一边用牙咬住穿在鞋底中的大针，使劲往外拽，一边说。

㉔我能穿吗？

㉕母亲抬起头来，非常意外地看着我。

材料二

乡土社会中个人的欲望常是合于人类生存条件的。两者所以合，那是因为欲望并非生物事实，而是文化事实。我说它是文化事实，意思是人造下来教人这样想的。譬如说，北方人有吃大蒜的欲望，并不是遗传的，而是从小养成的。

（《乡土中国·从欲望到需要》）

材料三

社会变动得快，原来的文化并不能有效地带来生活上的满足时，人类不能不推求行为和目的之间的关系了。这时发现了欲望并不是最后的动机，而是为了达到生存条件所造下的动机。于是人开始注意到生存条件的本身了——在社会学里产生了一个新的概念——"功能"。功能并不一定是行为者所自觉的，而是分析的结果，是营养而不是味觉。这里我们把生存的条件变成自觉，自觉的生存条件是"需要"，用以别于"欲望"。现代社会里的人开始为了营养选择他们的食料，这是理性的时代，理性是指人依了已知道的手段和目的的关系去计划他的行为，所以也可以说是科学化的。

（《乡土中国·从欲望到需要》）

费孝通在《乡土中国》中将"欲望"到"需要"看成是社会变迁中的里程碑。结合上述材料,评析材料一第㉑—㉕段母亲纳鞋底的行为。

一、基础篇

1. ①文化经验 ②感性 ③长老权力 ④乡土社会 ⑤社会变动慢、小 ⑥经文化陶冶的欲望支配行为 ⑦不自觉地;手段和目的关系不明确 ⑧依靠传统经验的累积和传承;经验是经过自然选择,合乎生存的 ⑨依托经验传承的传统社会

2. (1) D(文中画波浪线处的引号作用是表示突出强调。A选项表示特殊含义。B选项表示特定称谓。C选项表示讽刺。D选项表示突出强调。故选D。)

(2) ①他把权力划分为四种类型 ②并没有忽视对其变迁的考察 ③而是根据他们自己的需要

二、进阶篇

1. 似乎:意思是仿佛、好像说,表示不确定。人类欲望与生存条件的契合,可能存在一种巧妙安排,用"似乎"一词,表明作者的推测。

因之:意思是"依据这一点"。欲望是深入生物基础的,会做出巧妙的安排,而十九世纪理论的产生,就是以此为依据的。

只要……就:作为条件关系的关联词,"自私"即充分满足本性中带来的欲望,是社会形成最好秩序的充分条件。

为自己打算:即上文所言"自私",它作为定语,修饰限制"人们",只有这样的人才会在看不见的手所安排的社会秩序中好好生活。

2. Spengler把社会结构视作有类于有机体,有幼壮老衰等阶段,其发生变动是因为阶段间自然的更替转化。运用比喻,使抽象的道理形象化。而费孝通则将社会结构比作人造出来的用来从环境里取得满足生活需要的工具,生动形象地阐明了社会结构发生变动是因为它不能满足人的生活需要这一观点。

3. 从某个角度来看,人的欲望的确是受一定文化习惯的影响,属于"文化事实"。"生于斯,长于斯",生活环境对人的影响无疑是巨大的。这种观点在乡土社会中有一定的合理性,因为,在那种社会形态下,那样相对固定的生活环境和文化背景下,人们会沿袭传统的生活和思维方式。但在当今"地球村"的大背景下,人的欲望有很多的共性,这些共性的欲望与文化的关联性就要弱很多。例如,"发展、合作、共赢"这个主题,是全世界的共同欲望,即使是不同的文化背景也不例外。所以说,文中的观点要在特定的时代背景中去辩证看待。

4.(1)帮助人们认识到中华优秀传统文化博大精深、源远流长,传承、弘扬中华优秀传统文化是实现中华民族伟大复兴中国梦的需要。(2)激发人们对中华优秀传统文化的主动学习和探究欲望,增强人们传承、弘扬中华优秀传统文化的责任感和使命感。(3)传承、弘扬中华优秀传统文化,要处理好继承和创造性发展的关系,要按照时代特点和需要,做出具有中国特色和时代特色的设计。

三、提升篇

1.材料一中费孝通提出的看法是,人在生存之外找到了其他更重要的价值标准,为了这些价值标准,可以舍弃生命,这也是人和其他生物最大的不同之处。

材料二中马斯洛的需求层次理论所提出的"生理需求"和"安全需求"指向"生存"。而"归属需求""尊重需求""自我实现",则指向材料一中的"更重要的价值标准",并对其进行了深化和细化。

材料三中朱光潜认为人的意志力,是人在生存之外的可贵价值之一,将材料一的"价值标准"具体化了。然后举孔子的例子,孔子毕生东奔西走、奔波劳碌,不达理想不甘休。这一事例使"人之异于禽兽的'几希'"的观点更为具体。

2.(1)作者首先提出人类行为动机的两个意思,并重点阐述第二个意思,即人类取舍的依据是欲望(要),然后,从英文对欲望(要)表述的角度分析,欲望和要也含有动的意思;动含有一股推动人类机体有所动作的劲,即"紧张状态",紧张状态发泄而成行为,就获得满足,最后得出人类行为的整个过程。句子之间逻辑严密,语言表述层层推进,环环相扣。

(2)本段阐释了人类行为动机的内涵:一是意志,一是欲望。结构上承接第②段的结论——人类行为是有动机的;引出第④段提出的问题——如果人类依着欲望而行为,他们的行为是否必然有利于个体的健全发展,和有利于社会间各个人的融洽配合,社会的完整和持续。三段之间层次清楚,逐步深入。

3.我认为福贵嗜赌如命是欲望。赌的欲望是为了赚钱,无理性,无计划;福贵为母亲求药,也是欲望,是为了活着,为满足最基本的生存。最后只剩福贵和一头老牛相依为命,但老人依旧活着,仿佛比往日更加洒脱与坚强,这就是需要,他具备了理性和计划,和头老牛相依为命,不仅是为了活着,更是精神上陪伴与慰藉的需要。

福贵这样的人要走进现代社会,条件有二:一是外部环境要改变,社会中同意权力和时势权力要增加,横暴权力及长老权力要逐步减弱;二是福贵思想要现代化,要克服内心的私欲,而想办法拥有更大的格局,具有团体格局的那种超己思想和公德心,使自己的需要成为最广大的人的需要。

4.(1)比喻吴冠中的创作和理论开始"冒头",受到人们的关注,迎来了高潮。

(2)①曹可凡对被采访对象的经历、成就、志趣、思想等都有充分的了解,因而能够抓住重点,将话题引向深入。②同时他的谈话看似随意,但循循善诱,让谈话者逐渐深入,敞开心扉,表达观点。③如此,能够让谈话内容丰富而又见解深刻。

(3)①吴冠中的"欲望"是指他受到鲁迅影响,想要学文学,走鲁迅的道路,搞那种悲剧性的、强烈的东西。②吴冠中深知美术和文学不同,自己走不到文学之路上去了,为此有隐痛和遗憾,但他凭借自觉和意志力同样"爱上美术",并取得了极大的成就。③人的欲望是可以通过自觉的意志力来控制行为而加以控制的。

5.第㉑—㉕段中,母亲跟随我在城市生活,从功能上看,布鞋已不实用;当年我踏进师范大门不久后就选择新运动鞋,这是作者"自觉"的选择;文末母亲在儿女已经不需要布底鞋的情况下,依然不停纳鞋的行为实质是"欲望";在乡土社会里,给孩子纳布鞋是母亲的责任,同时也是合于生存条件的;而母亲晚年纳

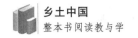

鞋的行为则与"需要"无关,只是排遣寂寞,让自己获得满足和安慰的方式;在作者的叙述中,母亲一直都是"母亲"的身份,关爱孩子,为家庭付出,出于乡土社会中一个女性的"天职",然而她作为生命主体的"人"则是被遮蔽和忽略的,这就是母爱的伟大。